煤炭价格风险管理理论与方法研究

郝家龙·著

吉林出版集团股份有限公司

图书在版编目（CIP）数据

煤炭价格风险管理理论与方法研究 / 郝家龙著. --

长春：吉林出版集团股份有限公司，2015.12（2024.1重印）

ISBN 978 - 7 - 5534 - 9813 - 3

Ⅰ. ①煤… Ⅱ. ①郝… Ⅲ. ①煤炭价格－价格风险－

风险管理－研究－中国 Ⅳ. ①F426.21

中国版本图书馆 CIP 数据核字（2016）第 006787 号

煤炭价格风险管理理论与方法研究

MEITAN JIAGE FENGXIAN GUANLI LILUN YU FANGFA YANJIU

著　　者：郝家龙

责任编辑：杨晓天　张兆金

封面设计：韩枫工作室

出　　版：吉林出版集团股份有限公司

发　　行：吉林出版集团社科图书有限公司

电　　话：0431 - 86012746

印　　刷：三河市佳星印装有限公司

开　　本：710mm×1000mm　　1/16

字　　数：309 千字

印　　张：17.75

版　　次：2016 年 4 月第 1 版

印　　次：2024 年 1 月第 2 次印刷

书　　号：ISBN 978 - 7 - 5534 - 9813 - 3

定　　价：77.00 元

如发现印装质量问题，影响阅读，请与印刷厂联系调换。

目 录

第1章 引 言

随着煤炭价格改革的市场化，煤炭价格的波动对煤炭产业及其下游产业的生产与经营产生了广泛的影响，理论界和实业界开始对煤炭价格波动的影响加以关注，本章首先对风险管理理论进行简要的阐述，对风险、危险因素、损失以及风险管理的基本程序及基本方法进行概述；其次，以数据论证煤炭资源对我国经济发展的重要意义，分析煤炭价格波动对国民经济的重要影响，对煤炭价格改革的历史进行回顾，进而提出，由于我国的煤炭价格改革在 2007 年已市场化，煤炭价格将受各种市场因素与非市场因素的影响，其波动将更具有不确定性，必然对国家的宏观经济、煤炭产业及其下游产业的生产与经营带来更大的风险，将导致宏观、中观与微观三个层面的价格风险。所以，进行煤炭价格风险研究，为煤炭产业及其下游产业提供较好的风险管理与规避工具及理论具有重要的现实意义。

1.1 风险与风险管理的基本范畴

1.1.1 风险及相关概念

1. 风险（Risk）概念的界定

研究风险管理，首先要对风险的概念加以准确界定。关于风险的概念，经济学家、统计学家、决策理论家和保险学者目前尚无统一公认的定义。我国引入风险管理是在改革开放之后，虽然较晚，但在此方面也有著述：顾孟迪、雷鹏认为风险的基本含义是未来结果的不确定性，是实际结果与预期结果的偏离[①]。预期分为主观意义上的预期和科学意义上的预期，所以风险中的预期指

---

① 顾孟迪，雷鹏. 风险管理 [M]. 北京：清华大学出版社，2005：3—9.

的是以最可能发生的结果和平均意义上发生的结果衡量的预期，实际结果和预期存在了差异，就认为存在风险，而不确定性尽管是风险的重要特征，但与风险是有差异的，差异在于未来事件发生的信息上，决策者能够确定风险事件的概率。许谨良则认为风险的基本含义是损失的不确定性[①]。宁云才教授在综合了国内外的观点后，认为风险是人们对未来行为的决策及客观条件的不确定性而导致的实际结果与预期结果之间的偏离程度，且风险和人们的行为相联系，客观环境的不确定性是风险的重要成因，而风险大小取决于实际结果与预期结果偏离的程度[②]。国外学者对风险的研究要早于国内，如美国学者 Neil A. Doherty 指出，风险是各种可能结果的变化性，从经济学意义上看，风险仅体现了结果中不利的一面[③]。美国学者 Philippe Jorion 在《风险价值 VAR》一书中将风险定义为预期收益（通常是资产或附息负债的价值）的不确定性[④]。美国学者 Mark S. Dorfman 指出，风险有两种定义，一是随机事件与可能结果之间的差异，二是可能发生损失的不确定性[⑤]。美国学者海尼斯（Haynes J）在其所著《Risk as an Economic Factor》中认为风险意味着损害的可能性，认为风险具有不确定性，风险是客观存在的；美国保险学者小威廉姆斯（C Arthur Weilliams Jr）和海因斯（Richard M Heins）则将风险定义为在一定条件下，一定时期内，预期结果与实际结果的差异，差异越小，风险越小，反之越大。1964 年，美国学者小威廉和汉斯提出，风险虽然是客观的，但不确定性是主观的，认为风险损失产生于个人对客观事物的主观估计，不能以客观尺度加以衡量。此外，20 世纪 20 年代，美国学者 A. H. 奈特指出，风险是可测定的不确定性。兹维·博迪、罗伯特·C. 莫顿认为风险即不确定性，不确定性是风险的必要条件而非充分条件，人们通常将损失增加而非收益上涨的可能性看作风险[⑥]。德国著名的社会风险理论创始人乌尔里希·贝克则指出，风险（Risk）本身并不是危险（Gefahr）或灾难（Katastrophe），而是一种相对可能的损失（Nachteil）、亏损（Verlust）和伤害（Schaden）[⑦]。

① 许谨良. 风险管理 [M]. 北京：中国金融出版社，2003：2—4.
② 宁云才，鞠耀绩. 矿业投资风险分析与管理 [M]. 北京：石油工业出版社，2003：2—5.
③ [美] Neil A. Doherty. 著. 陈秉正，王君译. Integrated Risk Management：Techniques and Strategies for Managing Corporate Risk [M]. 北京：经济科学出版社，2004：9—15.
④ [美] Philippe Jorion. 陈跃等译. 风险价值（VAR）[M]. 北京：中信出版社，2005：12—18.
⑤ [美] Mark S. Dorfman 著. 乔瑞等译. Introduction to risk management and insurance [M]. 北京：清华大学出版社，2002：7—9.
⑥ [美] 兹维·博迪，罗伯特·C. 莫顿著. 风险管理 [M]. 北京：中国人民大学出版社，2000：17—36.
⑦ [德] 乌尔里希·贝克. 全球风险世界：现在与未来 [J]. 马克思主义与现实，2005（1）：12—16.

总之，关于风险概念的文献较多，但不外乎四种观点：一是风险损失不确定说，二是预期与实际结果变动说，三是风险主观说，四是风险客观说。综合以上的研究文献，笔者更倾向于认为风险是客观存在的，且可以用客观尺度加以测试，其大小取决于预期结果与实际结果的偏离，由于预期结果含有人的主观性，所以，其结果取决于各种不同事件发生的概率以及人们的主观预期。一般意义上的风险指的是预期结果与实际结果产生偏离对行为主体的损失，而非收益。菲利普·乔瑞（Philippe Jorion）就认为风险的含义是存在损失的危险，而将其在金融理论上的定义界定为：由于财务变量的变动引起损失的未预期结果的离差，因此，正的和负的偏差都应视为风险的来源①。

2. 不确定性 (Indetermination)

不确定性是风险的重要特征，然而并不等同于风险，所以，澄清这一概念对于理解风险本质是极有意义的。对于不确定性可以从主观和客观两个层面加以界定，从主观层面上讲，不确定性是基于对未来会发生或不会发生什么事情缺乏认识，产生的一种怀疑的思维状态②。而基于客观层面上则指因客观因素导致的事物结果的不确定性。风险指的是客观存在的损失的不确定性，而这种不确定性的发生概率是可以测度的，而不确定性不仅指发生什么样的情况不确定，而且其发生的概率也是不能确定的，这是二者的本质区别。

3. 损失、损失原因与危险因素 (Lose、Peril and Hazard)

（1）损失。根据《现代汉语词典》的解释，损失是指没有代价地消耗或失去③。一般在经济意义上，我们说损失就是指财产或资金无谓的失去。损失的产生可能是存在风险而导致的，也可能因没有风险而产生。

（2）原因。损失原因就是造成财产损失的原因。显然风险并不能等同于损失原因，尽管我们以风险来度量可能的损失。

（3）危险因素。危险因素是增加或引起某种损失原因产生的损失机会的条件。比如，煤炭价格上涨是煤炭的下游产业经济损失的原因，它又是导致煤炭下游企业利润削减进而导致破产机会的一个危险因素。危险因素可以分为物质危险因素、道德危险因素、心理危险因素、法律危险因素和犯罪危险因素，这

---

①　[美] 菲利普·乔瑞 (Philippe Jorion). 陈跃等译. 风险价值 VAR [M]. 北京：中信出版社，2005：33—56.

②　苏东水. 产业经济学 [M]. 北京：高等教育出版社，1999：473—477.

③　中国社会科学院语言研究所词典编辑室编. 现代汉语词典 [M]. 上海：商务印书馆，1998：38—42.

些危险因素的增加都会加剧某一事物的风险。

可见，损失、损失原因与危险因素是有区别的。危险因素增加到一定量，引发了损失原因，并增加了损失的风险，而风险与损失并不等同，损失是风险事件发生的结果。

4. 风险的分类

（1）价格风险（Price Risk）。由于输出价格或输入价格的可能变动所导致的现金流量的不确定性。输出价格风险是公司提供的产品和劳务的价格变动风险，输入价格风险指的是公司为其生产过程顺利进行而支付的原材料、劳动力及其他生产要素的价格变动的风险[①]。显然，对于煤炭价格而言，煤炭生产企业是输出价格风险的承担者，而其下游产业则为煤炭价格输入风险的承受者。由于实物商品的市场价格即为其价格，外汇的价格为汇率，资金的价格为利率，所以，广义上的价格风险包括商品价格风险、汇率风险和利率风险。

（2）信用风险（Credit Risk）。客户和借贷方不能履约时，对方便会面临信用风险。信用风险产生的原因较多，可能是道德方面的原因，也可能是由于价格风险等导致的。

（3）纯粹风险（Pure Risk）。只有造成损失或无变化可能性的风险，其不产生任何利益。传统的风险管理，即保险就是对纯粹风险进行管理的。比如由于物理损坏、被盗及政府征收而引起的公司资产减少的风险，由于人身伤害或财产损失必须承担的法律责任的风险等。纯粹风险导致的损失不能给其他方带来收益，这与通常意义上的风险是有差别的，通常意义上的风险意味着一方损失而一方收益。

（4）投机风险（Speculative Risk）。涉及价格变动的风险，它可能是一种损失，也可能是一种收益。大多数投机风险都不涉及购买保险，但可以通过一些衍生证券融通资金。

除此之外，风险还可以从更多不同角度加以划分，如可以分为经济风险（Financial Risk）与非经济风险（Nonfinancial Risk）、动态风险（Dynamic Risk）与静态风险（Static Risk）、重大风险（Fundamental Risks）与特定风险（Particular Risk）。美国的菲利普·乔瑞（Philippe Jorion）还将之划分为

---

① Dixit, A. K, R. S. Pindyck. Investment under uncertainty [D]. Princeton University Press, Princeton, 1993: 12—32.

商业风险（Business Risk）、非商业风险（No Business Risk）与金融风险（Financial Risk），等等。

1.1.2 风险管理的定义、基本方法及程序

1. 风险管理（Risk Management）的定义

风险分为纯粹风险和价格风险、投机风险，其中纯粹风险又称为可保风险，然而并不是所有的纯粹风险都是可保的，保险是对部分的纯粹风险的管理工作。所以，狭义的风险管理是指有关纯粹风险中可保风险的管理决策，即应用管理原理去管理一个组织的资源和活动，并以合理的成本尽可能减少灾害事故损失和它对组织及其环境的不利影响。广义的风险管理指识别、衡量、并控制各种风险的过程[①]，是为处理潜在风险损失的计划和安排，其核心是处理一个组织的意外损失风险，从而保障其资产安全，其目标就是保证公司在危险的环境中有效地运行。显然，它不仅包括纯粹风险的管理，更包括价格风险与投机风险的管理。有的学者，如顾孟迪、雷鹏认为风险管理只指对纯粹风险的管理[②]，而将一般风险管理与广义的风险管理混为一谈，实际上是不大恰当的。

2. 基本方法

我们一般提及的风险管理手段就是保险，事实上，保险是针对可保风险管理的。可保风险管理（纯粹风险管理）是由 Robert Mehr 和 Bob Hedges 于是20 世纪 60 年代建立的，其基本框架为：风险可以通过购买保险或金融套期保值交易转移给其他方，以主动或被动的方式自留，可以通过加强损失原因或危险因素的控制而减少，可能通过减少从事风险性的活动而减少。而风险管理不仅指对可保风险的管理，也指对非可保风险的管理。目前，总体上讲，风险管理的方法和上述基本是一致的，分为损失控制、损失融资、内部风险抑制。损失控制就是降低损失频率和减小损失程度的各种行为，如保险就是减少损失程度的一种行为。对于煤炭价格对下游企业的影响，下游企业尽管不可能控制价格，但可以通过技术创新和技术改造，减少煤炭的消费，则在一定程度上减少

---

① ［美］菲利普·乔瑞（Philippe Jorion）．陈跃等译．风险价值 VAR ［M］．北京：中信出版社，2005：33—56．
② 顾孟迪，雷鹏．风险管理［M］．北京：清华大学出版社，2005：3—9．

了煤炭价格风险。损失融资主要指自留风险与自保、购买保险、对冲和其他合约化的手段。显然，对于纯粹风险可以采用购买保险的方式，而价格风险是不可以通过购买保险或者目前还没有此方面的保险可以通过其来管理风险的，而风险自留、对冲及其他合约化手段则在价格风险中具有极为重要的价值。内部风险抑制即通过企业的内部管理来减少风险，主要风险的分散化和信息投资，信息投资的目的则是尽可能多地获取相关信息，以增加决策的可准确性[①]。

风险管理的基本方法如图 1-1 所示。

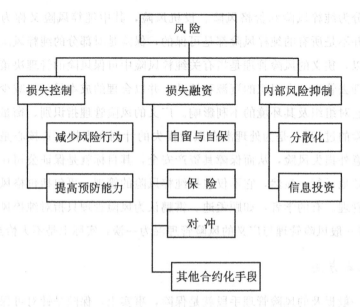

图 1-1　风险管理基本方法

Fig. 1-1　The basic method of risk management

损失控制是一种事前的风险管理行为，主要企业通过减少风险行为和提高预防能力来减少风险事件的发生，以规避风险，如企业通过全员风险管理，通过风险文化建设来提高职工的风险意识，就是一种损失控制行为，也是一种事前控制行为。损失融资则是当前最为广泛的风险管理行为，自留与自保就是企业通过自我的资金积累，来抵补风险事件的损失，这是多数企业常有的风险管理手段，而保险则是当前更为广泛的风险管理工具，即企业通过购买保险从而使风险转嫁给其他主体。目前保险的范围已经很大，如由于近年来频发煤矿矿

---

① Copeland, Tom, Weiner, Jon. Proactive. Management of Uncertainty [J]. McKinsey quarterly, 1990 (4): 131—155.

难，而事故发生后屡有矿主逃逸，令当地政府不得不垫付巨额的遇难者搜救和赔偿费用。有鉴于此，2007 年 5 月 17 日，保监会正式批准在山西组建全国首家煤炭专业保险公司，经国家工商总局核准，公司名称为"中煤财产保险股份有限公司"。该公司总部设在太原，注册资本金为 5 亿元人民币，采取股份制运作，由山西省煤炭工业社会保险事业局、中国中煤能源集团公司、山西焦煤集团有限公司等 18 家单位联合发起设立，并拟扩及其他高危行业。对冲及其他合约化手段就是指金融衍生产品在风险管理中的运用，一些著作以更多的篇幅介绍保险，而忽略了金融衍生工具及其他合约性风险管理工具的使用，主要由于我国保险市场发育早于金融衍生品市场，但并不能否认金融衍生工具及其他合约性风险管理手段在风险管理中的重要地位。事实上，价格风险主要是依靠金融衍生工具来管理的[①]。内部风险抑制有两种方式，即分散化与信息投资，分散化即投资行为的分散化，投资组合理论已证明分散化对规避风险的重要意义，经济学上常讲的不要把鸡蛋装在一个篮子里就是对其形象的表述。信息投资对于风险管理也很重要，也是风险管理的重要手段之一，一方面由于信息的不对称，通过信息投资能够较全面、较准确、较及时地获取信息的企业可以保证其投资行为更为科学，避免决策失误，从而减少风险损失，另一方面，其在交易中也处于有利地位。进而言之，风险信息系统建设本身也是风险管理的重要手段。

3. 风险管理的基本程序

风险管理行为一般应在损失之前实施，其基本程序分为风险识别与风险评估、风险管理方法的选择、实施和评价四个阶段：

阶段一：识别并度量风险。从纯粹风险的角度讲，主要是利用保险公司提供的财产核查表，对各种财产损失加以估价。价格风险则是通过对价格的波动性的度量，来确定输入与输出的价格风险，主要研究引起风险的原因是什么，即危险原因有哪些，风险会产生怎么的后果，并利用 VAR 技术及其他相关的风险度量技术对风险进行度量，鉴别经济主体所面临的风险究竟是致命风险（Critical Risks）——可能对经济主体损失巨大，诱发其破产的风险，严重风险（Iimportant Risks）——损失不致破产，但经济主体必须借款方可维持经营的风险，会给经济主体带来财务危机，还是一般风险（Unimportant Risks）——

---

① Herry, Claude, Investment Decision under Uncertainlty: the irreversibility effect [J], American Economic Review, 1974b (64): 1006—1012.

风险所致损失企业以现有的财力即可补偿，不会带来财务危机。

阶段二：开发并选择风险规避工具。对于公司或企业存在的风险，就要考虑采用什么样的方法加以规避和防范，所谓规避风险实际包含风险的避免和风险的转移，保险是针对可保性风险的规避举措，而对于非可保性风险，主要采用的规避方法是运用各种金融衍生工具，采用对冲的手段，进行风险规避，或通过各种合约性手段将风险完全过渡给一些投机者。

阶段三：实施所选择的风险管理方法。

阶段四：对风险管理的实施结果进行跟踪监督，并加以评价，根据实施的结果和期望的目标进行调整，实现动态的管理。

风险管理是一个系统工程，不仅仅是识别与分析风险管理模型或工具运用后即结束，除了对现有的风险管理工具与模型的管理效果的评价之外，还要进行反馈、改进，但这仅是微观层面的工作，风险管理具有整体性、系统性和长期性，这就要求风险管理的过程和技术路线不要像上述那样简单。详细阐述，它包括以下几个内容：

首先要系统辨识风险管理对象面临的风险，将辨识出的风险进行定性和定量的分析，评价风险具体对主体目标的影响。主要工作有统一风险语言，确定风险列表和坐标图，确定对象风险管理的重点，明确风险的价值，即所谓的风险评估或风险计量。

其次，评估对象风险管理体系的整体水平，诊断对于重大风险管理的应对手段，把握对象当前的风险管理现状，提出改进的建议方案，找出风险管理现状与最佳管理实践之间的差距，此即风险诊断或风险分析。

其三，风险管理规划，即明确全面风险管理的最终目标。主要是通过确定预期效果与评估标准、确定实施的步骤、确定组织方式、确定资源配置方案来制订全面风险管理体系建设的总体规划，建立一套长效机制并协助客户将总体规划分解落实，明晰每步的工作内容和里程碑。风险管理的规划包括三个层面的工作：一是具体的风险管理模型与工具的确定，即根据风险管理对象的发展战略，结合其自身的管理能力与外界因素，明确风险管理目标，并针对不同的风险，引入量化分析工具，确定风险偏好和承受度，设计保证战略目标实现的风险管理战略，主要工作内容包括确定风险管理指导方针、确定风险偏好及风险承受度、确定整体风险模型、确定风险预警体系，此即风险战略设计；二是风险管理流程设计，也就是基于风险管理主体现有的内控流程，结合已评估出的风险，找出流程中的关键风险控制点，梳理并细化具体控制内容，修改制度，增加监控指标，强化业务和管理流程中的内部风险控制。包括协助业务和管理流程再造、整体内部控制系统的建设和维护、优化重大投资决策、财务报告、衍生产品交易流程及、建立突发事件、危机管理系统和制定风险管理手册；三是组织职能设计，即在主体内部管理职能的基础上，融合风险管理对岗位职责的要求，设计不同层面的风险管理组织职能方案和相应的职责要求、人员能力框架，补充和完善关键的考核内容和激励机制，构成风险管理有效运行的保障架构。

其四，风险文化建设，即通过普及风险管理知识、强化全员风险意识、建立道德诚信准则等工作，统一主体的风险意识和风险语言，培养各层面的风险责任感，建设与主体风险战略相符合的风险文化。

其五，风险管理规划，即明确全面风险管理的最终目标。主要是通过确定预期效果与评估标准、确定实施的步骤、确定组织方式、确定资源配置方案来制订全面风险管理体系建设的总体规划，建立一套长效机制并协助客户将总体规划分解落实，明晰每步的工作内容和里程碑。

最后，风险管理的信息系统建设，即设计、实施风险具有风险数据集中、风险影响统计分析、风险及时报告、风险控制跟踪等功能的风险管理信息系统。包括建立风险管理数据模型，确定风险管理数据库结构和分析模块，建立风险分析报告和建立内控信息系统。

风险文化建设与风险管理信息系统建设是一个长期的过程，也是广义风险管理的范畴，一般的狭义风险管理并不包含这两项内容，但它们对于风险管理的效果和风险管理主体的风险管理工作的发展实则不可或缺。

1.1.3　风险管理理论发展综述

理论界普遍认为风险管理始于美国，因为早在 1939 年麦考利（Federich Macaulay）和希克斯（John Hicks）就提出的了债券久期这一很有实用价值的风险管理工具，并用来比较期限相同但支付结构不同的债券的衡量标准。事实上，第一个准确、科学地描述风险的科学家是瑞士数学家贝努利，他在 1705 年发现了大数定律。大数定律后来成为一切保险的计价基础。第一家保险公司于 1720 年在伦敦成立，当时英国人已经在定价时使用了抽样的统计方法，标志着风险管理在实际应用中的重大进展。风险管理之所以被许多学者认为起源于美国，是因为在 20 世纪 50 年代，由于美国的一些大公司的高层决策者面对工业灾难及技术对生态平衡的破坏等问题，开始关注纯粹风险的管理，并使风险管理在美国得到了迅速的发展。最早的文献之一是 Russell B. Gallagher 于 1956 年发表于《哈佛商业评论》中的一篇论文，在该论文中 Russell B. Gallagher 认为在企业中应有专门的机构负责管理企业的纯粹风险。事实上，这篇文章只是概述了风险管理经理在工作中最重要的原则，而保险经理在 20 世纪初已在美国出现，如 1931 年美国管理协会就建立了保险分会，1932 年纽约保险购买者协会成立，1950 年全美保险购买者协会成立，并在后来演变为美国保险管理学会。1975 年，美国的保险者购买协会改名为风险及保险管理学会，并出版了《风险管理》杂志，这意味着人们对风险的研究从最初的购买保险转向更为合乎成本—效益原则的其他方式，也标志着风险管理的原理，即基于管理的理念，通过识别和评价面临的风险，通过计划，避免一些损失的发生，而使其损失最小化的确立。金融风险管理也在 20 世纪 50 年代得到了迅速发展，如在 1952 年，马柯威茨提出了均值—方差结构，1963 年夏普资本资产定价模型提出，1966 年多因素模型提出，1973 年布莱克—斯科尔斯期权定价模型提出，1979 年二项式期权定价模型提出，等等。风险分析工具的发展过程见表 1-1。

表 1-1　风险分析工具发展过程表

Table 1-1　The development of risk analysis instrument

时　　期	风险管理分析工具
1938 年	债券久期
1952 年	马柯威茨均值——方差结构
1963 年	夏普资本资产定价模型
1966 年	多因素模型
1973 年	布莱克——斯科尔斯期权定价模型
1979 年	二项式期权定价模型
1983 年	风险调整资本收益率
1986 年	久期风险
1988 年	银行风险加权资产
1992 年	对希腊字母的限制
1993 年	压力测试
1994 年	风险矩阵
1997 年	信用矩阵
1998 年至今	信用和市场风险一体化
2000 年至今	企业风险管理

资料来源： 美国学者 Philippe Jorion 著、陈跃等译的《风险价值（VAR）》一书，中信出版社 2005 年版，第 10 页。

风险管理的思想在 20 世纪 60 年代后，从美国传播到欧洲、亚洲的一些国家和地区，1973 年，欧洲成立了日内瓦协会，并在 1976 年 8 月创办了《风险与保险管理》杂志，作为该会的会刊。在亚洲，风险管理首先由日本开始，主要是到美国的一些大学进行风险管理学术研究的学者推动的。1980 年以后，随着金融市场的发展，特别是金融衍生产品的使用，银行风险的增大引起了国际上的严重关注。国际清算银行于 1988 年发表了第一个巴塞尔协议，提出了商业银行的经营规范。1995 年，澳大利亚和新西兰联合制订的 AS/NZS4360 明确定义了风险管理的标准程序，标志着第一个国家风险管理标准的诞生。在我国，风险管理开始较晚，是在恢复保险业务后被重视并引起关注的。2006 年 6 月 6 日，国务院国有资产监督管理委员会发布了《中央企业全面风险管理指引》，标志着中国走上了风险管理的中心舞台，开启了中央企业风险管理历史的新篇章。

近年来，由于各种类型的企业风险不断增加，以及在对冲价格风险中所使用的各种金融衍生产品的大量增加，使得企业风险管理的范围和深度都有了实质性的发展，人们不仅注意了可保性风险即纯粹风险的管理，而且越来越认识到其他风险管理工具的重要性，风险管理在我国随着市场经济的发展也得到了迅速的发展，在经济生活中发挥着越来越重要的作用。

1.2 问题的提出

1.2.1 煤炭在我国能源安全战略中的地位

现已探明，我国的煤炭储量为 1.5 万亿吨，居世界第 3 位，石油储量为 70 亿吨，居世界第 6 位，天然气储量为 38.3 亿 M^2，居世界第 16 位，水电储量为 6.8 亿 kW，居世界第 1 位。但是，由于我国人口众多，占世界人口的 20%，人均能源消费量很低，仅为 0.9 吨标准煤，不到世界人均水平 2.3 吨标准煤的 1/2，石油仅占世界人均水平的 1/10，而我国能源消费总量中煤炭所占的比例一直在 70% 左右，油气消费比例过低（具体数据见表 1-2）。正是基于此，张慧明提出能源消费以煤为主是当今中国能源消费的一大特点，并在最近 50 年内不会发生明显变化的结论[①]。我国能源消费结构、生产结构及与 GDP 的相关数据见表 1-2。

---

① 张慧明. 中国能源的特点 []. 中国控制与决策学术年会论文集，2004.

表 1-2 我国能源消费、生产结构及 GDP 数据表

Table1-2 The energy consume、production structure and GDP dates

年份	GDP (亿元)	能源生产总量 (万吨标准煤)	占能源生产总量的比重（%）				能源生产总量 (万吨标准煤)	占能源消费总量的比重（%）			
			原煤	原油	天然气	水电		原煤	原油	天然气	水电
1978	3624.1	62770	70.3	23.7	2.9	3.1	57144	70.7	22.7	3.2	3.4
1980	4517.8	63735	69.4	23.8	3.0	3.8	60275	72.2	20.7	3.1	4.0
1985	8964.4	85546	72.8	20.9	2.0	4.3	76682	75.8	17.1	2.2	4.9
1989	16909.2	101639	74.1	19.3	2.0	4.6	96934	76.1	17.1	2.1	4.7
1990	18547.9	103922	74.2	19.0	2.0	4.8	98703	76.2	16.6	2.1	5.1
1991	21617.8	104844	74.1	19.2	2.0	4.7	103783	76.1	17.1	2.0	4.8
1992	26638.1	107256	74.3	18.9	2.0	4.8	109170	75.7	17.5	1.9	4.9
1993	34634.4	111059	74.0	18.7	2.0	5.3	115993	74.7	18.2	1.9	5.2
1994	46759.4	118729	74.6	17.6	1.9	5.9	122737	75.0	17.4	1.9	5.7
1995	58478.1	129034	75.3	16.6	1.9	6.2	131176	74.6	17.5	1.8	6.1
1996	67884.6	132616	75.2	17.0	2.0	5.8	138948	74.7	18.0	1.8	5.5
1997	74462.6	132410	74.1	17.3	2.1	6.5	137798	71.7	20.4	1.7	6.2
1998	78345.2	124250	71.9	18.5	2.5	7.1	132214	69.6	21.5	2.2	6.7
1999	82067.5	109126	68.3	21.0	3.1	7.6	130119	68.0	23.2	2.2	6.6
2000	89468.1	106988	66.6	21.8	3.4	8.2	130297	66.1	24.6	2.5	6.8
2001	97314.8	120900	68.6	19.4	3.3	8.7	134914	65.3	24.3	2.7	7.7
2002	105172.3	138369	71.2	17.3	3.1	8.4	148222	65.6	24.0	2.6	7.8
2003	117390.2	159912	74.5	15.1	2.9	7.5	170943	67.6	22.7	2.7	7.0
2004	136875.9	184600	75.6	13.5	3.0	7.9	197000	67.7	22.7	2.6	7.0
2005	183084.8	206068	76.4	12.6	3.3	7.7	223319	68.9	2.1	2.9	7.2

资料来源：根据中国统计年鉴 2004 相关资料加工整理，GDP 按当年价格计算。

从表 1-2 可以看到，在我国的能源生产结构中，煤炭的生产比例最高达 75.3%（1995），最低达 66.6%（2000），1999 年到 2001 年有所回落，原因是国家实行了总量控制的决策，但仍达 68.6%（2001）左右，占绝对地位；从消费结构看，煤炭的消费比例最高达 76.2%（1990），近年有所下降，但最低也达 65.3%（2001），可见，以煤为主的能源生产结构与消费结构是我国的资源禀赋条件所决定的，而 GDP 对煤炭的依存度也表明，煤炭对于保证我国的经济增长具有极重要的作用。

从能源安全的基本目标即供给安全来看，由于人口增长和城市化的影响，产业结构升级、经济增长及资源禀赋与能源使用安全矛盾的影响，在不久的将来我国将成为世界上第一大能源消费国，我国的能源供给问题将越来越显得突出和重要。而我国的原油储量仅占世界储量的 2.4%，天然气仅占 1.2%，人均石油资源仅为世界平均值的 17.1%。由于石油价格变动具有较大的不确定性，自 1999 年以来世界石油价格频繁波动，对我国的经济造成了巨大的冲击，影响我国经济增长。可见，石油对外依赖程度和供应安全风险加大，依靠国外进口来满足国内经济增长对能源的需求具有较大的不确定性。因此，石油不能成为保证我国能源安全的主要能源。据有关专家预测，由于耗能结构的转化需要一段较长的技术准备和过渡时期，同时新能源技术成本高、价格昂贵，所以，以新能源来取代传统的能源也不现实，故而，在 21 世纪 50 年内，煤炭仍将在我国一次能源构成中占主体地位[①]。吴庆荣也指出：我国在一次商品能源消费结构中，煤炭占 71.6%，比世界平均值高出近 45 个百分点，而按目前的科学技术发展程度，再生能源和某种新能源要实现产业化，30 年内很难形成，核聚变和海底天然气水合物可能在 30 年内为人类所把握，但未来不可能有较多的应用，因此在今后相当长的时期内，煤炭的主导地位不会改变，21 世纪，煤炭仍是我国的主要能源[②]。所以，煤炭对于我国的能源安全战略和经济增长具有举足轻重的地位。

1.2.2　煤炭价格市场化改革对煤炭价格风险的影响

我国煤炭价格改革的过程大致可分为四个阶段：

第一阶段，改革前期。1978 年以前，学习苏联的集中的计划经济，把煤炭作为生产资料，定为国家一级统配物资，实行统购、统销政策，由政府采取低价政策定价。煤炭产品价格的唯一功能是用于煤炭企业内部结算和核算。煤炭价格定价的根据是与其他主要生产资料的比价，而不是依据煤炭的理论价格。1958 年，由于煤炭价格太低，难以补偿生产成本，地区差价不合理，因此对全国煤炭统一定价，价格上调 20%。1965 年，基于 1962—1964 年煤炭行业连续三年全行业亏损而进行调价，调价实行以质论价，实行同质同价的原

①　浅谈我国的能源安全 [J]．能源统计与预测，2003 (2)：21—22.
②　吴荣庆．加入 WTO 对我国煤炭工业的影响 [J]．中国矿业，2003 (1)：9—12.

则，每吨原煤售价由 5.33 元上调到 17.34 万元，上调幅度为 13.11%。这两次调整都是出于煤炭行业生产成本升高、价格太低的双重压力所致，虽然煤炭价格有所提高，但仍是政府定价的价格形成机制。1979 年，我国煤炭价格进行了第三次调整，这次整的动因是煤炭企业亏损面过大，原煤平均售价由吨15.91 元上调到 20.98 元，上调幅度为 31.8%。这三次煤炭价格调整均属行政性调价，与市场需求没有联系，每次调价之后，煤炭企业的盈利都有好转，对促进煤炭生产起了一定的作用。但煤炭价格的制定，都是在现行价格体系的制约和出于对其他行业承受能力的考虑及物价水平的控制下，按逆向程序做出的。

第二阶段，改革的初始阶段（1979—1984 年）。开始引入市场机制，以调整价格为主。1984 年 10 月，经国务院批准，凡未纳入计划的乡镇煤矿，放开价格管制自行销售。1984 年 11 月 28 日，进一步批准地方煤矿计划外生产的煤炭可以自销，自销煤炭可以随行就市，自定价格，议价出售。实际上局部出现了价格双轨制，即政府定价和市场调节形成价格共存的局面。

第三阶段，改革的发展阶段（1985—1992 年）。1985 年，统配煤矿进行调价，主要是扩大地区差价，调整煤炭品种比价。1985 年煤炭平均价格由每吨27.78 元调到 32.44 元，平均调高 4.66 元，调高幅度 16.77%。其中原煤售价每吨由 23.81 元调到 26.86 元，平均调高 3.05 元，调高幅度为 12.81%。当然，其缘由仍是为缓解煤炭行业亏损局面。从 1986 年起，指令性煤炭价格由国家颁布的统一的出厂价格和在此基础上统一的加价幅度两部分组成。1992 年，国家放开统配矿新投产矿井的产期内生产的煤炭出厂价格，实行市场调节，同时放开了国家控制的定向煤价格，取消了计划外煤炭最高限价。煤炭价格改革进入实施阶段，实行多形式的煤炭价格形式，即：国家定价的指令性计划价格、国家指导性的超产加价和地区差价价格、不纳入国家计划的自销煤炭市场协议价格。

第四阶段，改革的深化阶段（1993 年至今）。煤炭价格改革进入新阶段，确立了以市场形成价格为主的价格机制。1994 年元月份，全国煤炭市场价格全部放开，计划内煤炭价格与计划外煤炭价格无区别，全国改变过去一煤多价的价格形式。1996 年国家开始对电煤实行国家指导价格，即在 1995 年煤炭实际结算价格基础上，全年平均电煤每吨最高提价额为 8 元，1997 年起电煤继续执行国家指导价格，2002 年起国家停止发布电煤政府指导价格。由于煤炭作为基础能源对于物价具有较大的影响，国家仍不时出台价格管制政策进行调控，如国家发改委对 2004 年尚未签订长期合同的电煤，2005 年的车板价以2004 年 9 月底实际结算的车板价为基础，在 8% 的幅度内进行浮动、进行协商。而鉴于煤炭价格上涨情况及对化肥生产和价格的影响，2005 年 3 月 16 日，经国务院同意，国家发改委决定对部分煤炭价格实行临时干预。所以，煤炭价格形成机制仍不是完全意义上的市场调节机制，仍存在着众多的问题。2005 年年底，国家正式宣布对电煤价格不再进行宏观调控，2007 年，国家发改委下发了《关于做好 2007 年跨省区煤炭产运需衔接工作的通知》，以先进的视频会议取代开了几十年的煤炭订货"骡马大会"，并进一步确定了"坚持煤炭价格市场改革方向，由供需双方企业根据市场供求关系协商确定价格[①]"。至此，我国的煤炭价格形成机制发生了质的变化，即由政府定价转变为市场形成价格，煤炭资源的分配手段由政府指令性分配转化为市场配置[②]。

目前我国煤炭市场与国际煤炭市场联系较为紧密。当今世界煤炭市场的一个明显特点是长期合同数量减少，现货合同数量及重要性增加，这就导致了煤炭价格的不稳定性增大；另一方面，我国的煤炭生产企业和包括电力、冶金和化工行业在内的用煤行业受政府政策保护程度降低，煤炭生产和消费企业直接参与到市场经济中接受市场竞争的挑战，煤炭销售和采购的价格将会完全由市场来决定，价格的波动将更加剧烈。煤炭价格的波动不仅会影响煤炭企业的经济效益，也会影响其下游生产企业的生产与经营。同时，煤炭作为基础性的重要能源，占我国能源消费结构的 70%，其价格变化对于物价有巨大的拉动作用，会影响物价的稳定并引发通货膨胀，更进一步讲，不合理的煤炭价格会导致资源消费与生产的浪费，导致生态环境的风险与国家能源供给的风险，而金融衍生工具有价格发现的作用，有利于形成合理的煤炭价格，所以，研究风险管理的理论，开发并运用价格风险管理的各种工具，对煤炭价格风险进行度量、评价及管理，对于煤炭生产企业、其下游的企业及国家的能源安全均具有极为重要的现实意义，有利于煤炭生产企业及下游企业在生产与经营中规避价格风险保持经营的持续性和稳定性，有利于国家的能源战略规划的实现。

1.2.3 煤炭价格波动性的实证

1. 国内外煤炭价格的长期波动规律

由于诸多因素的影响，我国的煤炭价格的波动性在近年来起伏较大，我们

---

① http://www.coal.com.cn/CoalNews/ArticleDisplay_133733.html.
② 陈长春. 对煤炭价格改革的再认识 [J]. 价格理论与实践，2002 (10)：7—9.

以年度的煤炭价格指数来加以说明，由于中国统计年鉴中的煤炭价格指数是环比指数，所以，我们将之换算为定比指数，换算之后的煤炭价格指数波动图如图 1-2 所示：

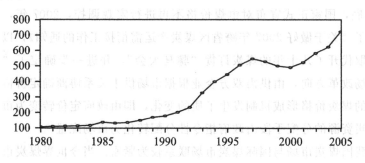

图 1-2 1989—2005 年煤炭价格波动

Fig. 1-2　The undulation of coal price in 1989—2005

资料来源：中国统计年鉴 2005。

不难看出，尽管总体上煤炭价格呈上升趋势，但在 1997—2000 年间呈下降趋势，而且煤炭价格波动比较大，2005 年的价格几乎是 1989 年的 5 倍，足见存在较大的价格风险。煤炭价格不仅在不同年份间存在较大的波动，而且，在同一年份的不同月份间，也存在较大的波动，我们以 2004 年的商品煤和电煤的平均价格的波动来加以说明（参阅图 1-3）。

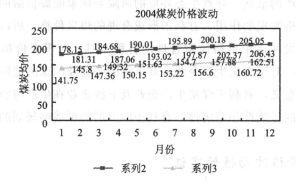

图 1-3 2004 年煤炭价格波动

Fig. 1-3　The coal price undulation in 2004

资料来源：煤炭信息周刊，2005.3.17。

在图 1-3 中，系列 2 表示电煤价格的波动，系列 3 表示商品煤炭价格的波动，2004 年，电煤总体上涨了 20.76 元，商品煤总体上涨了 28.28 元，都呈上涨趋势，而电煤的上涨幅度低于商品煤，主要原因是由于国家的宏观干预。当然，如果没有发改委的干预，电煤的价格上涨是要超过这一水平的，即使如此，每吨电煤上涨 20 元，对于电力企业来讲，也具有极大的冲击力，增加了其经营成本，造成利润空间的缩减，显然，煤价上涨对电力企业是极具威胁的。事实上，全国各地的煤炭价格由于成本、中间费用等的不同，价格涨幅是不同的，许多品种的涨幅是远远高于平均水平的。

另外，从 1997 年至 2004 年的国有重点煤炭的煤炭平均出矿价和电煤的平均售价来看，其波动也很大（详见表 1-3）。

表 1-3　国有重点煤矿的平均出矿价
Table 1-3　The average produce price of state own coal enterprise

单位：吨/元

中国重点煤矿平均出矿价		
年份	商品煤平均售价	电煤平均售价
1997	166.34	137.33
1998	160.20	133.27
1999	142.74	121.48
2000	140.19	123.98
2001	150.99	123.93
2002	167.39	137.97
2003	175.66	140.91
2004	206.43	162.51

资料来源：国家煤矿安全监察局。

我国煤炭市场事实上是以国有重点煤矿为主体的，煤炭价格的较大差异显然给煤炭消费企业带来了极大的经营风险。随着国际煤炭市场与国内的接轨，国际煤炭市场的波动也会影响到国内的煤炭市场。事实上，二者已合二为一，从 2006 年的实际情况看，二者价格已无明显差异，基本保持一致，国内的价格有时甚至还高过国际煤炭市场。国际煤炭市场的价格波动如图 1-4 所示。

可见，在长期上，国际煤炭价格的波动甚于国内（当然，这些曲线只是间接地反映风险的状况，对于煤炭价格的风险的度量，我们将在以后的章节中详细研究），其原因是国内自 1993 年才真正进入煤炭价格市场化改革阶段，如果国家真正实现煤炭价格市场化，国内的煤炭价格的波动将会更加剧烈，其对煤炭生产企业和下游产业的价格风险将会更大，以 2005 年为例，该年的波动为 15％～20％，如果煤炭下游企业的利润率为相同的百分比，则这些波动足以使其经营陷入困境，使其利润化为乌有。实证分析表明，煤炭价格确实存在较大的风险，这也正是我们要对煤炭价格风险进行研究的初衷。

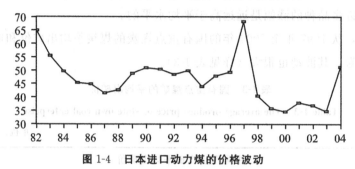

图 1-4　日本进口动力煤的价格波动

Fig. 1-4　The Japanese dynamical coal price undulation

资料来源：IEA coal information 1999 edition，《可持续能源发展财政和经济政策研究》参考资料，2005，能源数据，王庆一编著，2005 年 10 月。

2. 国内煤炭价格的短期波动趋势

对于国内煤价格的短期发展趋势，本章以秦皇岛煤炭市场的山西优混①的平均价格为例加以说明，简称 CPW（Coal Price in Week）。我们采集从 2004 年 1 月 6 日至 2006 年 12 月的价格，以 EVIEWS 为工具作其趋势图（如图 1-5 所示）。

可见，从短期，即以周作为时间刻度，煤炭价格总体上仍表现出上涨的趋势，但仍存在着较为明显的局部下降波动。煤炭价格呈现出的下降的波动情况，与煤炭的供求有关系，从数据表现看来，冬季有上涨的压力，而夏季有下降的压力。

综上所述，由于种种原因，目前煤炭价格的起伏较大，而其大起大落，对相关行业乃至国民经济造成的冲击是严重的。煤价大涨时，下游行业成本大幅增加，而严酷的竞争形势又使他们无法将成本压力及时和全部向下游转移。煤电联动只不过是权宜之计，不可能根本解决问题。而煤价下跌时，又致使煤炭企业的库存增加，资金周转困难，经营风险大大增加。目前由于一些销售商的

---

① 山西优混，即山西出产的优混煤，根据煤炭工业协会的定义，其规格是在 0～50mm 之间，英文名称为：Mixed coal（0～50mm）。

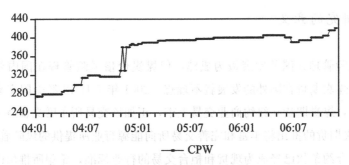

图 1-5　煤炭价格短期波动趋势图

Fig. 1-5　The short-term undulation of coal price

不理智和过度投机，使煤炭价格极为混乱，这必然妨碍煤炭行业的健康发展，也会使下游企业的经营成本上升，经济效率下降，从而波及人民的生活与国民经济的良性发展，必须对之进行深入的研究。

1.3　研究的目的和意义

1.3.1　研究目的

为了帮助煤炭生产企业及其下游企业合理地规避我国煤炭价格改革所导致的煤炭价格市场化带来的煤炭价格风险，实现其持续经营，避免价格输入风险及价格输出风险对企业的负面影响，实现金融衍生产品的价格发现功能，形成合理的煤炭价格，建立合理的煤炭价格形成机制，本书在分析我国的煤炭价格形成机制的前提下，对煤炭价格风险进行度量，在研究各种金融衍生工具在煤炭工业价格风险管理中的运用及其运行机制进行深入的研究的基础上，力争进行金融创新，研究并开发出具有实用价值的煤炭价格风险规避金融衍生工具，以期为煤炭生产企业及其下游企业规避煤炭价格风险，制定科学的生产经营决策及国家实现能源安全战略，控制其价格风险，避免通货膨胀，保持国民经济平衡增长提供可资借鉴的信息，为建立信号准确、资源分配功能完善的市场化的煤炭价格形成机制做出探索。

1.3.2 研究的意义

尽管风险管理在国外发展极为成熟，但煤炭价格风险管理在国内外均不太成功，比如煤炭期货在国外的发展就不理想。2001 年 7 月 12 经美国交易所执行委员会批准，煤炭期货在纽约商业交易上市，正如该交易所主席文森特·维奥拉所言："煤炭期货的推出将丰富和完善交易所向能源行业所提供的风险管理服务。我们的煤炭合约条款已经成为现货和柜台交易的行业标准，希望所推出的煤炭期货合约能够像我们推出的其他能源合约一样，成为煤炭行业的有力武器。"然而，事与愿违，该合约上市以来的交易情况并不理想，合约空盘量极小，历史最大日空盘量仅为 712 手且交易极不活跃。最大大年成交量为 4124 手（2002 年创下），即便按商品期货 3％的高交割率计算，才折合 19.12 万吨。这显然与美国煤炭每年高达 10 多亿吨的产量和消费量极不相称。美国的煤炭资源丰富，2002 年年末已证实的煤炭储量为 2499.94 亿吨，占世界已证实储量的 25.40％，居世界第一；2002 年煤炭产量相当于 5.717 亿吨油当量，占世界总产量的 24％，仅次于我国，居世界第二；2002 年煤炭消费量相当于 5.538 亿吨油当量，占世界煤炭总消费量的 23.1％，仍次于我国，居世界第二位。煤炭是美国电力工业的主要燃料来源，总发电量的 55％来自于煤炭。和我国一样，煤炭价格风险管理对于其经济稳定具有重要的现实意义，然而，美国的煤炭期货实践并不成功；从我国的实践看，1992 年，由煤炭部、国内贸易部和上海市政府共同组建的上海煤炭交易所正式开业，会员单位包括煤炭生产、物流、消费和金融服务业近 100 家企业。但一年半后，国务院证券委即发出通知，要求停止煤炭期货交易，其直接原因是非法倒卖合同、转手抬价行为猖獗。但深层次的原因是我国煤炭资源的运输瓶颈的限制、煤炭期货标准合约的不合理、煤炭仓储的特殊性及煤炭期货交割的客观困难。可见，期货尽管是一种极好风险管理工具，但煤炭期货对于煤炭价格风险管理却并不成功，而事实上，目前国际、国内的煤炭交易主要还是远期合约，由于远期合约本身的特点，存在信用风险，也不能很好地规避煤炭价格风险，所以，深入系统地研究各种金融衍生产品在煤炭价格风险管理中的可行性，通过金融创新，研究并开发出具有实践价值的煤炭价格风险规避的金融衍生产品，对于完善我国的煤炭价格形成机制，实现资源的优化配置，满足煤炭企业与下游产业的价格风险规避的需要，保障其实现良性成长及为国家的能源安全战略提供真实的煤炭价格信息均具有重要的现实意义。

1.4　研究的创新点、主要内容与研究方法

1.4.1　创新点

本书以煤炭价格风险管理作为研究对象，因此，将对我国煤炭价格形成机制存在的问题进行研究，力争提出基于煤炭产业可持续发展及保障国家能源安全的煤炭价格形成机制的政策目标及框架，并提出促进煤炭产业可持续发展和提高国家能源保障度、减少煤炭能源的浪费及控制安全事故的煤炭价格构成基础。书中对各种金融衍生品（主要是期货、期权、煤炭价格指数）在煤炭价格风险管理中的运用进行了探索，并将在研究各种金融衍生工具在我国煤炭价格风险管理中实现的可行性基础上，重点对适应性强、具有现实性意义的金融衍生品进行研究探索。创新点主要有以下几点：

（1）运用协整理论分析了煤炭价格与相关因素的关系，系统研究了煤炭价格形成机制，提出了基于联立方程的煤炭价格形成机制的数学模型。

（2）较为完整地梳理了风险管理的理论成果，运用国际金融领域最为流行的 VAR 技术对煤炭价格风险进行了度量，进而提出了规避煤炭价格风险的途径和措施。

（3）建立了煤炭价格指数的体系和价格指数模型。

1.4.2　研究的主要内容及相应的研究方法

针对我国煤炭价格的波动性及对其导致的价格风险的规避研究，主要研究内容及相应的研究方法见表 1-4。

表 1-4　本书的研究内容及主要方法

Table1-4　The primary study contents and methods

序号	研 究 内 容	研 究 方 法
1	煤炭价格风险的来源	因果分析法
2	煤炭价格的风险分析	定性与定量分析法、风险分析法
3	煤炭价格风险的度量	Var 技术、蒙特卡洛法等

序号	研 究 内 容	研 究 方 法
4	煤炭价格风险管理	金融工程学，数理金融学
5	煤炭期权定价研究	二项式定价模型、Black-Scholes 期权定价模型、无套利定价模型
6	煤炭期货的研究	期货理论
7	煤炭互换研究	互换理论
8	煤炭价格指数	数理统计与分析方法
9	预测在风险管理中的运用研究	灰色预测法、Box-Jenkns 法

1.4.3 分析的主要工具

本研究拟以系统科学、控制论、经济学为指导，以金融工程学、风险管理理论为理论基础，以理论创新与应用创新为目标，以 SPSS、EVIEWS、MATLAB、Crystal Ball 等作为计算工具、分析工具，以理论、方法、建模、仿真、案例研究的技术路线对煤炭价格风险规避的金融衍生产品进行深入的系统研究，在方法研究上注意了定性分析法与定量分析法相结合，把重点放在金融衍生工具的研究和开发上，力图使研究成果对我国煤炭产业管理及风险管理具有一定的参考价值。

本章重要概念

风险（Risk） 关于风险，有四种观点：一是风险损失不确定说，二是预期与实际结果变动说，三是风险主观说，四是风险客观说。风险是客观存在的，且可以用客观尺度加以测试，其大小取决于预期结果与实际结果的偏离，由于预期结果含有人的主观性，所以其结果取决于各种不同事件发生的概率及其结果以及人们的主观预期。一般意义上的风险指的是预期结果与实际结果产生偏离对行为主体的损失，而非收益。

纯粹风险（Pure Risk） 可能造成损失的风险。这种风险所导致的结果只有两种情况：没有损失或遭受损失。换句话说，它只存在受损的可能性，而没有获利的机会。人们通常概念中的风险——自然灾害以及意外事故，都属于纯粹风险，比如疾病、火灾、交通事故，以及失窃等。只有纯粹风险才是保险公司承担的可保风险。

投机风险（Speculative Risk）　可能产生收益或者会造成损失的风险。这种风险所导致的结果有三种情况：获得收益、没有损失、遭受损失。

煤炭价格风险（Coal Price Risk）　由于煤炭价格波动对煤炭生产企业及其下游企业带来的价格风险，主要指价格输入风险及价格输出风险。

风险曲线（Risk Profile）　金融产品或商品价格的变化与利率（其影响因子）变化率的关系曲线，或者是商品价格变化与企业价值变化的曲线，其中，横轴表示影响因子的变化，纵轴表示商品价格或企业价值的变化。曲线越陡峭，表明风险越大，反之越小。

风险管理（Risk Management）　狭义的风险管理是指有关纯粹风险中可保风险的管理决策，即应用管理原理去管理一个组织的资源和活动，并以合理的成本尽可能减少灾害事故损失和它对组织及其环境的不利影响。广义的风险管理指识别、衡量、并控制各种风险的过程，是为处理潜在风险损失的计划和安排，其核心是处理一个组织的意外损失风险，从而保障其资产安全，其目标就是保证公司在危险的环境中有效地运行，它不仅包括纯粹风险的管理，更包括价格风险与投机风险的管理。

第2章 煤炭价格形成的机制

研究煤炭价格形成机制，无疑是分析其波动性及风险的最为基础的工作，煤炭价格的波动及其风险，实际上是各种影响因素对煤炭价格的综合反映，正是诸如现有的煤炭供给能力、国民经济的增长态势、产业结构的变动、技术革新、国家对煤炭产业的宏观调控政策及进出口政策、煤炭生产成本，甚至是汇率、不同能源之间替代率、国家的环保政策等的共同作用，才使煤炭价格产生不同的变化趋势，以致使煤炭生产者和经营者不能有所把握而给其带来一定的经营风险或交易风险敞口。所以，要真正理解和把握煤炭价格风险，发现其规律，就必然要对煤炭价格形成机制进行研究，此即为本章的主要目的。

2.1 煤炭价格形成机制概述

价格形成机制从世界各国的实践和理论研究看，不外乎三种模式：计划机制、市场机制和混合机制。价格机制即为国家分配资源的机制。完全由政府决定的价格机制称为计划机制，完全的计划经济极可能因为腐败或官僚机制的运作低效率等原因出现"政府失灵"的现象，价格信号不能对资源的分配起到合理的作用，但在一定情况下却也有利于国家控制通货膨胀，集中力量进行产业结构的调整和基本建设；市场机制即价格完全由市场根据供需双方得到市场出清、即市场均衡来形成，市场价格因为反映了真实的市场供需（当然需要是强式市场最佳），所以对于生产什么、怎样生产最具有影响力，能实现资源的基础性配置作用，理论上可以实现帕累托最优，即社会福利的最大化。然而市场这只"看不见的手"也存在缺陷，因为在一定程度下会出现"市场失灵"，所以大多数国家对大多数商品采用计划与市场相结合的价格形成机制，即由政府规定一些条件，比如价格的上下限，最低保护价、浮动范围等，由企业根据市场情况自发调整，即所谓混合机制。然而，开放经济系统使价格的影响变量比之于封闭系统有所增加，且富于不确定性，同时，由于一国的经济战略、产业结构的差异性及国际贸易的目标的不同，使得建立有效、务实的价格形成机制变得更为复杂，即使如此，良好而富于效率的价格形成机制仍然是各国政府追逐的目标，也对实现国民福利的最大化具有不可或缺的作用。

2.1.1　我国煤炭价格形成机制的发展形式

　　如上所述，我国煤炭价格改革的过程大致可分为四个阶段，前三个阶段称为计划经济或不完全的计划经济阶段，主要特征是我国学习苏联的集中计划经济，把煤炭作为生产资料，定为国家一级统配物资，实行统购统销政策，由政府采取低价政策定价。煤炭产品价格的唯一功能是用于煤炭企业内部结算和核算。煤炭价格定价的根据是与其他主要生产资料的比价，而不是依据煤炭的理论价格。煤炭价格的制定，都是在当时价格体系的制约和出于对其他行业承受能力的考虑及物价水平的控制下，按逆向程序做出的[①]。在改革的初始阶段，引入市场机制，以调整价格为主，实现了价格双轨制，即以政府定价和市场调节为价格形成机制的两种价格。并通过各种调整，实行多形式的煤炭价格形式：国家定价的指令性计划价格；国家指导性的超产加价和地区差价价格；不纳入国家计划的自销煤炭市场协议价格。从 2005 年，国家规定不再对电煤价格进行管制起，我国基本上实现了煤炭价格的市场化，煤炭资源的分配手段由政府指令性分配转化为市场配置。

　　可见，根据对我国煤炭价格改革的回顾，可以发现我国的煤炭价格形成机制在不同的历史时期表现为三种形式，从发展的阶段上讲，也表现为三个阶段，即计划机制阶段、双轨制阶段和以市场机制为主、政府调节为辅市场化阶段，具体如下：

　　从 1949 年到 1979 年，实施的是完全的计划机制，煤炭价格由国家根据不同生产资料之间的比价、煤炭的生产成本、物价水平以逆序制定的。

　　从 1979 年到 2005 年为第二个发展形式时期，其价格存在形式是双轨制，即国家计划定价和市场形成价格并存的机制，所以产生多种煤炭价格形式，如国家的指令性计划价格、国家指导性的超产加价和地区差价价格、不纳入国家计划的自销煤炭市场协议价格等。这一阶段市场化的程度不一，如 1994 年之

---

① 郭长江. 从价格形成机制看石油竞争策略 [J]. 工业技术经济，2001 (1)．

后，除电煤外，所有煤炭价格均由市场形成，市场化程度有了极大的提高，但总体讲来是两种形成机制并存的局面。

第三个阶段或第三个发展形式即煤炭的价格市场形成机制阶段，从 2005 年始，由于煤炭订货会和政府协调的失败，加之煤炭价格市场化改革的形势已经成熟，国家对电煤价格干预影响力已经下降，2007 年，国家正式规定取消煤炭订货会，不再对煤炭价格进行直接干预，所有的煤炭价格都实现了市场机制。

2.1.2 计划机制下的煤炭价格影响因素及其形成机制的评析

我国的煤炭价格受计划经济的影响，多年来，采用的一直是指令性价格，直到 2005 年，对电煤仍采用指导性价格，这种价格形成机制具有一定的局限性，不能很好地反映市场供求关系，总体讲来，指令性及指导性的价格形成机制在制定价格时，主要考虑以下因素：

（1）物价水平。计划经济的定价是以成本为中心的，即：价格＝成本＋利润＋税金[①]，所以，煤炭生产成本及国家规定的煤炭行业的利润水平及煤炭行业的税赋共同决定了煤炭的价格，而我国的煤炭价格的制定，也考虑到煤炭作为一个重要的基础性能源对物价水平的传导作用，能源价格在国民经济产业链中的传导机制，按照价格运行的一般规律，上游能源与原材料价格的变动会反映在下游加工工业和生活资源上，产业链可由：上游产业（初级产品）——中游产业（原材料或中间产品）——下游产业（制成品生产）三个组成部分，产业链的关联会引起上下游产品之间的价格传导。通常情况下，整体价格水平波动产生出现在生产领域，然后通过产业间的关联向下游产业扩散，一直波及最终产品。能源价格上升造成的成本增加传导到消费层次，会出现成本推动型通货膨胀[②]。国家为了抑制通货膨胀，所以，在制定煤炭价格时要注意煤炭价格对物价水平的这种影响，并在一定程度上以煤炭低价来保证物价水平的平稳，所以，这种传导机制也是计划经济时期国家制定煤炭价格和其他能源价格的依据，国家对煤炭价格的制定在一定程度上遵循了如下公式原理[③]，即：

---

① 郭长江．从价格形成机制看石油竞争策略 [J]．工业技术经济，2001 (1)．
② 倪健民．国家能源安全报告 [J]．北京：人民出版社，2005 (10)；56—95．
③ 车圣保．原材料、能源价格上涨对价格总水平的影响分析 [J]．中国物价，2006 (2)．

$$R = \partial \cdot R_P + R_W \cdot \beta \qquad (2\text{-}1)$$

式中：R——第 i 年煤炭价格指数；

　　　∂, β——分别表示材料、能源价格传导系数及名义工资上涨的传导系数；

　　　R_P, R_W——分别表示材料、能源的价格上涨率及名义工资的上涨率。

所以，计划经济时期的煤炭价格主要与物价水平有关系，并不反映供需关系，没有反应煤炭本身的价值。正如宁云才教授对 1980—2005 年的数据的研究所指出的，煤炭价格和物价指数的变化的发展趋势基本趋同，进而提出了如下煤炭价格指数与物价指数呈随机正相关的状态方程[①]：

$$f_p(i) = RN[f(i), 2\%] \qquad (2\text{-}2)$$

式中：$f_p(i)$——第 i 年煤炭价格指数；

　　　$RN[f(i), 2\%]$——均值为 $f(i)$（零售物价指数）、标准差为 2% 的正态分布随机函数。

（2）煤炭行业的发展状况。国家制定煤炭价格的第二个依据是煤炭行业的发展状态，如从 1962—1964 年煤炭行业连续三年全行业亏损，为了扭转煤炭企业的经营状况，国家对煤炭价格进行了调价。

（3）煤炭生成成本。成本是计划体制下制定煤炭价格的主要依据，然而，在计划体制下，国家在确定煤炭价格水平时，对煤炭生产成本并没有充分考虑，如 1979 年、1985 年、1988 年和 1990 年国家对煤炭价格先后进行了四次提价，但提价幅度和煤炭生产成本并不相适应，由于煤炭安全生产条件的改善、生产设备的更新、工人工资福利的提高、矿井不断延伸、营业外支出的增加等内部因素和原材料价格上涨等外部因素的作用，使原煤成本上升幅度远高于提价幅度，如从 1952—1988 年，原煤平均成本从 9.76 元/吨上升到 39.97 元/吨，上升 3.1 倍，而原煤均价只从 10.99 上升到 27.94 元，只上升了 1.5 倍，显然，二者之间没有同比例增加[②]。

（4）国家对煤炭行业的宏观政策的影响。计划经济下，我国对煤炭产业采取了"有水快流"的政策，导致了全国煤炭企业遍地开花，这种政策使煤炭产量大幅增加，满足了国民经济的快速增长对能源的需求，但另一方面，也致使

---

① 宁云才，鞠耀绩．矿业投资风险分析与管理 [M]．北京：石油工业出版社，2003；2—5.

② 吴德春，董继斌．能源经济学 [M]．北京：中国工人出版社，1991 (3)；480—519.

人们对能源的消费和稀缺性没有引起足够的重视，没有从战略的角度考虑能源的供给安全，这也是对于煤炭采取低价政策的一个重要因素，所以，国家政策导致的煤炭供大于求，实际上对价格是有一定的影响的，只不过这种影响是间接的，是通过国家对煤炭的定价表现出来的，而不是通过市场机制得以显现的。

总之，在计划机制统购统销的管理体制下，煤炭价格是由政府制定的，政府的参考因素主要是物价水平，在一定程度上也考虑了煤炭行业的发展态势和煤炭行业的生产成本，所以造成了煤炭价格和价值的背离，煤炭价格基本保持于较低水平，这对于煤炭行业的发展、煤炭资源的节约都极为不利。国家为了满足国民经济发展对能源的需求，对煤炭行业采用了"有水快流"的措施，大力发展煤炭工业，使煤炭产量呈迅速上升的态势，但价格的出台并未考虑供求关系的影响，供求关系也不可能对煤炭价格产生作用。这种完全由政府决定的价格形式存在着诸多缺陷。

2.2　基于市场经济的煤炭价格形成机制的结构模型

研究我国的煤炭价格形成机制，其目的是为国家宏观调控提供科学的依据，我国的煤炭价格改革从 1992 年进入了市场机制的实施阶段，所以，研究煤炭价格的形成机制，寻找影响煤炭价格的主要关键变量，建立多因素多重回路的煤炭价格形成机制模型，不仅对于国家进行煤炭价格的宏观调控，保证能源安全，建立节约型社会具有积极的借鉴意义，对于煤炭企业及其下游产业把握煤炭价格的形成规律，正确地预测煤炭价格的走势，进行正确的经营决策，合理的规避煤炭价格风险都具有积极的意义。

然而，要对煤炭价格的形成机制做出准确地把握，必然首先要对其各影响因素进行计量分析。在以市场调节为主的价格形成机制下，煤炭价格的影响因素很多，总体讲来，大的因素有这样几个：

（1）市场供求。市场经济下的煤炭价格是由市场规律来决定的，即由价值规律、竞争规律、供求规律决定的，供给和需求的力量在得到市场出清时，形成了市场均衡价格。价格以商品的价值为基础，围绕价值上下波动。供大于求，则价格下跌，供小于求，则价格上升。所以，煤炭的供给量和需求量成为影响煤炭价格的最主要的因素。

（2）国家的货币政策。货币政策作为国家的主要金融政策之一，不仅对于经济发展有着重要的影响，对于物价水平也具有直接的影响，货币的供应量增加，会导致通货膨胀，造成物价水平的上升，显然，煤炭价格也不例外，也要受国家的货币政策的影响，货币供给量增加，在其他条件不变的情况下，煤炭价格就会上涨，而国家如果采取银根紧缩的政策，煤炭价格则会下跌。另一方面，货币供应增加，意味着国家对投资控制力度下降，社会投资则会增加，相应的能源消费也会增加，所以，煤炭的需求也会增加，在其他因素不变的情况下，会诱导煤炭价格上涨。

（3）国家对煤炭生产或其价格的直接或间接调控。煤炭作为基础性能源，对于国民经济及能源安全意义重大，因此，尽管国家希望发挥市场机制对资源的基础性配置作用，但在一定的情况下，国家仍然会对煤炭价格，甚至煤炭生产或消费本身实施某种直接或间接的措施加以调控，所以，国家政策仍是影响煤炭价格的重要因素。

（4）国际市场的影响。全球经济的一体化，使得任何一国的经济都不可能脱离世界经济的影响，国内煤炭市场对国际有影响，而国际煤炭市场也对国内市场起到反作用，二者是互动的，所以，国际市场的煤炭价格必然要作用于国内的市场，二者在一定程度上应遵循一价定律，实现均衡。

基于上述的基本分析，拟建立如图 2-1 所示的多重反馈回路的煤炭价格形成机制的基本结构模型。

模型说明与评价：

假设模型基本概括了所有主要影响煤炭价格的因素，说明国内市场的煤炭价格不仅决定于供给与需求，也决定于国家的价格政策及货币政策，而煤炭供给决定于一国的煤炭资源的可开采储量、现有的生产能力、煤炭行业的投资规模、上期的煤炭价格、煤炭生产成本、税费及当前库存等因素。煤炭的需求则取决于一国的经济增长水平、上期的煤炭价、煤炭消费的税费、一国的能源消费结构、产业结构的转变、其他意外事件及季节性因素的影响。同时指出国内市场和国际市场是相互影响、相互联系的，国内价格水平通过汇率和国际价格相联系，而国内的供给和国外的供给、国内的需求和国外的需求是通过进、出口互转化的，当然，其转化条件也是国内外的煤炭价格水平，当国内价格和国外价格相等时，国内市场和国际市场就同时实现了均衡。

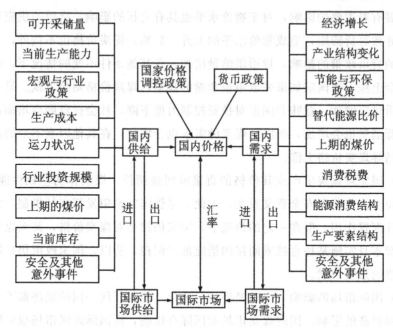

图 2-1　多重反馈回路的煤炭价格形成机制模型

Fig. 2-1　The coal price forming model with multi-feedback loop

2.3　煤炭消费（需求）及其影响因素的计量分析

基本的模型假设只是从经济运行的角度，对影响及形成煤炭价格的各个部分进行的定性的假设与分析，那么，上述各变量是不是真的对煤炭价格形成起到相应的作用？作用程度又如何？能不能根据上述定性分析建立拟合度高、仿真拟合度高且实际预测效果较好的经济模型？显然，需要对各变量与煤炭价格的影响进行协整与因果分析。

2.3.1　煤炭消费与国民经济增长的协整性与因果关系研究

自 20 世纪 70 年代石油危机以来，世界上很多国家开始研究经济增长与能源消费的关系。而大量的研究检验了能源消费和经济增长之间的因果关系。如 Granger 和 Kraft（1978）在他们的先驱研究里阐述了美国从 GNP 到能源消费存在单向因果关系①。在最近的许多研究中，研究者比较关注少数国家的能源消费和收入的协整关系。John Asafu-adjaye（2000）在其文献中估计了印度、印度尼西亚、菲律宾、泰国等亚洲国家的收入和能源消费之间的因果关系，结果表明在短期内，印度和印度尼西亚从能源消费到收入有单向因果关系，而菲律宾和泰国从能源消费到收入有双向因果关系②。Geoger Hondroyiannis（2000）在其文献中论证了 Greece 的能源消费和经济增长之间也存在因果关系。Obas John（1996）在其文献中以坦桑尼亚和尼日利亚为例论证了其能源消费和本国收入增长是相互促进的③。Ugur Soytas 等人研究证明 7 国集团中，阿根廷存在能源消费和 GDP 的双向因果关系④，意大利和韩国存在从 GDP 到能源消费的单向因果关系，土耳其、法国、德国和日本存在从能源消费到 GDP 的单向因果关系。范雪红、张意翔（2005）对我国能源消费与经济增长的计量经济分析，结果证明能源消费对经济增长起着重要的影响作用，能源消费总量的增长带动了经济总量的增长，而经济总量的增长却并不是能源消费总量增长的主要动因，即经济增长虽然对能源消费的增长有些影响但很微弱⑤。所有这些研究都没有针对煤炭这一重要的能源，当然也没有针对某一具体的能源品种，而煤炭作为我国的主要能源，其消费量最高达全部能源消费总量的76.2%（1990），而最低也达 65.3%（2001），如图 2-2 所示。

　　如此高的消费比重，说明煤炭对于我国国民经济的增长具有重要的影响，是国民经济增长的重要的支撑。所以，从我国的实际情况看，研究煤炭消费与国民经济增长的关系，具有举足轻重的地位，而煤炭价格的巨大波动也使之对经济增长产生更为重要的影响，罗敏、徐莉（2002）的分析表明各种能源生产中，波动最大的是煤炭，而电力、原油的增长率相对比较平稳。说明煤炭行业受经济影响的波动性最大⑥。不仅如此，煤炭价格在近几年随着煤炭价格改革的进行，也呈现出较大的波动性，因此，研究煤炭消费与生产与国民经济增长

①　Kraft. J, Kraft, A. On the Relationship between Energy and GNP [J] . Energy and Development, 1978 (2)：401—403.

②　John Asafu. adjaye. The Relationship between Energy Consumption [J] . Energy Prices and Economic Growth：Time Series Evidence from Asian Developing Countries. Energy Economics, 2000 (22)：615—625.

③　Obas John Ebohon. Energy, economic growth and causality in developing countries [J]. Energy Policy, 1996 (24)：447—453.

④　Ugur Soytas, Ranaazan Sari. Energy consumption and GDP：causality relationship in G-7 counties and emerging markets [J] . energy economics, 2003 (25)：33—37.

⑤　范雪红，张意翔. 基于计量经济模型的能源消费与经济增长关系实证研究 [J] . 理论月刊, 2005 (12) .

⑥　罗敏，徐莉. 我国能源供需结构及价格变异性分析 [J] . 煤炭经济研究, 2002 (3)：7—9.

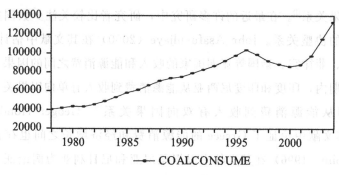

图 2-2 我国煤炭消费趋势图

Fig. 2-2 The trend of coal consume

的关系对于我国的能源安全战略是很有意义的。比如，在 1995—2002 年间，国民经济以较高的速度增长，而煤炭消费却呈下降趋势，这就使人们对中国经济和煤炭消费的关系产生兴趣，经济增长和煤炭消费究竟是一种什么样的关系？煤炭消费和经济增长二者之间究竟何为因，何为果？煤炭消费的降低是经济结构的变化抑或能源消费效率的变化导致的？这对煤炭价格会产生怎样的影响？搞清这些问题对于我们研究煤炭的需求的影响因素，研究煤炭的价格形成机制具有很重要的意义。

1. 基本理论介绍

1969 年美国计量经济学家 Granger 提出了因果关系分析的概念与方法（Granger，1969），这一方法便得到了很大的发展和应用。序列的平稳性是指一个序列的均值、方差和自协方差是否稳定，如果一个序列是非平稳的，但其一阶差分是平稳的，则称其为一阶单整，如果其经历 D 次差分才能平稳，称其为 D 阶单整。由于 DF 检验假设所设定模型的随机扰动项不存在自相关，但大多数经济数据不能满足其假设，所以，当随机扰动项存在自相关时，就会出现偏差，所以，为了保证单位根检验的有效性，人们对 DF 检验进行拓展，从而形成了 ADF 检验。其假设方程为以下三种基本类型：

模型 1：

$$y_t = \gamma y_{t-1} + \sum_{i=1}^{p} \alpha_i \Delta y_{t-i} + \varepsilon_t \tag{2-3}$$

模型 2：

$$y_t = \alpha + \gamma y_{t-1} + \sum_{i=1}^{p} \alpha_i \Delta y_{t-i} + \varepsilon_t \tag{2-4}$$

模型 3：

$$y_t = \alpha + \beta t + \gamma y_{t-1} + \sum_{i=1}^{p} \alpha_i \Delta y_{t-i} + \varepsilon_t \tag{2-5}$$

上述模型检验原假设 $\gamma = 1$ 的 t 统计量的极限分布，同 DF 检验的极限分布一样，所以，可以使用相同的临界值表，若 t 统计量值大于相应的临界值，则不能拒绝原假设，即认为存在单位根，序列是非平稳的。而 Granger 因果检验的基本思路是：如果两个经济变量 X 和 Y，对 Y 进行预测，在同时包含 X 与 Y 过去信息的条件下，比只单独包括 Y 的过去信息，对 Y 的预测效果好，即变量 X 的历史信息有助于变量 Y 预测精度的改善，则认为 X 对 Y 存在因果关系。

2. 数据来源及预处理

本章采集 1978—2004 年的 GDP 产值、各产业的产值及历年的煤炭消费量，GDP 产值来源于《中国统计年鉴 2005》，煤炭消费数据来源于《中国能源统计年鉴》（国家统计局，1987，1990，1998，2001，2005）。GDP 的单位为亿元人民币，而煤炭消费的单位为万吨。利用 Eview4.0 作为计量分析工具对上述数据进行回归分析及因果检验。1978—2005 年 GDP 与煤炭工业消费的趋势如图 2-3 所示。

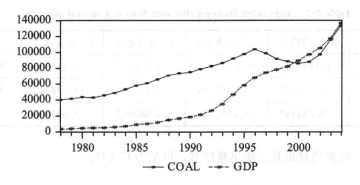

图 2-3　GDP 与煤炭工业消费的趋势图

Fig. 2-3　GDP and the coal consume trend

从图 2-3 中可见，在 1978—1996 年之间，随着经济的增长，煤炭消费呈增长态势，而此之后到 2002 年间，GDP 增长而煤炭消费呈下降态势，2002 年之后，二者则均呈增长态势。

3. 数据的平稳性的检验

我们对 GDP 和煤炭消费的原序列、一阶差分和二阶差分分别进行平稳性检验，ADF 中的滞后阶数根据 AIC 原则来确定，最大滞后量取 7，对 GDP 检验采取三种方程的检验结果是一致的，我们只列出含常数和时间趋势的方程的检验结果（参见表 2-1）。

表 2-1　GDP 的 ADF 检验表

Table 2-1　Augmented Dickey-Fuller unit Root test on GDP

序　列	ADF 检验值	10% 显著水平	5% 显著水平	1% 显著水平	结论
GDP	2.790440	−3.277364	−3.673616	−4.532598	不平稳
一阶差分	−1.538761	−3.286909	−3.690814	−4.571559	不平稳
二阶差分	−4.570845	−3.286909	−3.690814	−4.571559	平稳

可见，GDP 是二阶单整序列，可记为 G（2）。同样，采取以上的方法对煤炭消费序列进行平稳性检验，结果见表 2-2。

表 2-2　煤炭消费序列的 ADF 检验表

Table 2-2　Augmented Dickey-Fuller unit Root test on coal consume

序　列	ADF 检验值	10% 显著水平	5% 显著水平	1% 显著水平	结论
GDP	1.124134	−3.324976	−3.759743	−4.728363	不平稳
一阶差分	−1.102022	−3.324976	−3.759743	−4.728363	不平稳
二阶差分	−4.581487	−2.681330	−3.081002	−3.959148	平稳

可见，煤炭消费也是二阶单整序列，可记为 C（2）。

4. 协整性检验

我们运用 Engle-Granger 两步法进行 Johansen-co integration 协整（或称为共积）检验，做静态回归，结果如下：

$$GDP = -71326.91 + 1.49249526 \times coalconsume \qquad (2-6)$$
$$(3.673) \qquad\qquad (5.249)$$
$$R^2 = 0.784219 \qquad F = 21.53$$

从静态回归可以看出回归方程的显著性、相关系数以及回归系数的显著性情况较优，其拟合度 R－Squared＝0.784219，说明拟合效果是比较好的。协整方程拟合的结果及残差如图 2-4 所示。

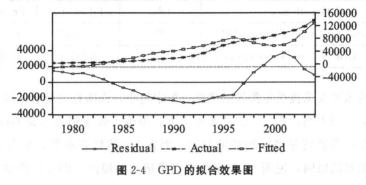

图 2-4　GPD 的拟合效果图

Fig. 2-4　The Simulation on GDP

对残差的平稳性检验，仍然用 ADF 检验法，根据 AIC 原则，取最大滞后项为 7，三种检验结果都表明，残差序列是平稳的，这就说明，GDP 与煤炭消费之间具有协整关系。我们只列出含常数项与时间趋势的检验结果（参见表 2-3）。

表 2-3　GDP 与煤炭消费的协整关系检验表

Table2-3　Co-integration test on GDP and coal consume

Augmented Dickey-Fuller test statistic		−2.891429
Test critical values：	1% level	−2.728252
	5% level	−1.966270
	10% level	−1.605026

5. Granger 因果检验

通过协整检验表明我国煤炭消费与经济增长确实存在协整关系，或者说存在着长期的平衡关系，当然，在短期内也许会出现失衡。那么是否可以说煤炭消费是引起我国经济增长的一个葛兰杰原因呢？还是说煤炭消费总量的增加是由于 GDP 增加的结果，按照 Granger 因果关系分析方法，建立如下两个变量模型：

$$GDP_t = \alpha_0 + \sum_{i=1}^{m} \alpha_i GDP_{t-i} + \sum_{i=1}^{m} \beta_i coaconsume_{t-i} + \varepsilon_t \qquad (2-7)$$

$$coalconsume_t = \alpha_0 + \sum_{i=1}^{m} \alpha_i coalconsume_{t-i} + \sum_{i=1}^{m} \beta_i GDP_{t-i} + \varepsilon_t \qquad (2-8)$$

使用 1978—2004 年度的煤炭消费量和 GDP 年度数据，对其进行 Granger 因果关系检验，对上式分别进行检验，结果见表 2-4。

表 2-4　Granger 因果关系检验表

Table 2-4　Granger Causality Tests

Null Hypothesis:	Obs	F-Statistic	Probability
COAL does not Granger Cause GDP	25	5.72201	0.01084
GDP does not Granger Cause COAL		4.09152	0.03239

显著性水平表示接受零假设的概率，数字越小，说明自变量解释因变量的能力越强，上表表明，在 1% 的显著水平下，拒绝了煤炭消费不是 GDP 的原因，接受了煤炭消费是经济增长的原因；而在 3% 的显著水平，拒绝了 GDP 不是煤炭消费的原因，说明 GDP 是煤炭消费增长的原因，即煤炭消费和经济增长之间具有双向的因果关系。

2.3.2　各产业与煤炭消费的协整与因果关系分析

GDP 和煤炭消费是具有因果关系的结论与实际情况是相符的，所以，可以用二者之间的关系对煤炭消费作一预测，然而，作为总量指标，GDP 不能反映各个产业对煤炭消费的影响，即经济结构的变化对煤炭消费的影响，也不利于实务中对煤炭需求的情景分析，而将 GDP 分解为各个产业的产值，分析各个产业的产值和相应的煤炭消费的协整性与因果关系，有助于针对由于技术进步、产业政策等导致经济结构的转型所导致的煤炭消费的变化，就可以较为准确地分析煤炭需求的情况，从而进一步比较严谨地研究煤炭价格的反馈形成机制。鉴于此，本节将以各产业的煤炭消费量及各产业的产值进行协整性和因果分析。

1. 数据采集

我们选取 1984—2004 年的各产业的国内生产总值及其相适的煤炭消费作为原始数据，进行计量分析，根据 2003 年国家对三次产业划分的规定，将农、林、牧、渔业作为第一产业，而将采矿业、制造业、电力、燃气及水的生产和供应业、建筑业作为第三产业，其他作为第三产业，相应地，将以上行业的煤炭消费加以归类，得到一一对应，数据见表 2-5，各产业的国内生产总值见表 2-6。

2. 第一产业与煤炭消费的协整性与因果关系分析

样本取 1985—2003 年的第一产业的产值与煤炭消费的数据资料，其基本趋势如图 2-5 所示。

表 2-5　煤炭消费构成表

Table 2-5　The structure of coal consume

年　份	煤炭消费 1	煤炭消费 2	煤炭消费 3
1985	2208.6	59145.2	2513.6
1986	2296.9	63147.7	3074
1987	2286.7	69228.3	3066.6
1988	2377.5	74352.4	3191.8
1989	2180.5	79017.1	3308.5
1990	2095.2	81528.5	2781.6
1991	2124.9	56791.05	2999.8
1992	1768.3	92716.9	2834.1
1993	1601.7	99810.0	3277.3
1994	1783.0	108274.4	2893.8
1995	1856.7	118010.5	2374.3
1996	1917.3	123885.9	1817.0
1997	1927.0	122054.0	1911.0
1998	1923.3	115564.0	2338.2
1999	1735.6	113279.8	2190.5
2000	1647.7	112266.8	1417.7
2001	1599.6	113608.0	2398.8
2002	1622.9	124748.9	1310.6
2003	1683.3	151145.7	1350.5
2004	2251.2	180736.7	1703.9

表 2-6　1985—2004 年的国内生产总值构成表

Table 2-6　The GDP's structure in 1985—2004

单位：亿元

年　份	总　值	第一产业	第二产业	第三产业
1985	8964.4	2541.6	3866.6	2556.2
1986	10202.2	2763.9	4492.7	2945.6
1987	11962.5	3204.3	5251.6	3506.6
1988	14928.3	3831.0	6587.2	4510.1
1989	16909.2	4228.0	7278.0	5403.2
1990	18547.9	5017.0	7717.4	5813.5

续 表

年 份	总 值	第一产业	第二产业	第三产业
1991	21617.8	5288.6	9102.2	7227.0
1992	26638.1	5800.0	11699.5	9138.6
1993	34634.4	6882.1	16428.5	11323.8
1994	46759.4	9457.2	22372.2	14930.0
1995	58478.1	11993.0	28537.9	17947.2
1996	67884.6	13844.2	33612.9	20427.5
1997	74462.6	14211.2	37222.7	23028.7
1998	78345.2	14552.4	38619.3	25173.5
1999	82067.5	14472.0	40557.8	27037.7
2000	89468.1	14628.2	44935.3	29904.6
2001	97314.8	15411.8	48750.0	33153.0
2002	105172.3	16117.3	52980.2	36074.8
2003	117390.2	16928.1	61274.1	39188.0
2004	136875.9	20768.1	72387.2	43720.6

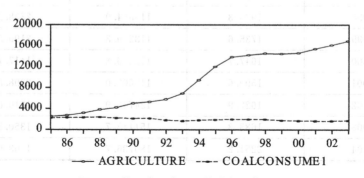

图 2-5　第一产业产业及其煤炭消费趋势

Fig. 2-5　The primary industrial and its coal consume

由图 2-5 可以看出二者基本是不相关的，表现为第一产业产值的增加，而随着其产值的增长，煤炭消费的变化平稳，并有小幅的下降趋势。

（1）平稳性检验。对第一产业的煤炭消费序列及第一产业的产值序列进行平稳性检验。仍以 ADF 检验法，滞后项以 AIC 原则来确定，结论表明在含常数项和趋势项的假设方程下，第一产业产值及其煤炭消费量序列是一阶单整序列。

（2）协整性检验。我们运用 Engle-Granger 两步法进行 Johansen-co integration 协整（或称为共积）检验，做静态回归，结果如下：

$$agriculture = 40000.79098 - 15.799 \times coalconsume_1 \qquad (2\text{-}9)$$

$$(6.48182) \qquad\qquad (-4.97881)$$

$$\text{adj. } R^2 = 0.59319 \qquad F = 24.78855$$

从 OLS 回归估计可以看出回归方程的显著性、相关系数以及回归系数的显著性情况较优，而拟合度 R-Squared＝0.593190，拟合度较好。进一步对回归残差序列进行 ADF 检验，其拟合图见图 2-6。

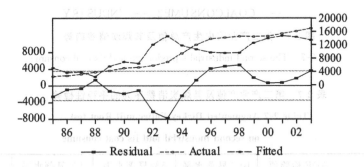

图 2-6 第一产业产值的拟合效果图

Fig. 2-6 The simulation on the agriculture (the primary industrial)

从图 2-6 可知，拟合的误差是比较大的。令残差为一数列，对之进行单位根检验，结果表明，无论何种假设方程，残差序列都是不平稳的，这表明二者之间不存在协整关系。

2.3.3 第二产业与煤炭消费的协整性与因果关系分析

（1）基本趋势分析。第二产业及其煤炭消费的序列样本仍选取 1985—2005 年区间，其基本趋势如图 2-7 所示。

从图 2-7 中可以看出，二者总体上呈现出同步增长的趋势，然而，在1990—1992 年间，煤炭消费存在一个较大的与第二产业的产值增长不相符的波动。而在 1996—2002 年间，第二产业的产值持续增加，但煤炭消费呈下降趋势。2002 年之后，二者则同步增长。

（2）平稳性检验。我们对第二产业的煤炭消费序列及第二产业的产值序列进行平稳性检验。仍以 ADF 检验法，滞后项以 AIC 原则来确定，最大滞后项选 5，结果见表 2-7。

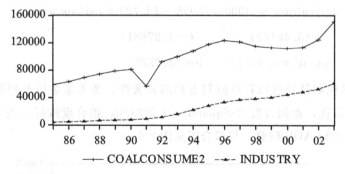

图 2-7　第二产业国内生产总值及其煤炭消费趋势

Fig. 2-7　The second industrial's production and its coal consume

表 2-7　第二产业产值及其煤炭消费序列的平稳性检验

Table 2-7 Augmented Dickey-Fuller unit Root test

on second industrial and its coal consume

序列	ADF 检验值	10%显著水平	5%显著水平	1%显著水平	结论
industry	2.724431	−1.604392	−1.968430	−2.740613	不平稳
一阶差分	−1.428241	−1.601144	−1.982344	−2.816740	不平稳
二阶差分	−7.446914	−3.420030	−3.933364	−5.124875	平稳
Coalconsume1	−2.348096	−3.286909	−3.690814	−4.571559	不平稳
一阶差分	−3.768030	−3.388330	−3.875302	−4.992279	不平稳
二阶差分	−7.245942	−1.605603	−1.964418	−2.717511	平稳

　　表 2-7 表明，第二产业产值序列及其煤炭消费量序列均为二阶单整序列，因此，可以进一步进行协整性检验。回归得到二者之间的协整方程：

$$industrial = -38562.8609 + 0.64622 \times coalconsume_2 \qquad (2\text{-}10)$$

$$(-5.24778) \qquad (8.98818)$$

$$\text{adj. } R^2 = 0.82615 \quad F = 80.78739$$

　　可见，回归方程的显著性、相关系数以及回归系数的显著性情况均优，其拟合度 R-Squared＝0.826153，说明拟合效果是较好的。对残差进行平稳性检验，结果见表 2-8。

表 2-8　第二产业产值的残差平稳性检验表

Table 2-8　Residual test on the second indutrstials production

序列	ADF 检验值	10%显著水平	5%显著水平	1%显著水平	结论
industry	−4.746411	−2.728985	−3.175352	−4.200056	平稳

（3）因果检验。进一步检验二者之间的因果关系，结果见表2-9。

表 2-9 第二产业与煤炭消费的因果关系检验结果

Table 2-9 Granger Causality Tests

Null Hypothesis：	Obs	F-Statistic	Probability
INDUSTRY does not Granger Cause COALCONSUME2	17	7.64005	0.00724
COALCONSUME2 does not Granger Cause INDUSTRY		2.11662	0.16318

检验表明无论滞后阶数为 1 还是 2，第二产业的产值对煤炭消费具有因果关系，而在显著水平为近乎 20% 时，才表明出煤炭消费对第二产业的因果关系，所以，煤炭消费对第二产业具有弱的因果关系，而第二产业的产值的增加对煤炭消费具有强的因果关系。所以，可以认为存在从第二产业经济增长到煤炭消费的单向因果关系。

2.3.4 第三产业与煤炭消费的协整性与因果关系分析

（1）基本趋势分析。煤炭平衡表中，将煤炭消费分为第一产业的消费量、第二产业的消费量、商业和贸易、居民消费、其他共五项，第三产业的煤炭消费应包括商业、贸易及其他项，1985—2005 年间第三产业的煤炭消费与经济增长的变化趋势如图 2-8 所示。

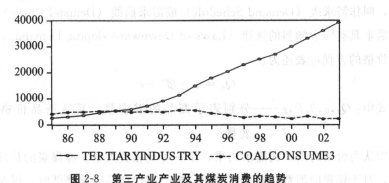

图 2-8 第三产业产业及其煤炭消费的趋势

Fig. 2-8 The third industrial's production and its coal consume

（2）平稳性分析。对第三产业的产值序列及其煤炭消费序列进行平稳性检验，方程选择不含常数项及趋势项的假设方程，滞后项根据 AIC 原则选择 7，结果见表 2-10。

表 2-10　第三产业及其煤炭消费的平稳性检验表

Table 2-10　Augmented Dickey-Fuller unit Root test on

the third industrial and its coal consume

序　列	ADF 检验值	10%显著水平	5%显著水平	1%显著水平	结论
tertiary industry	−3.554293	−3.420030	−3.933364	−5.124875	不平稳
一阶差分	−0.392220	−3.388330	−3.875302	−4.992279	不平稳
二阶差分	−5.410304	−2.747676	−3.212696	−4.297073	平稳
Coalconsume2	−1.203937	−2.728985	−3.175352	−4.200056	不平稳
一阶差分	−4.883038	−1.606129	−1.962813	−2.708094	平稳

可见，第三产业的产值序列为二阶单整序列，而其煤炭消费序列为一阶单整序列，不存在协整关系。

2.4　煤炭价格与煤炭需求量、替代能源价格的协整与因果分析

经济学理论对需求最为基本最为通俗的定义是：在条件相同时，一种物品的市场价格与该物品的需求量之间存在着一定的关系，这种价格与需求之间的关系，叫作需求表（Demand Schedule）或需求曲线（Demand Curve）[①]，而且认为需求具有向下倾斜的规律（Laws of Downward-sloping Demand），认为需求与价格的方程可表述为：

$$Q_d = \alpha - \beta P + \varepsilon \qquad (2\text{-}11)$$

式中：$Q_d, \alpha, \beta, P, \varepsilon$——分别表示商品的需求量、系数商品价格及随机变量。

即认为价格为因，而需求为果，呈一种负相关关系。而煤炭的替代产品的价格，对于煤炭的消费具有抑制作用，即当替代产品价格降低时，煤炭的需求量就会减少，相应，在供给量不变的前提条件下，煤炭的价格就可能降低；反之，如果替代产品的价格比较高，消费者由于成本因素的考虑，在相同条件下，可能会选择煤炭作为替代能源，如此，会导致煤炭价格的上升。那么，在

---

① 保罗·萨缪尔森，威廉·诺德豪斯. 萧琛等译. 微观经济学 [M]. 北京：华夏出版社，1999 (1)：33—35.

其他条件保持不变的情况下，我国的煤炭价格与煤炭消需求（消费，这里我们指的是可实现的需求，而非潜在需求）、煤炭价格与替代能源的价格及煤炭需求之间呈什么样的关系？这对于研究煤炭的需求模型及煤炭价格形成机制都是比较重要的问题，本部分即对上述问题进行研究。

2.4.1　煤炭价格与煤炭需求量的协整与因果分析

（1）协整分析。我们以煤炭价格指数来代替煤炭价格。前面的章节的检验证明，煤炭价格指数及煤炭需求量均为二阶单整的，所以，可能存在长期的协整关系，现在进行 OLS 估计，可见二者之间的拟合方程为：

$$Q = 42641.06848 + 135.14899 \times coalindex \qquad (2\text{-}12)$$
$$(11.31189) \qquad\quad (11.17414)$$
$$R^2 = 0.84445 \qquad F = 124.8613$$

而拟合度 R-Squared＝0.844449，是比较高的，所以，拟合效果较好。

拟合效果图如图 2-9 所示。

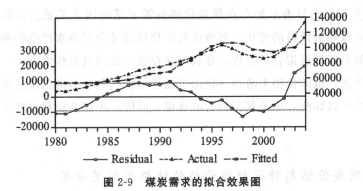

图 2-9　煤炭需求的拟合效果图

Fig. 2-9　The simulation of coal consume

残差检验结果表明，在 5％的显著水平下，其是平稳序列。

如上的研究表明，我国的煤炭价格与煤炭需求是正相关的关系，即：煤炭价格上涨，煤炭需求也增加，但是，我们选取的数据并不能如经济学理论所讲的保持其他条件不变。事实上，不管是煤炭价格还是煤炭需求，都是在供给等其他因素的多重影响下的一种均衡结果，而这种均衡是动态的，煤炭价格与需求的这种关系可能由于两个原因，一方面，在需求增加时，如供给情况变化不大，则价格必然上升，这就要搞清楚研究何为因，何为果。是价格导致了需求量的变化还是需求量导致了价格的变化，需求量为因的话，可以较好地诠释这一现象；另一方面，由于经济的高速增长，对能源尤其是煤炭的需求量很大，即便价格上涨，也不能抑制其需求，所以，呈现出价格上涨，需求也上涨的现象。从我国来看，属于后者。

那么价格与需求，何为因，何为果？是需求导致了价格的变化还是价格导致了需求量的改变？现在以因果分析来说明。

（2）Granger 因果检验。对上述的两个序列进行 Granger 因果检验，结果见表 2-11。

表 2-11　煤炭价格与需求的 Granger 因果检验表
Table2-11　Granger Causality Tests

Null Hypothesis：	Obs	F-Statistic	Probability
Q does not Granger Cause COALINDEX	23	6. 36368	0. 00812
COALINDEX does not Granger Cause Q		2. 63676	0. 09901

显然，存在需求量到价格的单向因果关系，即需求的变化导致了价格的变化。但也在 10% 的显著水平存在煤炭价格到需求量的因果关系。说明需求量的变化会导致煤炭价格的变化，而价格的变化反馈又会对需求产生影响，不过需要注意的是，根据拟合的方程，在我国除存在一定的自发性需求外，价格指数的系数为正，也即价格上涨会导致需求的增加，这和基本的供求规律是不一致的，其之所以如此，也是我国特有的现象，原因在于煤炭价格远低于其价值所致。

2.4.2　煤炭价格与替代能源价格的协整与因果分析

对于煤炭价格与替代能源的价格的关系分析，我们选取在能源消费比重中居于第二位的石油。电力是以煤炭作为主要消费能源的，存在共性问题，不作研究，而天然气和水电在能源消费中占有比重较小，最高年份不到 10% （2004年），可以忽略。样本数据我们以 1980—2005 年的石油工业和煤炭工业的价格出厂价格指数来替代其市场价格。前面的研究表明煤炭价格是二阶单整的，而通过对石油的价格的平稳性检验，表明石油价格也是二阶单整的。既然二者均为二阶单整的时序，所以可能存在协整关系，进行 OLS 估计，方程如下：

$$coalindex = 98.8321 + 0.32934 \times oilindex \tag{2-13}$$

$$(7.798434) \qquad (17.95307)$$
$$R^2 = 0.93339 \qquad F = 322.3126$$

从上式可以看出，石油价格和煤炭价格呈正相关关系，煤炭价格上涨，则石油价格也会上涨，而拟合度为 0.93339，总体讲来还是比较高的，比较精确的。

然而，我们对其残差的平稳性进行检验，结果表明其残差序列是非平稳的，说明二者之间不具有协整关系，当然也不存在因果关系。

显然研究表明：煤炭价格和石油价格之间不存在协整关系。这与我国的国内情况相吻合。也说明尽管均为能源，但由于二者的用途存在差异，所以替代性不能产生。因为我国是以煤炭为主要能源的国家，煤炭消费在能源消费总量中占有较大的比重，但其用途主要用于电力、化肥、钢铁、建材等工业，而石油尽管对国民经济也很重要，但其用途主要用于交通运输及化工产业，二者尽管都是国民经济增长的重要能源，但其用途的差异化，决定了其替代效应较弱，二者的价格并不足以影响对方。基于此，我们进行煤炭价格形成机制的研究时，可以不考虑替代能源，尤其是石油对煤炭价格的影响。

2.5　国际国内煤炭价格的互动关系分析

2.5.1　国际煤炭市场格局与我国的煤炭进出口趋势

煤炭是世界上最丰富的矿物资源，探明采储量有 107539 亿吨（2005 年），其中硬煤 8.13 万亿吨，褐煤 26229 亿吨。拥有煤炭资源的国家大约 70 个，其中储量较多的国家有中国、俄罗斯、美国、德国、英国、澳大利亚、加拿大、印度、波兰和南非地区。它们的储量总和占世界的 88%（详见表 2-12）。

表 2-12　2005 年年初世界煤炭储量
Table 2-12　Worlds coal reserves At the beginning of 2005　　单位：百万吨

国家或地区	无烟煤和烟煤	次烟煤和褐煤	合　计	所占比重（%）
美　国	111338	135305	246643	27.1
加拿大	3471	3107	6578	0.7
墨西哥	860	351	1211	0.1

续 表

国家或地区	无烟煤和烟煤	次烟煤和褐煤	合 计	所占比重（%）
北美合计	115669	138763	254432	28
巴 西	N/A	10113	10113	1.1
哥伦比亚	6230	381	6611	0.7
委内瑞拉	479	N/A	479	0.1
南美合计	992	1698	2690	0.3
美洲合计	7701	12192	19893	2.2
比利时	4	2183	2187	0.2
捷 克	2094	3458	5552	0.6
法 国	15	N/A	15	*
德 国	183	6556	6739	0.7
希 腊	N/A	3900	3900	0.4
匈牙利	198	3159.0	3357	0.4
哈萨克斯坦	28151	3128	31279	3.4
波 兰	14000	N/A	14000	1.5
罗马尼亚	22	472	494	0.1
俄罗斯联邦	49088	107922	157010	17.3
西班牙	200	330	530	0.1
土耳其	278	3908	4186	0.5
乌克兰	16274	17879	34153	3.8
英 国	220	N/A	220	*
其他欧洲国家	1529	21944	23473	2.6
欧洲合计	112256	174839	287095	31.6
南 非	48750	N/A	48750	5.4
津巴布韦	502	N/A	502	0.1
其他非洲国家	910	174	1084	0.1
中 东	419	N/A	419	*
南非和中东合计	50581	174	50755	5.6
澳大利亚	38600	39900	78500	8.6
中 国	62200	52300	114500	12.6
印 度	90085	2360	92445	10.2
印度尼西亚	740	4228	4968	0.5
日 本	359	N/A	359	*
新西兰	33	538	571	0.1

续 表

国家或地区	无烟煤和烟煤	次烟煤和褐煤	合　计	所占比重（％）
朝　鲜	300	300	600	0.1
巴基斯坦	N/A	3050	3050	0.3
韩　国	N/A	80	80	*
泰　国	N/A	1354	1354	0.1
越　南	150	N/A	150	*
其他环太平洋国家	97	215	312	*
亚洲和环太平洋国家合计	192564	104325	296889	32.7
世界总计	478771	430293	909064	100

资料来源：BP Amoco Statistical Review of World Energy，June 2005。

世界煤炭储量尽管很丰富，但分布极不均匀，北半球居于绝对优势，占92％，就煤质而言，亚非国家的优质煤占的比重较高，因此形成了四大国际煤炭市场，即以日本、韩国和中国台湾地区为主要煤炭进口国且贸易量占世界煤炭贸易总量一半以上的亚太市场，以美国和哥伦比亚为主要出口国的美洲煤炭市场，以德、英为主要进口国的欧洲煤炭市场及南非煤炭市场。煤炭的出口主要是澳大利亚、南非、印度尼西亚、中国、美国和哥伦比亚，进口国主要是日本、韩国、中国台湾地区、英国、德国等。从出口总量上讲，澳大利亚出口煤炭量居第一位，占国际市场的 31.9％左右，南非出口居第二位，占煤炭市场的 11.9％左右，第三位是印度尼西亚，我国历年的出口主要以创汇为目的[①]，在 20 世纪的 90 年代之前，数量都不算多，尤其是进口就更少，然而在 20 世纪的 90 年代之后，出口增加的幅度很快，到 2005 年即达 71.72 百万吨，进口在 2002 年之后则迅速增加，2005 年达 26.17 百万吨（详见图 2-10）。

2000 年之后的进口与出口的增加，表明我国经过对煤炭价格市场化的改革，国内的煤炭市场与国际煤炭市场的互动增加，而 2003 年出口的减少和进口的增加，是由于我国经济的高速增长对能源的需求量增加所致[②]，当然，也表明我国煤炭市场在逐渐与国际煤炭市场接轨，互动增加。根据一价定律：同一种商品在任何国家的价格按照货币换算后，应该是完全相等的（当然，隐含条件是没有交易成本，没有贸易壁垒，商品是同质的，市场信息是完全的，投资者是理性的），我国的煤炭价格与国际市场的煤炭价格应在一定的程度上遵

① 国际能源署. 世界煤炭市场贸易形势. www.chinastandard.com.cn，2002，3.
② 万善福，周景军. 入世后的中国煤炭市场［R］. 中国煤炭工业年鉴，2005，10.

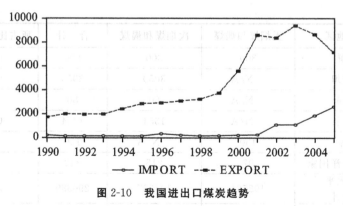

图 2-10 我国进出口煤炭趋势

Fig. 2-10　Our country import and export coal tendency

循购买力平价理论，即遵循如下公式：

$$P_i = E \times P \tag{2-14}$$

式中：P_i——煤炭的国际市场外币价格；

　　　E, P——分别为汇率和国内价格。

而国际市场与国内市场煤炭需求与供给关系的变化，正是通过这一均衡价格来实现互动的，如果 $P_i > E \times P$，即国内煤炭价格低于国际市场的煤炭价格，则国内煤炭企业就会增加出口，从而使国内供给减少，供需在新的水平实现市场出清，国内价格升高，而国际市场由于供给增加，价格必然会有一定幅度的下跌，最后，实现国内价格和国际价格的均衡，国内和国际市场也就实现了均衡。反之，如果 $P_i < E \times P$，则会使国际市场增加向国内的煤炭输出，国内供给增加，国内价格下跌，而国际市场价格上涨，进而达到均衡，这种动态的互动关系，是通过价格信号来实现的。那么，经过这几年的煤炭价格改革，国内市场与国际市场是否达到了接轨？国际市场的价格是否对国内煤炭市场有相应的影响？国内的供给与需求是否受国际煤价的影响？研究我国煤炭价格形成机制必须要回答这些问题，本节用时间序列分析的有关方法，对二者进行定量研究，期望能解答这些问题。

2.5.2　国际与国内煤炭价格的协整分析

我们以 1982—2004 年的国内、国际煤炭价格为样本，对国际与国内煤炭价格的互动关系进行分析，研究其协整关系，首先要对其平稳性进行检验。我们对国际煤炭价格和国内煤炭价格的进行 ADF 检验，滞后的项选择按照 AIC

原则确定，为 7 项，计量分析的结果表明，国内煤炭价格序列在 1% 的显著水平都是不平稳的，其一阶差分序列也是不平稳的，但其二阶差分在任何一种假设方程下都是平稳的。同理，我们对国际煤炭价格序列进行 ADF 检验，检验结果表明，国际煤炭价格的序列、一阶差分序列都是不平稳的，而其二阶差分是平稳的，既然国内与国际煤炭价格的序列均是二阶单整的，它们是同阶单整，所以，它们之间可能存在长期的协整关系。下面我们对其进行协整关系的估计和因果分析。

对上述序列进行 OLS 估计，结果如下：

$$PI = 52.56053 - 0.07957 \times PD \qquad (2\text{-}15)$$
$$(16.02503) \quad (-2.304628)$$
$$R^2 = 0.20186 \quad F = 5.311308$$

可见，拟合度 R-Squared＝0.20186，说明拟合的效果不好，且国内价格与国际价格呈负相关的关系，这与基本经济理论不吻合，原因主要在于我国长期采取的是低价政策，而国际市场的价格是由市场形成的，二者之间可能存在剪刀差。所以，不存在长期稳定的协整关系。

2.6　煤炭供给的基本分析

影响煤炭供给的因素比较多，相比较而言，国家的宏观政策的作用更为明显，如 1997 年始的"双控制"政策，对煤炭的生产就起到了很大的制约作用，而国家在煤炭进出口政策的调整，如利用出口配额手段及出口退税率等手段，也对煤炭的供给产生了一定的影响。另外，煤炭的供给不可避免地与一国的煤炭资源的禀赋条件、经济增长速度、投资政策、开采技术的发展现状、劳动力资源等都有着必然的联系。单纯从生产的角度看，煤炭的供给能力与当年煤矿的投产量、保有储量、近期可利用储量、地质勘探投资系数、新增可利用储量、矿井的建设能力、可开采储量等均有密切的联系，所以，单纯生产能力、资源储量与勘探能力的角度也可以对煤炭供给或生产进行研究，如杨瑞广、范英、魏一鸣根据我国煤炭生产和供应的实际情况，对全国煤炭工业矿井基本建设项目及其投资情况作了调查，以 1991—2000 年之间的历史数据为依托，通过对煤炭工业过去一段时间国内煤炭保有储量、煤炭采选业投资、新建矿井投产以及国煤炭生产能力情况的研究，绘制了国家煤炭生产供应系统流图，并建立了煤炭需求作用下的全国煤炭生产供应系统动力学模型[①]。然而，这一模型没有考虑国家宏观政策对煤炭生产的影响，也没有考虑价格的作用。事实上，越来越多的事实证明，煤炭的供给不仅与资源储备有关，与一国的煤炭行业宏观调控政策、价格、经济增长也有着密切的关系。本节即对煤炭供给和经济增长、煤炭价格的因果关系进行计量分析。

2.6.1 煤炭价格与煤炭供给的协整分析

（1）数据来源及预处理。我们采集 1978—2004 年的煤炭价格指数及历年的煤炭供给量，煤炭供给量等于煤炭的生产量加上当年的进口量，再减去当年的出口量，最后再加上年末库存差，GDP 以统计年鉴中各年的统计数据为对象，生成成本则采集于煤炭工业年鉴及《中国能源统计年鉴》（国家统计局，1987，1990，1998，2001，2005）。价格单位为元（人民币），煤炭供给单位为万吨。利用 Eview4.0 作为计量分析工具对上述数据进行回归分析及因果检验。

（2）Granger 因果检验。据前面章节的研究知道，煤炭价格指数是二阶单整序列，而对煤炭供给量的计量研究表明，煤炭供给量为二阶单整序列，所以可以进行协整分析。

我们采用二步检验法，首先对二者关系进行 OLS 估计，结果如下：

$$\sup ply = 734.84152 + 1.33496 \times coalindex \qquad (2\text{-}16)$$
$$(8.01064) \qquad (5.01368)$$
$$R^2 = 0.58273 \quad F = 25.13702$$

从系数的显著性及拟合度上看，拟合效果是比较好的。下面，我们再对其残差的平稳性进行检验，结果表明，残差序列是平稳的，显然，二者存在协整关系。我们进行 Granger 因果检验，结果见表 2-13。

表 2-13 煤炭供给与价格的 Granger 因果检验表

Table2-13 Granger Causality Tests

Null Hypothesis:	Obs	F-Statistic	Probability
SUPPLY does not Granger Cause PRICE	18	1.28355	0.30994
PRICE does not Granger Cause SUPPLY		3.18987	0.07462

可见，在显然水平为 7% 时，存在煤炭价格到供给的单向因果关系。

---

① 杨瑞广，范英，魏一鸣．煤炭投资——供应的系统动力学分析模型 [J]．数理统计与管理，2005（5）：3—5.

2.6.2　煤炭供给与 GDP 的关系计量研究

一些学者认为 GDP 增加，经济发展速度加快，对能源的耗费就会增加，因此，煤炭的投资就会增加，煤炭供给必然会增加，有的学者并根据二者的关系建立了系统动力学模型，那么究竟二者之间是否存在因果关系呢？我们通过计量研究来检验。

显然，根据前面的研究知道，二者均是二阶单整序列，所以，可能存在协整关系，OLS 估计的结果如下：

$$\sup ply = 1056.154 + 0.0019 \times GDP \tag{2-17}$$
$$(9.730225) \qquad (4.336233)$$
$$R^2 = 0.129521 \qquad F = 1.785518$$

可见，其拟合度是很不好，且 GDP 的系数的显著性较差。

而对其残差的平稳性进行检验，结果表明其残差序列是不平稳的，这就表明，二者不具有长期的协整关系。

2.6.3　供给与成本的协整分析

我们对煤炭供给量序列和成本序列进行协整分析，这里的成本，我们指的是煤炭的平均出矿价，煤炭供给与成本均为二阶单整序列，所以，OLS 估计结果如下：

$$st = 531.80042 + 6.40047 \times \cos t \tag{2-18}$$
$$(2.66872) \qquad (3.87817)$$
$$R^2 = 0.51791 \qquad F = 15.04023$$

方程的拟合度及系数的显著性均较好，其残差序列的检验表明，残差序列是平稳的，说明二者之间具有长期的协整关系。我们进行 Granger 因果检验，结果见表 2-14：

表 2-14　供给与生产成本的 Granger 因果检验表

Table 2-14　Granger Causality Tests

Null Hypothesis：	Obs	F-Statistic	Probability
COST does not Granger Cause ST	14	0.41617	0.67164
ST does not Granger Cause COST		5.00626	0.03455

可见，在显著水平为 3% 时，煤炭供给对煤炭生产成本具有影响，存在从煤炭供给到煤炭生产成本的单向因果关系。

主要研究结论：

第一，煤炭供给与价格有着密切的联系，存在着煤炭供给到煤炭价格的单向因果关系，二者呈正相关的关系，价格上升，煤炭供应则增加，这符合基本的经济规律，且估计方程的拟合度较高，所以，在进行煤炭供给的研究时，价格是一个不可忽略的因素。

第二，一般研究者认为，GDP 增加，国民收入增加，因此会增加对煤炭企业的投入，从而使煤炭供应增加，而计量研究表明，实质上二者不具有协整关系，不具有因果关系，说明简单的推理是错误的。事实上，GDP 的增加，也不一定意味着对煤炭企业的投资的增加，因为由于循环经济的发展、节能与环保政策的实施，有时可能还会出现煤炭企业投资减少的现象。研究表明，在进行煤炭供给的模型研究中，可以不考虑 GDP 的影响。

第三，存在煤炭供给到煤炭成本的因果关系，说明在煤炭供给的影响变量中，生产成本是一个不可忽视的因素。似乎成本增加，供给会减少，所以，上述的拟合方程似乎存在符号的经济意义失真的现象，其实不然，我国的实际情况就是生产成本在上升，供给也在增加，原因在于我们的分析不可能剥离价格对煤炭供给的影响，我们采集的供给是在政策变量、价格、需求等多方面影响下的现实供给，成本只是其中的一个因素，而且我国的煤炭价格属于恢复性的上涨阶段，而成本本身也有许多项目没有计入其范畴，处于失真的状态，所以，出现这样的因果关系，只不过是现实状况的真实反映。

2.7 基于多重反馈回路的煤炭价格形成机制的计量模型研究

基于前面的因素分析，本节将对煤炭价格形成机制进行具体的研究。煤炭价格形成机制是一个具有多重反馈回路的系统，各个因素之间是相互影响、互为制约、互为反馈的，而联立方程以经济理论为基础，可以较好地揭示经济系统各部分之间、各因素之间的数量关系和系统的特征。因此，我们以联立方程模型对煤炭价格形成的机制进行研究，希望能建立符合实际运行规律的模型，进而进行模拟与预测，为国家政策的制定和煤炭行业或相关行业的风险管理决策提供科学的依据。

2.7.1　煤炭价格形成机制的基本方程的假设

1. 煤炭供给方程的设定

对于煤炭供应，我们不考虑具体的资源储备，因为从我国的实际来看，资源储备或可开采资源量对煤炭供给的影响不大，而价格和宏观政策显然对煤炭供给有着重大的影响，所以价格和政策是主要变量[①]。综合前面的因果分析，在建立煤炭供给的多元线性回归模型时，煤炭供给量为被解释变量，为了简化模型，解释变量选择煤炭生产成本、当年的煤炭价格、煤炭行业上年的固定投资规模、政策影响因素。我们将煤炭供给模型设定为线性方程，基本设定如下：

$$S_t = S_t^p + ST_t - EX_t + IM_t \tag{2-19}$$

式中：S_t——当年的煤炭供给；

　　　S_t^p——当年原煤产量；

　　　EX_t, IM_t——分别表示当年的出口和进口量；

　　　ST——煤炭库存。

显然，上述均受生产成本、政策因素、价格的影响，所以，可以将上述供给方程进一步假设为：

$$S_t = a + \alpha_1 P_t + \alpha_2 C + \beta G + \mu_t \tag{2-20}$$

式中：β——为政策变量影响参数；

　　　a——为常数项，表示自发性供给；

　　　α_1, α_2——分别为当年煤炭价格、当年煤炭生产成本影响参数；

　　　P_t, C, G——分别表示本期煤炭价格、本期生产成本、本期的政策变量；

　　　μ_t——为随机误差项。

2. 煤炭需求函数的假设

煤炭的需求也是由多种因素相互影响共同作用产生的，受多个变量的影响。其中，国民经济增长对其影响是最为主要的，尽管煤炭消费主要体现在几个煤炭消费量比较大的产业上，如钢铁、电力、水泥和建材，然而作为产业

---

①　王志宏，赵爱国. 我国煤炭产量预测研究 [J]. 中国矿业，2003 (12)：12—14.

结构的组成部分，对煤炭消费的影响最终是通过所属产业的增加值得到体现，所以，反映经济结构的变化应取三次产业的增加值。增加值的变化已经涵盖了经济增长速度及其总量，模型中为避免重复，不再包含经济增长率或 GDP 总量指标。另外，居民的消费需求也是其主要组成部分。基于上述情况，可以建立以下的假设方程：

$$D_t = b + \varphi_1 P_t + \varphi_2 gd p_2 + Q_1 + Q_3 + Q_p + \varepsilon_t \tag{2-21}$$

式中：D_t——当年煤炭需求量；

b——为常数项；

φ_1, φ_2——分别为煤炭价格、第二产业的影响系数；

Q_1, Q_3, Q_p——分别表示第一产业、第三产业及居民消费；

ε_t——为随机误差。

通过进一步的协整分析及前面的研究，我们知道，煤炭消费与第一产业、第三产业不存在稳定的协整关系，居民对煤炭的消费量和居民人口总量也不存在协整关系。所以，经过对煤炭需求序列的反复研究，我们进一步假设为如下模型：

$$D_t = b + \varphi_1 P_t + \varphi_2 P(-1) + \varepsilon_t \tag{2-22}$$

3. 国内外市场的互动方程

在封闭的经济系统中，煤炭价格由国内的供给与需求决定，然而，世界经济是一个开放的经济，尤其我国煤炭价格改革的行进使得国内市场和国外市场处于动态的相互作用之中，国内价格影响国外价格，国外价格也影响国内价格，二者之间的关系通过汇率直接联系起来，国内价格和国外价格从贸易理论上讲应该是相等的，一价定律指出同一种商品在任何国家的价格按照货币换算后，应该是完全相等的（隐含条件是没有交易成本，没有贸易壁垒，商品是同质的，市场信息是完全的，投资者是理性的）。所以，根据一价定律，在任何时刻，国内价格应等于国外价格，如果不等，必然产生以进出口为手段的套利行为，最终使各国的商品的供给产生变化，得到均衡。因此，可以建立以汇率（汇价）为纽带的国内与国际市场的影响方程，如下：

$$P_O = E \times P_t \tag{2-23}$$

式中：P_O——表示国外的煤炭价格；

E——表示汇率；

P_t——当期的国内煤炭价格。

4. 货币政策对煤炭价格的影响方程

供给等于需求时，产生均衡价格，但同样的供给与需求规模，产生的价格可能是不一样的，这个差异的决定因素就是一国某一时期的货币政策，如果货币供给量的规模比较大，即国家某一时期为了刺激经济增长采用了宽松的货币政策，就会产生一定程度的通货膨胀，物价就是有所上升，煤炭价格显然也会表现为一定程度的上扬；而如果某一时期的货币供给减少，即国家采取的货币紧缩政策，以期抑制经济的快速增长导致的过热现象，则会导致物价下降，同一时期的煤炭价格也会下跌，当然，货币供给的增加和减少都会在一国的利率上体现出来，进而由传导机制影响到一国的汇率，这个影响在国内外市场的互动方程中以得到体现。根据基本经济原理，可以将货币政策与煤炭价格的互动方程的基本假设模型如下：

$$P_t = \lambda M + \gamma \tag{2-24}$$

式中：λ ——货币政策的影响系数；

M ——货币供给量；

γ ——误差项。

5. 均衡方程及其他

市场机制下，均衡理论指出，在供给等于需求时，得到了供需平衡，此时便形成了均衡价格，均衡方程如下：

$$D_t = S_t \tag{2-25}$$

式中：D_t, S_t ——分别表示第 t 时刻煤炭的供给量和需求量。

在均衡方程中，煤炭的供给量、需求量及煤炭的价格都是内生变量，是由其他外生变量决定的。

综上，可建立如下的多重反馈回路的煤炭价格形成机制的结构式联立方程：

供给方程：$S_t = a + \alpha_1 P_t + \alpha_2 C + \beta G + \mu_t$。

需求方程：$D_t = b + \varphi_1 P_t + \varphi_2 P(-1) + \varepsilon_t$。

货币政策影响方程：$P_t = \lambda M + \gamma$。

均衡方程：$D_t = S_t$。

国内外市场均衡方程：$P_O = E \times P_t$。

其中前二个为行为方程（Behavioral Equations），后三者为恒等方程（Identity Equations）。

2.7.2 联立方程的估计

1. 样本数据的选择

我们以 1980 年至 2005 年的相关数据作为样本，进行回归分析，对模型进行估计。煤炭供给的样本观测值表如下：煤炭产量数据来源于《中国统计年鉴》《煤炭工业年鉴》及《煤炭信息周刊》等（国家统计局，中国统计年鉴，2005，中国统计出版社，2005 年 9 月）；商品煤平均工资售价来自国家煤炭安全监察局的统计资料，部分数据根据历年《中国统计年鉴》中的煤炭价格指数计算而来。煤炭成本以商品煤销售单位成本来反映，因为商品煤单位成本包含了煤炭生产与销售环节的成本和费用，但并不包含不同煤炭企业的经营水平所产生的营业外支出、管理及财务费用，所以相对客观一些。

关于政策参数的选取，应对国家出台的政策所产生的影响进行调查分析，并对产量做出调整，如根据对 1998 年以后国家"关井压产"等宏观调控政策的影响，对全国煤炭产量的影响，当然主要是乡镇煤矿，它们的产量在 1999—2001 这短短的 3 年里，比最高峰的 1996 年 61477 亿吨分别减少了 29777、3456 和 36883 亿吨，且随着国家对煤矿安全的关注，这一政策具有持续性。因此，王志宏在研究中将 1998 年以前的政策干预参数选为零，而 1998 年后选为 1[①]。在本模型中，设 1998 年以前的政策参数为零，同样取 1998 年以后的政策变量为 1。

2. 基于 OLS 的联立方程估计

联立方程的估计分为有限信息法和完全信息法，有限信息法也称为单方程估计法，由于其没有完全利用方程之间的关系信息，所以结论较不准确，而完全信息利用了系统全部的信息，所以该方法优于单方程估计法。实际上，近年来我国研制的若干联立方程模型，包括一些通过高层专家鉴定或获得奖励的成果，大都采用了 OLS 估计其参数，主要由于：

（1）联立方程估计要求在大样本情况下，在小样本情况下，无论哪种方法，其估计量都是有偏离的，事实上实际问题均是小样本情况下的，这是以

---

① 王志宏，赵爱国. 我国煤炭产量预测研究 [J]. 中国矿业，2003 (12)：12—14.

OLS 进行估计的理论根据。

（2）OLS 以外的任何方面，要求变量（起码是所有的先决变量）具有相同数目的样本观测值，这实际上很难做到。

（3）联立方程的单方程估计法，应用了某个结构方程中未包含的变量信息，但如果某个变量有较大的观测误差，会对每个结构方程的参数估计带来影响，但若用系统估计法，则会对所有的方程参数估计带来影响[①]。

基于此，笔者以 OLS 法对煤炭供需的均衡方程进行估计，在研究过程中，经过逐步的检验和尝试，根据拟合度、系数的显著性等要求，我们对原假设方程进行了大的修改，增加滞后变量，经过反复试验，方得到上述方程的拟合性、显著性及系数的显著性均较佳的联立方程组。结果如下：

$$st = 766.32 - 12.17\cos t(-1) - 349.6619g + 5.079pt \tag{2-26}$$
$$(5.78906) \quad (-5.15017) \quad (-4.22979) \quad (8.29132)$$
$$R^2 = 0.89017 \quad DW = 1.81102 \quad SE = 10.61102$$

$$dt = 575.225 + 2.499 \times pt - 1.69 \times pt(-1) + 0.0003gdp \tag{2-27}$$
$$(6.01528) \quad (3.31577) \quad (-2.55903) \quad (5.08890)$$
$$R^2 = 0.81017 \quad DW = 2.29651 \quad SE = 5.25004$$

方程的系数基本符合要求，且拟合度均在 0.8 之上，所以，可以认为该联立方程较好地拟合了系统的运行状态。

在供需实现均衡时，则价格的方程变为：

$$Pt = 67.338 + 1.559 \times \cos t(-1) + 0.399$$
$$\times Pt(-1) + 0.004 \times gdp - 66.101g \tag{2-28}$$

若对今后的虚拟政策变量均取为 1，则价格方程可简化为：

$$Pt = 3.32708 + 1.559215 \times \cos t(-1) + 0.399231$$
$$\times Pt(-1) + 0.00432 \times gdp \tag{2-29}$$

前面的实证分析不能证明国内煤炭价格与国际煤炭价格之间的互动关系，事实上，经验表明，即便一国的商品价格与另一国的商品价格总体上存在一价定律关系，单一的商品间的一价定律关系也不能够证实，这已为一些国内外学者的实证研究证实。下面则对货币供应量与煤炭价格的关系进行分析，结果证明二者存在协整关系，OLS 估计的方程为：

$$Pt = 218.97 + 0.00148 \times M \tag{2-30}$$

① 李子奈. 计量经济学——方法和应用 [M]. 北京：清华大学出版社，1992：162—165.

$$(9.04822) \quad (7.70645)$$

$$R^2 = 0.82042 \quad F = 59.38945$$

拟合度为 0.82042，从方程的显著性及系数的显著性看，均可以通过统计检验。我们进一步进行因果检验，结果见表 2-15：

表 2-15　货币供给与煤炭价格的 Granger 因果检验表

Table2-15 Granger Causality Tests

Null Hypothesis：	Obs	F-Statistic	Probability
PRICE does not Granger Cause M	20	3.97111	0.06341
M does not Granger Cause PRICE		6.59994	0.02028

可见，在显著水平为 6% 时，否定原假设，说明存在从煤炭价格到货币供给量的因果关系；而在显著水平为 2% 时，则又存在货币供给到煤炭价格的因果关系，也就是说，二者存在双向因果关系，即货币发行量的增加导致煤炭价格上涨，而煤炭价格的上涨，造成成本推动式的通货膨胀，又进一步要求货币发行量的增加，以满足经济运行的需求。

3. 模型的检验

（1）经济意义检验。经济意义的检验是模型最基本的检验，只有模型符合经济意义，合乎经济原理，才可能运用于实际预测与研究。从上述二个方程看，供给方程中，价格的系数为正值，说明价格上涨，供给增加，而成本的系数为负值，说明生产成本增加，供给减少，而政策变量的系数为负值，说明国家宏观调控力度增加，煤炭供给减少，所有这些和供给规律与我国的宏观调控情况完全吻合。说明煤炭供给方程是符合经济规律和经济现象的。需求方程中，价格的系数为正，表明价格上涨，需求增加，这与传统的供需规律相悖，但与我国的实际相吻合，原因是我国的煤炭价格不包含生态补偿成本和环境破坏的成本，价格和价值远远背离，价格远低于价值。在低于价值的前提下，需求方的购买存在较大的利润空间，所以，即便价格上涨，需方的力量仍不会减弱，反呈增加态势。而供给与上期成本负相关，需求与上期价格负相关，说明煤炭价格形成机制中存在着蛛网效应。

（2）统计检验与计量经济学检验。统计检验是由统计理论决定的，目的在于检验模型参数的估计值的可靠性。从估计的结果来看，两方程的拟合度分别为 0.89 和 0.81，有较高的拟合度，系数的 P 值大多小于 0.01，最大显著水平

8%，说明系数的估计值是显著的，另外模型中没有出现符合错的情况，所以可以不作多重共线性检验，由于采用的不是截面数据，且观测值全部为实物量单位，所以，异方差性可以避免。

4. 模型的预测

在 Eviews 主菜单中的 Object/New Object/Model 建立模型，并以菜单 Prove 中的命令 Solve 进行模拟，真实值和模拟值见表 2-16：

表 2-16　煤炭价格指数的拟合值与误差表

Table2-16　Coal price index fitting value and error

年份	P_0	$P*$	$(P_0-P*)/P_0$
1990	167.9126	167.9126	0
1991	189.9091	185.0125	0.025784
1992	189.9091	204.8001	−0.07841
1993	265.3031	260.0552	0.019781
1994	324.2003	306.8711	0.053452
1995	360.8350	369.5835	−0.02425
1996	410.2694	410.9091	−0.00156
1997	443.0909	434.9889	0.018285
1998	428.0258	443.8320	−0.03693
1999	405.7685	386.3670	0.047814
2000	398.0589	417.0953	−0.04782
2001	423.9327	434.9826	−0.02607
2002	473.1089	455.4236	0.037381
2003	506.2265	513.7019	−0.01477
2004	586.7165	579.7418	0.011888
2005	616.0524	615.2884	0.00124

拟合效果图如图 2-11 所示。

可见，根据所估计的方程建立的模型对历史数据进行的拟合看来，无论是商品煤的供应还是需求，模型的拟合结果都是比较合理的，误差是比较小的。

事实上，供需规律的结果是煤炭的供给与需求是相等的，而本预测之所以存在小的出入，一个原因是方程不可以百分之百地拟合现实，其二是由于计算技术上的差异所致。另外，本预测提供的只是在供给与需求均衡下的供给与价

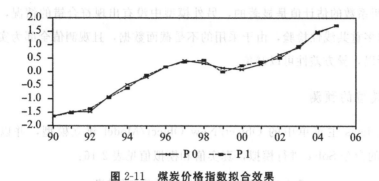

图 2-11 煤炭价格指数拟合效果

Fig. 2-11 The simulation of coal index

格，由于现实情况的多变性，煤炭的实际供给能力和潜在需求是不可能均衡的，它们在某一时刻可能存在均衡，而在另一时刻均衡又被某种因素所破坏，所以，供需处于动态的均衡之中，不均衡是绝对的，而均衡是相对的。而本模型对于宏观调控中政策变量的把握及价格与成本的管理提供了可资借鉴的参考工具，这也是本研究的现实意义之所在。

另外，在开放的市场经济下，煤炭价格的形成机制显然是一个复杂的系统，但这个复杂系统中的各个因素对煤炭价格的影响作用是不一样的，有的比较重要，有的影响很小，比如，丹尼·爱乐尔蒙（A Denny Ellerman）的研究就表明，自二战以来，世界煤炭市场由于海上贸易已统一为一个国际市场，而煤炭的价格主要由生产性的多因素决定的[1]。而即便同一因素，长期和短期的影响也是不一致的。如阿尔·马坦瑞·N.H 等的研究成果则表明，能源的价格需求在短期是非富有弹性的，也就是说，能源需求和价格的影响不大，而在长期是富有弹性的[2]。所以，在研究中，要把其抽象为一个数学模型，就必然要对各个因素加以分析，有的因素从经济理论上分析，对煤炭价格具有影响作用，但计量经济的检验却与之相反，甚至分析检验认为存在很重要的因果关系的一些变量，在模型的设计中为了提高拟合度，也要放弃。

所以，一个理想的模型不仅要认真分析各个变量和解释变量的关系，还要在模型的假设中不断进行试验，这样才能找到比较理想的模型；需要说明的

① A Denny Ellerman. The world price of coal [J]. Energy Policy, 1995 (2) 499—506.

② 结论来源于《Price and income elastic ties of energy demand; some estimates for kuwait using two econometric models》，作者：AL-Mutairi, N. H. and Nagy Eltony. The J. of Energy & Development. 作者用两种模型，即拟合方程模型和相关误差修正模型对收入、需求与价格的关系进行了研究，指出能源需求价格在短期是缺乏弹性的，在长期是富有弹性的。

是，煤炭价格和货币的供应量存在因果关系，其含义指的是在货币供给量保持不变时，煤炭价格遵循上述的模型，而当货币供应量改变时，均衡状态下的煤炭价格就要根据货币供应量的变化作相应的调整，比如，货币供应量增加，均衡价格就会上涨而货币供应量减小，均衡价格就会降低，它是均衡价格的调整方程。

2.8　本章小结

本章对煤炭价格的形成机制进行了研究，重点运用协整理论对煤炭消费与 GDP 的协整关系，研究了各产业的增长值与煤炭消费的关系，对诸多可能影响煤炭价格的因素和煤炭价格的因果关系进行了实证研究，研究表明：

（1）通过 GDP 与煤炭消费量的计量分析，证明经济增长和煤炭消费表现出协整关系，且呈双向因果关系，即经济增长对煤炭消费有因果关系，而煤炭消费反过来也对经济增长具有因果关系。这一结论符合我国经济的实际情况，因为煤炭作为第二产业的重要组成部分，其本身的生产所形成的产值是第二产业的产值的组成部分，而煤炭消费增加，必然刺激其生产，其生产增加必然使第二产业的产值增加，也即造成整个 GDP 的增加，所以二者的双向因果关系符合经济客观。

（2）通过进一步的拓展研究，即对各产业的产值与煤炭消费的协整分析，表明第一产业和第三产业对煤炭消费不具有协整关系，从其发展趋势图也可以直观地看出，这两个产业的发展和煤炭消费呈不相关甚至一定程度的负相关关系。而第二产业则和整个经济增长的结论是一致的，即第二产业和煤炭消费具有双向因果关系，煤炭消费促进了第二产业产值的增加，而第二产业产值的增加则又促进了煤炭消费的增加，这主要缘于煤炭工业从属于第二产业。因此，其产量的增加必然体现为第二产业的产值的增加，同时，第二产业的其他行业，如水泥、钢铁、化肥、电力则和煤炭消费具有因果关系，这些产业的产值的增加是以煤炭消费为支撑的，是因果关系。

（3）对影响煤炭价格的诸因素的协整分析表明，国内煤炭价格与国际煤炭价格呈负相关的关系，这一结论不仅与一价定律是相悖的，而且也不符合市场的基本供需规律，之所以产生这种原因，与我国的历史上的煤炭进出态势有关，我国历来煤炭供给主要依靠国内生产，基本实现了自足，进口量很少，所以国际市场的煤炭价格不可能对我国的煤炭价格产生冲击。另一方面，我国多年实施的是计划经济，国内煤炭价格由国家计划决定，不受国际市场的影响，煤炭价格是相对稳定的。从出口的角度讲，我国煤炭出口的数量只占世界贸易总量的 $10\% \sim 20\%$[①]，尚不足以左右国际煤炭市场。再加上外贸经营权是审批制，出口主要由中煤、五矿、神华、山西地方四家公司代理，出口垄断的格局也使国内、国际市场的互动存在障碍，出口煤炭价格遵循着国际煤炭市场的行情，国际与国内市场的双轨制，在一定程度上表现为二者的价格背离。

（4）Granger Causality Tests 表明国际煤炭价格是国内煤炭价格波动的原因，在一定程度上反映了客观现实。事实上，随着我国煤炭价格改革的进行，我国煤炭市场和国际煤炭市场的接轨，国内价格和国际价格必然会相互影响，产生互动同趋势的波动关系，近年来我国煤炭出口和进口都在增加，国际市场对国内市场的影响正在逐渐增加，从我国的国情看，国际市场对国内煤炭市场的影响是居于次要地位的，而国内市场对国际市场的影响在一定程度上由于我国是能源消耗大国。所以，这一结论是符合现实情况和将来的发展趋势的。

（5）国际煤炭价格的对数序列和国内煤炭价格的对数序列的拟合方程的拟合度比较低，只有 0.233519，这一结论表明，在基于目前的数据，在进行国内煤炭价格形成机制的建模中，可以不考虑国际煤炭价格对国内煤炭市场的冲击。

（6）关于煤炭价格形成机制的联立方程的研究表明，对煤炭价格形成起决定作用主要是上期煤炭价格、煤炭生产成本及政策因素。

本章重要概念

协整（Co-intergration） 将一个随机游走变量对另一个随机游走型变量进行回归可能导致伪回归。因为传统的显著性检验说明变量之间的关系事实是不存在的。但有时，两个变量虽然都是随机游走的，但它们的某个线性组合却可能是平稳的。如果两个变量之间存在某个线性组合的平稳，则称之为二者存在协整关系。

相关分析（Correlation Analysis） 研究变量之间的相互关系时，首先需

要分析它们是否存在相关关系，然后要明确其相关关系的类型，而且还应该计量其相关关系的密切程度，这在统计学上称为相关分析。相关分析是研究变量之间相互关系的密切程度和相互联系方式的重要方法。基本方法分为相关图、相关表及相关系数三种方法，其中相关图表是相关分析的重要方法。通过相关图表可以直观地判断现象之间呈现的相关的形态和方向相关图具体做法（利用直角坐标系第一象限，把自变量置于横轴上，因变量置于纵轴上，在将两变量相对应的变量值用坐标点形式描绘出来即可）。相关系数是测定变量之间相关密切程度的统计指标。具体公式可查阅相关计量经济学教材。

回归分析（Regression Analysis） 用适当的数学模型去近似地表达或估计一个变量或多个变量与之的平均变化关系，其目的是要根据已知或固定的解释变量的数值，去估计所研究的被解释变量的总体平均量。

价格形成机制（Price Structure Mechanism） 商品价格是在商品交换中形成的，主要由供给和需求两方面的力量决定，价格围绕商品价值上下波动，遵循价值规律、供应规律与市场规律。但商品的价格除受供求力量的因素影响之外，还受到诸如国家宏观政策、货币政策、进出口政策及其他相关因素的影响。这种受诸多因素影响，并由其共同作用从而形成动态均衡的价格形成模式称为价格形成机制。

第3章 煤炭价格时序的波动特征

在研究煤炭价格风险中，必须首先对煤炭价格波动的特征进行研究，只有了解了煤炭价格波动的特征，掌握煤炭价格波动的规律，才可能开发出真正适应煤炭的风险管理工具和金融衍生品，才能从理论上正确地选择煤炭价格风险度量的方法。从实务的角度分析，煤炭价格的短期波动特征是煤炭产业和其中下游产业在生产经营中规避价格风险必须考虑的因素，而煤炭价格的长期波动特征则是其风险战略管理须掌握的因素。所以，进行煤炭价格的波动特征的研究，不仅是煤炭价格风险管理理论的需要，也是煤炭产业及其中下游产业风险管理实务的首要。

3.1 煤炭价格波动的长期统计特征分析

煤炭价格是一个时间序列，可以用时间序列的相关理论对其进行分析。关于时间序列的定义，国内外的论述较为一致，如罗伯特 S. 平狄克指出时间序列可以是一个经济或商业指标（如股票市场指数、利率、生产指数或者是某种商品日销售量）的历史数据[①]；李子奈做出如下定义：时间序列是按时间先后排列的统计数据，一般由统计部门提供，在研究应用计量经济学模型时应充分加以利用，以减少收集数据的工作量[②]；庞皓则进一步指出时间序列数据是把反映某一总体特征的同一指标的数据，按照一定的时间顺序和时间间隔（如月度、季度、年度）排列起来的时点数据[③]。

在近十几年中，煤炭价格的波动是比较显著的，那么煤炭价格的波动呈现怎样的特征？有无规律性？未来煤炭价格走势如何？这对于国家煤炭生产政策的制定及保证国家能源安全、发展循环经济都具有潜在的价值。

---

① 罗伯特 S. 平狄克，丹尼尔 L. 鲁宾费尔德著. 钱小军等译. 计量经济模型与经济预测 [M]. 北京：机械工业出版社，1997：293—244.

② 李子奈. 计量经济学——方法和应用 [M]. 北京：清华大学出版社，1992：162—165.

③ 庞皓. 计量经济学 [M]. 成都：西南财经大学出版社. 2005，9：10—13.

3.1.1 煤炭价格的长期波动趋势

我们以 1980—2006 年的定基煤炭价格指数，代替历年的煤炭价格，对煤炭价格的波动进行分析，其趋势如图 3-1 所示：

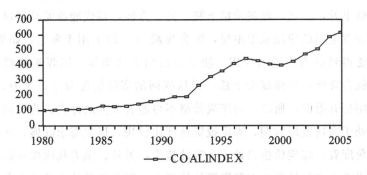

图 3-1 煤炭价格发展趋势

Fig. 3-1 The trend of coal price

从图 3-1 可见，煤炭价格在 1980 年到 1988 年，有 3 次小幅的上涨，这是当时计划体制下国家为了减少煤炭企业的亏损而进行的三次调价所致。在 1988—1992 年间，煤炭价格上升缓慢，原因是国家对煤炭价格的改革处于摸索阶段，只开放了部分煤炭价格，所以市场需求引发的上升不太明显。而在 1992 年之后，煤炭价格有了大幅提高，在 1996 年到一个峰顶，这是煤炭价格进一步改革之后，市场机制的作用的影响，但要注意到，此时煤炭价格仍为双轨制，所以价格指数反映了一个综合的价格变动趋势，这种趋势是行政指导性或指令性机制和市场机制共同作用的结果。1997 年到 1999 年间，煤炭价格有一定幅度的下跌，其原因是生产规模空间扩张，产量大幅涨加，导致供大于求所致。而 2000—2005 年的煤炭价格上涨，一方面是由于国家在 1997 年始对煤炭企业实行的管制行为，实施了"双控制"的决策的滞后效应[①]（但也有宏观调控放松导致的价格回落，如 2000—2001 年），另一方面，我国经济的高速增长对煤炭需求增加，导致供给存在一定的紧张，对煤炭价格起到推动作用。

我国的煤炭价格年涨幅最高 39％（1993 年），最低为－5％（1999 年），年平均涨幅为 10.94％。长远看来，由于煤炭属于不可再生性的资源，所以其

---

① 郝家龙，张顺江．"双控制决策"透析 [J]．煤炭企业管理，1989 (10)：12—15.

长期的价格趋势呈上升状态，但上升的幅度如何，取决于多种因素，如国家对煤炭产业的宏观调控政策、国家的环保政策、替代能源的发展态势、技术进步、经济增长的速度等。尤其国家的对煤炭产业的宏观调控政策对煤炭价格的影响很大，即便是实行了市场化，国家宏观调控仍对煤炭的生产与供给发挥着极为重要的作用，所以政策变量是影响煤炭价格的主要因素，宏观控制严格，则煤炭价格上升，反之，煤炭价格下跌。另一方面，替代能源尤其是风力、水力、核能在发电中的应用也很重要，因为煤炭60%以上用于发电，如果风力、水力、核能得到更为广泛的应用，使电力供给大为增加，则煤炭消耗就会减少，需求就会降低，价格就会下跌，但从我国的实际情况看来，风力、水电、核能的运用是有限的，所以，对煤炭价格不可能有太大的冲击。我国的经济增长近年来处于高速发展时期，固定投资速度比较快，煤炭需求旺盛，所以从经济增长的角度看，煤炭价格仍处于上升的势头，另外，随着我国煤炭价格形成的改革，煤炭生产的外在成本和资源价值将不可避免地被计入其成本范畴，成本的增加，意味着煤炭供给者将会对煤炭价格做出调整，以补偿其成本，维持原有的利润空间，所以，价格也有上涨趋势。从国内外煤炭的比价看，2006年，从东南沿海的进口煤炭在质价比上与国内的相差无几，所以在一定程度上，煤炭价格上涨的空间是有限的，因为国内价格若高于国际煤炭价格，则进口就会增加，导致国内外煤炭价格的均衡，但其价格上涨是总趋势。

3.1.2 煤炭价格的长期波动特征

为了进一步研究其统计特征，进而用 EVIEWS 进行其描述统计分析，如图 3-2 所示。

图 3-2 中，mean 表示均值，median 表示中值，二者都是研究时间序列统计特征时常用的统计量，均值是时间序列数据的平均值，中值是指当时间序列由小到大排列时处于中间位置的数值，std. dew 表示标准差，是时间序列波动程度的一个度量，S（Skewness）表示偏度，指时间序列分布相对于均值的非对称性，对称分布例（如正态分布）它的偏度是零，正的偏度表示时间序列的分布有一个长的右尾，负的分布表示有一个长的左尾，K（Kurtisis）表示峰度，是度量时间序列分布尖峰或平峰的度量，正态分布的峰度是 3，如果时间数列的峰度大于 3，则意味着它相对于正态分布是尖峰，如果时间序列的峰度小于 3，则意味着它相对于正态分布是平峰。Jarque-Bera 是一个时间序列是否

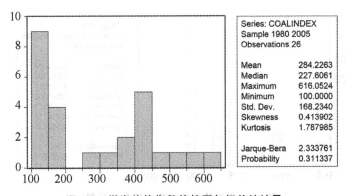

图 3-2　煤炭价格指数的柱图与相关统计量

Fig. 3-2　The histogram and stats about coal price

为正态分布的检验值正态分布的 JB，检验值为零。

因为煤炭价格偏度为 0.413902，所以，煤炭价格序列不是对称分布，有一个长的右尾，而峰度为 1.787985，小于 3，说明相对于正态分布是平峰，JB 值为 2.333761，说明煤炭价格序列不是正态分布。

3.2　煤炭价格的短期波动特征分析

我们以秦皇岛的山西优混（5500 卡以上）为例，为煤炭价格的短期波动特征进行分析。根据 2005 年到 2006 年的相关数据，作其趋势图（如图 3-3 所示），对其作描述统计分析，如图 3-4 所示。

从图 3-3、图 3-4 可知，2005—2006 年间，煤炭价格最高为 404 元/吨，而最低为 385 元/吨，平均涨幅为 5.19%。价格并非只涨不跌的，而是存在着较为频繁的波动，但波动的最大价差为 19 元/吨；从其柱图与相关统计量图可

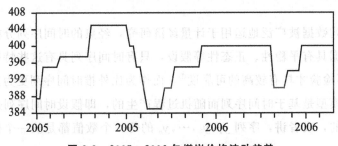

图 3-3　2005—2006 年煤炭价格波动趋势

Fig. 3-3　The trend of coal price in 2005—2006

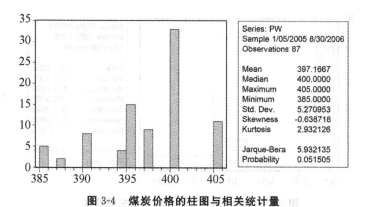

图 3-4 煤炭价格的柱图与相关统计量

Fig. 3-4 The histogram and stats about coal price

知，煤炭价格偏度为－0.638718，所以，煤炭价格序列不是对称分布，有一个长的左尾，而峰度为 2.932126，略小于 3，说明峰和正态分布相类似，JB 值为 5.932135，说明煤炭价格序列不是正态分布。

短期看来，煤炭价格波动更为频繁，主要原因是我国煤炭价格改革的深入，尤其是在 2006 年，国家宣布对电煤不再实施行政调控之后，市场对煤炭调控的力量加大，供需双方的博弈以及诸多市场因素的影响将使煤炭价格的变数增加，所以，煤炭价格的波动比之于长期更为频繁，但波动的幅度不大，其方差为 5.270953，小于长期的方差 168.234。

3.3 煤炭价格的平稳性检验

3.3.1 时间序列的平稳性与非平稳性

时间序列数据被广泛地运用于计量经济研究，经典的时间序列分析和回归分析要求数据具有平稳性、正态性等假设，只有时间序列具有这些特征，进行的 t, F, χ^2 等检验才具有较高的可靠度[①]，而作为比外推时间序列更为先进的随机时间序列模型是基于时间序列而随机过程产生的，即假设时间序列是某个随机过程生成的，或者讲，序列 $y_1, y_2, \cdots, y_n$ 的每一个数值都是从一个概率分布

① 庞皓. 计量经济学 [M]. 成都：西南财经大学出版社 . 2005，9；10—13.

中随机得到的。

所谓平稳性是指随机过程特征不随时间变化，时间序列表现为一条围绕其均值上下波动的曲线。平稳性分为两种，严格平稳和弱平稳。严格平稳是指随机过程的联合分布函数与时间位移无关，弱平稳是指随机过程的期望、方差和协方差不随时间推移而变化。此时，则可用具有确定系数的方程来将时间序列模型化，且方程的系数可以利用序列的过去数据估计得到。而非平稳性，则恰恰相反，指随机过程的特征随时间变化而变化，当生成序列的随机过程是非平稳的时候，其均值函数、方差函数不再为常数，自协方差函数也不仅仅是时间间隔的函数，进行简单的回归就会产生伪回归问题，此时，一个简单的代数模型来反映时间序列的过去和未来就很困难。

3.3.2　平稳过程的性质

设任一随机时间序列 $y_1, y_2, \cdots, y_n$ 代表一个联合概率分布函数 $p(y_1, y_2, \cdots, y_n)$ 的某一特定结果，一个未来值 y_{n+1} 可以认为由条件概率 $p(y_{n+1} \mid y_1, y_2, \cdots, y_n)$ 生成，如果序列是严格平稳的，则对于任意的 n, k, m 均有：

$$p(y_n \cdots y_{n+k}) = p(y_{n+m} \cdots y_{n+k+m}) \tag{3-1}$$

$$p(y_n) = p(y_{n+m}) \tag{3-2}$$

而如果序列是弱平稳的，则有：

$$E(y_n) = \mu \tag{3-3}$$

$$Var(y_n) = \sigma^2 \tag{3-4}$$

$$Cov(y_n, y_m) = Cov(y_{n+h}, y_{m+h}) \tag{3-5}$$

进一步推论，则有其期望、协方差也是平稳的。

3.3.3　时间序列平稳性检验的理论基础与基本方法

时间序列平稳性检验的方法分为传统方法和现代方法，传统方法以自相关函数检验为代表，现代方法以单位根检验为代表。

1. 自相关检验方法

（1）自相关函数的数学定义。自相关是指时间序列的每个序列值 $y_1, y_2, \cdots, y_n$ 之的间的简单的相关关系，我们定义滞后期为 k 的自相关函数为：

$$\rho_k = \frac{E[(y_t - \mu_y)(y_{t+k} - \mu_y)]}{\sqrt{E[(y_t - \mu_y)^2]E[(y_{t+k} - \mu_y)^2]}}$$

$$= \frac{Cov(y_t, y_{t+k})}{\sigma_{y_t}\sigma_{y_{t+k}}} \tag{3-6}$$

对于平稳过程，上式中第 t 期的方差等于第 $t+k$ 期的方差，因此，分母刚好就是随机过程的方差。则有：

$$\rho_k = \frac{\gamma_k}{\lambda_0} \tag{3-7}$$

式中：γ_k ——表示 y_t, y_{t+k} 的协方差。

因此，$\rho_0 = 1$ 对于任何随机过程都成立。

而一般定义：$y_t = \varepsilon_t$ 为白噪声（White Noise），其自相关函数为零或近似为零。实际研究中，我们定义自相关函数为：

$$\hat{\rho}_k = \frac{\sum_{t=1}^{T-K}(y_t - \bar{y})(y_{t+k} - \bar{y})}{\sum_{t=1}^{T}(y_t - \bar{y})^2} \tag{3-8}$$

显然，正时间位移与负的时间位移的相关系数是一样的，即存在：

$$\hat{\rho}_k = \hat{\rho}_{-k} \tag{3-9}$$

偏自相关是指对于时间序列 y_t，在给定 $y_{t-1}, y_{t-2}, \cdots y_{t-k+1}$ 的条件下，y_t，y_{t+k} 之间的条件相关关系。其相关程度用偏自相关系数 φ_{kk} 度量，其中 $-1 \leqslant \varphi_{kk} \leqslant 1$。

（2）Bartlett 结果和 Q 统计量的应用。Bartlett 研究证明，如果时间序列由白噪声过程生成，则所有样本自相关系数近似地服从均值为零，标准差为 $1/\sqrt{T}$ 的正态分布[①]，显然，如果这一结果可以很好地应用于序列的自相关检验，如果样本数量为 100，则其标准误差为 0.1。若自相关系数大于 0.1，我们可以认为其自相关。

Box 和 Pierce 证明，统计量 $Q = T\sum_{k=1}^{K}\hat{\rho}_k^2$ 近似地服从 χ^2 分布，因此，如果计算出 Q 值大于显著性水平的临界值，则可以认为自相关系数不全为零。

（3）图示法。它是对给定的回归模型直接用普通最小二乘法估计其参数，求出残差项，然后以残差项作为随机项的估计值，再描绘残差项的散点图，根

---

① M. S. Barlett. On the theoretical specification of sampling properties of auto correlated times series [J]. Journal of the Royal Statistical Society. 1946 (27)：6—9.

据散点图来判断残差的相关性。

（4）D. W 检验。D. W 检验适合于一阶自相关的检验。统计量为：

$$D.W = \frac{\sum_{t=2}^{n}(e_t - e_{t-1})^2}{\sum_{t=1}^{n}e_t^2} \tag{3-10}$$

式中：$e_t = \hat{y}_t - y_t$

D. W 值的取值范围为：$0 \leqslant D.W \leqslant 4$，根据解释变量数目 k 查 D. W 分布表，得到 d_l, d_u 之值，然后以表 3-1 所列条件进行判断[1]。

表 3-1　DW 统计值的区域

Table3-1　The rang of DW statistics

DW 值	结　论
$4 - d_l \leqslant D.W \leqslant 4$	存在负自相关
$4 - d_u \leqslant D.W \leqslant 4 - d_l$	不能确定
$d_u \leqslant D.W \leqslant 4 - d_u$	无自相关
$d_l \leqslant D.W \leqslant d_u$	不能确定相关与否
$0 \leqslant D.W \leqslant d_l$	存在正自相关

当然，D. W 检验也存在局限性，它不适用随机项具有高阶序列自相关的检验，有一段不能判断其正相关或负相关的范围，对于利用滞后被解释变量作解释变量的模型，检验失效[2]。

无论是 Barlett 研究、Box 和 Pierce 的 Q 检验，还是 D. W 检验都不能很好地确定时间序列的自相关的阶数，也即不能确定非平稳的时间序列需要多少次的差分才变转化为平稳的时间序列，而这恰是我们确定问题的关键。在传统检验中，以自相关函数图来解决这一问题。如果自相关系数落在一定置信度的置信区间内，说明序列是纯属随机的，即不存在自相关，若 K 次差分后的自相关函数迅速下降为零，则原序列为 K 阶自相关。需要注意的是差分作为数据平稳化的手段，也存在局限，一是许多时间序列不能通过差分而平稳，二是差分虽然消除了某些序列的趋势而易于建模，但同时消除了原有序列的长期特征，会丢失某些信息，实际的经济序列差分阶数一般不超过 2 次[3]。

---

① 罗伯特 S. 平狄克, 丹尼尔 L. 鲁宾费尔德著. 钱小军等译. 计量经济模型与经济预测 [M]. 北京：机械工业出版社, 1997：293—244.

② 张晓峒. 计量经济分析 [M]. 北京：经济科学出版社, 2000：78.

③ 易丹辉. 数据分析与 EVIEWS 应用 [M]. 北京：中国统计出版社, 2005：113.

2. 单位根检验

单位根检验是时间序列平稳性的定量检验方法，单位根检验要探讨的问题是一个非平稳过程是否包含单位根，如果包含的话就说明该时间序列是非平稳的，包含多少单位根也就是该非平稳过程要经过多少次的差分处理后才能变成一个弱的平稳过程。

（1）单位根的数学定义

单位根检验的理论基础是假设时间序列存在着前后依存的关系。这种依据使得可以根据前一时期或前数期的取值来预测未来的值成为可能，如可用模型 AR（1），即：$y_t = \varphi y_{t-1} + \varepsilon_t$ 来进行预测，一为一阶自回归模型。如果 $|\varphi| < 1$，则此序列是平稳的，但如 $\varphi = 1$，则此序列为随机游走过程（Random Walk Process）。其中，$\{\varepsilon_t\}$ 独立分布且均值为零，方差恒定为 σ^2，则随机游走过程的方差为：

$$Var(Y_t) = Var(Y_{t-1} + \varepsilon_t) = t\sigma^2 \tag{3-11}$$

当 $t \to \infty$ 时，序列的方差亦趋于无穷大，说明随机游走过程是非平稳的。如果一个序列是随机游走过程，则称之为一个单位根过程。含为一个单位根的序列经过一阶差分后变为平稳，此序列称为一阶单整序列（Integrated Process），如果经过二次差分方平稳，称为二阶单整序列，如果经过 d 次差分方平稳，则称为 d 阶单整序列。可见，对于时间序列的平稳性检验就是检验其是否有单位根，若存在单位根，则时间序列就是非平稳的，反之，则为平稳的。

（2）单位根检验的方法

① Dickey—Fuller 检验。假设数据序列由如下自回归模型生成：

$$y_t = \gamma y_{t-1} + \varepsilon_t \tag{3-12}$$

式中，ε_t 独立分布，期望为零，方差为 σ^2，要检验其是否含有单位根，即检验原假设为 $H_0: \gamma = 1$，回归系数的 OLS 估计为：

$$\hat{\gamma} = \frac{\sum y_{t-1} y_t}{\sum y_{t-1}^2} \tag{3-13}$$

检验所用的统计量为：

$$t = \frac{\hat{\gamma} - \gamma}{\sigma\hat{\gamma}} \tag{3-14}$$

在 H_0 时，$\gamma = 1$ 成立的条件下，t 统计量为：

$$t = \frac{\hat{\gamma} - 1}{\hat{\sigma}\hat{\gamma}} \tag{3-15}$$

Dickey、Fuller 研究发现，在原假设成立条件下，该统计量不服从 t 分布，所以传统的 t 检验方法失效，但可以证明，其极限分布存在，一般称其为 DF 分布，根据这一分布所做的检验称为 DF 检验。在原假设成立的条件下，DF 表查得的临界值，如果 t 统计量小于 DW 值，则拒绝原假设，说明序列不存在单位根，反之，则说明序列存在单位根。

DF 检验的步骤如下：

第一，根据所考察的数据的序列，用 OLS 方法估计一阶自回归模型得到系数的 OLS 估计；

第二，提出假设，并计算 t 统计量；

第三，查 DF 检验临界值表，得临界值，并进行比较，若 t 统计量小于 DF 检验临界值，则拒绝原假设，反之，则接受原假设。

② Augmented Dickey—Fuller 检验。由于 DF 检验假设随机扰动项不存在自相关，而大多数情况下，时间序列不能满足这一条件，所以当不满足此条件时，DF 检验就会存在偏误，经过拓展，人们提出了 ADF 检验。ADF 检验将模型变为以下形式：

模型 1：

$$y_t = \gamma y_{t-1} + \sum_{i=1}^{p} \alpha_i \Delta y_{t-i} + \varepsilon_t \tag{3-16}$$

模型 2：

$$y_t = \alpha + \gamma y_{t-1} + \sum_{i=1}^{p} \alpha_i \Delta y_{t-i} + \varepsilon_t \tag{3-17}$$

模型 3：

$$y_t = \alpha + \beta t + \gamma y_{t-1} + \sum_{i=1}^{p} \alpha_i \Delta y_{t-i} + \varepsilon_t \tag{3-18}$$

上述模型检验原假设 $\gamma = 1$ 的 t 统计量的极限分布，同 DF 检验的极限分布一样，所以，可以使用相同的临界值表，若 t 统计量值大于相应的临界值，则不能拒绝原假设，即认为存在单位根，序列是非平稳的。

对煤炭价格序列进行研究，应该首先对它进行系统的单位根检验。只有在肯定了单位根不能被排除之后，才有必要对原序列进行差分处理并对经过处理后的序列再次进行单位根检验，如果仅对差分序列进行研究，差分处理会丧失原序列的一些重要信息，从而使研究分析和风险计量研究出现偏差。

3.3.4 煤炭价格平稳性检验的必要性

所谓的时间序列模型就是用历史的观点，通过计量的手段揭示所研究现象的动态结构和动态规律的研究方法。具体讲，就是以时间序列的过去值和当期及滞后随机干扰项的加权之和来建立模型，以解释和预测时间序列变化规律的一种研究方法。其区别于其他统计分析方法的重要特征有三个方面：

其一，重视顺序的重要性。时间序列中的观察值是按照一定顺序取得的并保持顺序不变，只有这样才能保证所研究现象的历史发展过程不改变。

其二，时间序列中的观察值之间存在着一定的依存关系。

其三，研究系统未来行为的分析即预测推断的依据不是根据某一变量与其他变量之间的静态相关关系，而是根据预测变量本身过去的变化规律来预测未来的变化。时间序列分析是一种重要的现代统计分析方法，广泛地应用于自然领域、社会领域、科学研究和人类思维领域，不论是自然现象还是社会经济现象都是一个有规律的辨证发展过程，任何运动都有一定的惯性，这种惯性就表现为系统的动态性即记忆性。时间序列是系统历史行为的客观记录，它包含了系统动态特征的全部信息，这些信息具体表现为时间序列中观察值之间的统计相关性，因而人们可以通过研究时间序列中数值上的统计相关关系来揭示相应系统的动态结构特征及其发展变化规律。这不仅是可能的，而且是合理的、科学的、系统的动态特征，即事物运动的惯性决定了时间序列分析。

时间序列模型分析是煤炭价格与风险计量的基础，由于煤炭价格风险分析计量与预测是基于短期的，而且煤炭价格形成和影响的因素是多种多样的，如替代能源价格、需求与供给水平、国民经济的增长速度、国际能源组织的生产与经营决策行为、节能技术的进步、自然灾害、煤炭企业本身的生产事故、国家的宏观调控政策等，所有这些都对煤炭价格产生直接或间接的影响，所以对其进行因果分析，建立多回路的动态的价格形成机制是异常困难的。在此情况下，以时间序列数据为基础，以时间序列模型为工具，对煤炭价格风险进行研究，则为更富于效率的研究方法。而应用时间序列模型时，必须对时间序列的平稳性进行检验，只有平稳的时间序列方可以建立相应的模型，否则，要进行差分使之平稳后方可建立模型，因为在经济领域大量的经济数据是不具备平稳过程内在属性的，如果直接将其序列不经检验即假设为平稳过程，则首先会产生伪回归问题，所谓伪回归，就是指变量间本来不存在有意义的关系，但回归结果却得出存在有意义关系的错误结论。而伪回归的根本原因就在于时间序列变量的非平稳性。

另外，对于非平稳序列，当运用最小二乘法时，高斯—马尔科夫定理不再成立，因此，在经济领域的实证研究需要把非平稳的序列转化为平稳的时间序列，而要应用时间序列模型对煤炭价格进行预测并研究其风险计量，首先就要检验其价格时间序列的平稳性，如果煤炭价格时间序列是平稳的，就可以直接对其进行统计特性检验，反之，如果煤炭价格时间序列不是平稳的，就需要采用差分的方法将其转化为平稳的时间序列。

因此，对煤炭价格的时间序列进行平稳性检验就具有先导性的意义，它是进行风险分析及建立其他时间序列模型的基础。

3.3.5　煤炭价格时间序列数据（Time Series Data）的平稳性检验

由于煤炭品种繁多，且各地的价格受多种因素的影响，存在很大的差异，所以，选择任一地区的任一种煤炭价格进行长期趋势的预测或风险计量，都不具有代表性，而煤炭价格指数代表了全国的煤炭价格的总趋势，所以对煤炭价格进行长期预测或风险计量时，我们选择煤炭价格指数较适合，只要将煤炭价格的趋势和当地的煤炭价格加以换算，即可比较准确地估计出当地的煤炭价格趋势，可以进行相应的风险评估。

1. 煤炭价格的自相关检验

由于我们采集了 1980—2005 年煤炭价格指数（国家统计年鉴 2005），共 26 个样本，运用 EVIEWS，得到煤炭价格指数的自相关及偏相关图，如图 3-5 所示。

图 3-5 表明，煤炭价格指数的自相关系数直到滞后 6 阶都不为零，所以具有强烈的自相关性，偏自相关系数滞后一阶为 0.879，其余均落入随机区间内，根据判断标准：如果序列自相关系数很快地（滞后阶数 K 大于 2 或是 3 时）趋于零，即落入随机区间，时序是平稳的，反之是非平稳的[①]，所以，可以判定，煤炭价格指数时序是非平稳的。

---

① 易丹辉. 数据分析与 EVIEWS 应用［M］. 北京：中国统计出版社，2005；113.

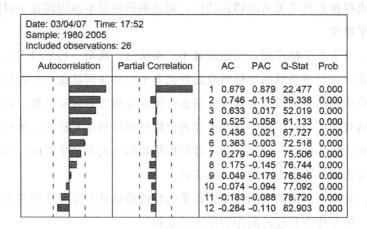

Date: 03/04/07   Time: 17:52
Sample: 1980 2005
Included observations: 26

Autocorrelation	Partial Correlation		AC	PAC	Q-Stat	Prob
		1	0.879	0.879	22.477	0.000
		2	0.746	-0.115	39.338	0.000
		3	0.633	0.017	52.019	0.000
		4	0.525	-0.058	61.133	0.000
		5	0.436	0.021	67.727	0.000
		6	0.363	-0.003	72.518	0.000
		7	0.279	-0.096	75.506	0.000
		8	0.175	-0.145	76.744	0.000
		9	0.049	-0.179	76.846	0.000
		10	-0.074	-0.094	77.092	0.000
		11	-0.183	-0.088	78.720	0.000
		12	-0.284	-0.110	82.903	0.000

图 3-5   煤炭价格指数的自相关与偏相关图

Fig. 3-5   The autocorrelation and partial correlation on coal price index

我们进一步对煤炭价格指数序列的一阶差分及二级差分进行分析，自相关及偏相关图如图 3-6 所示。

Date: 03/04/07   Time: 17:54
Sample: 1980 2005
Included observations: 25

Autocorrelation	Partial Correlation		AC	PAC	Q-Stat	Prob
		1	0.466	0.466	6.1075	0.013
		2	0.203	-0.019	7.3117	0.026
		3	-0.042	-0.165	7.3646	0.061
		4	-0.302	-0.286	10.296	0.036
		5	-0.374	-0.148	15.025	0.010
		6	-0.263	0.023	17.474	0.008
		7	-0.072	0.095	17.668	0.014
		8	0.197	0.199	19.211	0.014
		9	0.131	-0.214	19.931	0.018
		10	0.054	-0.178	20.063	0.029
		11	0.137	0.209	20.961	0.034
		12	-0.104	-0.128	21.526	0.043

图 3-6   煤炭价格指数的一阶差分自相关与偏相关图

Fig. 3-6   The autocorrelation and partial correlation on ICP（1）

注：这里"ICP（1）"指的是煤炭价格指数的一级差分时序，其取自于"Index of Coal Price"这 3 个英文单词的第一个字母。

二级差分的自相关与偏相关图如图 3-7 所示。从图中可知，煤炭价格指数序列是二阶单整序列。

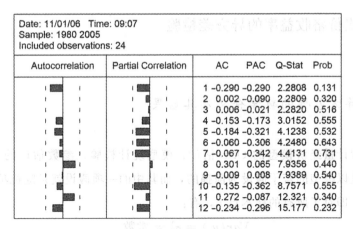

图 3-7　煤炭价格指数的二阶差分自相关与偏相关图

Fig. 3-7　The autocorrelation and partial correlation on ICP（2）

2. 煤炭价格序列的单位根检验

自相关检验是一种较为粗略的检验，而单位根检验则是一种较为正式的方法。由于煤炭价格指数是非零的，且存在时间趋势，所以，选择含趋势项和常数项的假设方程进行单位根检验，结果见表 3-2。

从表 3-2 可见，DF 的检验统计量的样本值在 1％、5％、10％的显著性水平下的临界值分别为均小于其 T-Statistic：−2.514019，所以，不能拒绝原假设，序列存在单位根，是非平稳的。

对时序的一阶差分和二阶差分的 ADF 检验，表明：一阶差分是非平稳的，而其二阶差分在 5％的置信度下是平稳的。这和前面的自相关分析的结论是一致的。

表 3-2　煤炭价格指数时序的 ADF 检验结果表

Table3-2　ADF test about coal price index

序列类别	1％ level	5％ level	10％ level	T-Statistic	Prob	结论
原序列	−4.440739	−3.632896	−3.254671	−2.514019	0.3187	非平稳
一阶差分	−4.394309	−3.612199	−3.243079	−3.077719	0.1337	非平稳
二阶差分	−4.616209	−3.710482	−3.297799	−4.086818	0.0258	平稳

3.4 煤炭价格收益率的异方差检验

3.4.1 异方差性的数学含义及其后果

单方程计量经济模型的 OSL 估计、模型统计检验、参数估计的无偏性、有效性都是以模型的若干假设为前提的，而其中的一项假设就是随机项具有相同的方差，即对于所有的样本点 i，有：

$$Var(u_i) = \sigma_u^2 = 常数 \qquad (3-19)$$

但实际上，经常存在 $Var(u_i) \neq \sigma_u^2 \neq 常数$ 的情形，这就是所谓的异方差性。

异方差一般在用截面数据作样本出现的可能性大，但在时间序列中也会出现，异方差的存在可能导致以下后果：一是参数估计虽是无偏的，但不是有效的，不能满足渐近有效性；二是参数的显著性检验失去意义；三是预测失效。这些后果显然对于我们研究煤炭价格的波动性，对煤炭价格风险进行计量研究有着重要的影响。所以，必须对煤炭价格进行异方差性的检验。

3.4.2 异方差性检验的方法

异方差性检验的方法主要有图示检验法、残差图形分析法、戈德菲尔德—夸脱检验法、White 检验、ARCH 检验及 Glejser 检验，针对煤炭价格，我们介绍时间序列的 ARCH 检验。

ARCH（Auto Regressive Conditional Heteroscedasticity）检验方法是由恩格尔（Engel）于 1982 年提出的，其基本思想是：在时间序列数据中，可认为存在异方差性为 ARCH（自回归条件异方差）过程，并通过检验这一过程是否成立去判断时间序列是否存在异方差。

1. ARCH 过程的数学定义

设 ARCH 过程为：

$$\sigma_t^2 = \alpha_0 + \alpha_1 \sigma_{t-1}^2 + \cdots + \alpha_p \sigma_{t-p}^2 + \nu_t \qquad \alpha_0 > 0, \alpha_i > 0 \qquad (3\text{-}20)$$

式中：p ——ARCH 过程的阶数；

　　　ν_t ——为随机误差。

2. ARCH 检验的步骤

（1）提出假设，即：$H_0: \alpha_0 = \alpha_1 = \cdots = \alpha_P = 0$ ；$H_1: \alpha_J (j = 1, 2 \cdots p)$ 中至少有一个不为零。

（2）对原模型做 OLS 估计，求出残差 e_t，并计算残差平方序列 e_t^2，$e_{t-1}^2, \cdots, e_{t-p}^2$，分别作为对 $\sigma_t^2, \sigma_{t-1}^2, \cdots, \sigma_{t-p}^2$ 的估计。

（3）做辅助回归：$\hat{e}_t^2 = \hat{a}_0 + \hat{a}_1 e_{t-1}^2 + \cdots + \hat{a}_p e_{t-p}^2$

（4）计算上式中的可决系数 R^2，可以证明，在原假设成立的条件下，基于大样本，有 $(n-p)R^2$ 渐近服从 $\chi^2(p)$ 分布，p 为自由度也即滞后期数，给定显著水平 α，查 χ^2 分布表得临界值 $\chi_\alpha^2(p)$，如果 $(n-p)R^2 > \chi^2(p)$，则拒绝原假设，表明模型中存在异方差。

3. ARCH 检验的特点

ARCH 检验要求变量的观测值为大样本，并且是时间序列数据，当然，它只能判断模型中是否存在异方差，而不能诊断出是哪一个变量引起异方差。

3.4.3　煤炭价格序列的异方差检验实证研究

由于煤炭价格指数是一个小样本，所以，研究煤炭价格的异方差时，采用了秦皇岛的煤炭山西优混的价格，又因周价格为一个区间价格，即提供了最高价与最低价，所以对二者进行平均，得到均价，以均价来反映煤炭的实际波动。另外，在研究描述价格的金融时间序列变化时，常用随机游动（Random Walk）模型，其形式为：

$$p_t = p_{t-1} + \varepsilon_t \qquad (3\text{-}21)$$

对上述随机游走模型进行估计，结果见表 3-3。

从表 3-3 可见，系数显著性检验通过，且拟合优度为 0.80646，整体效果不错。

对残差序列做 ARCH 效应的 LM 检验，结果见表 3-4：

表 3-3　煤炭价格随机游走模型的估计与检验结果

Table 3-3　The estimate result of coal price model

Variable	Coefficient	Std. Error	T-Statistic	Prob.
PW （－1）	1.00034	0.000621	1611.88	0
R-Squared	0.80646	Mean dependent var		397.2791
Adjusted R-Squared	0.80646	S.D. dependent var		5.19592
S.E. of regression	2.28581	Akaike info criterion		4.50288
Sum squared resid	444.122	Schwarz criterion		4.53142
Log likelihood	－192.6241	Durbin-Watson stat		25.8954

表 3-4　ARCH Test：效应检验结果

Table 3-4　The result of ARCH test

F-Statistic	0.53894	Probability	0.46494
Obs * R-Squared	0.54836	Probability	0.45898

软件给出两种统计结果，第一行的 F 统计量在有限样本情况下不是精确分布，只能作为参考；第二行是 LM 统计量 Obs * R-Squared 值以及检验的相伴概率，表 3-4 中，相伴概率为零.458985，大于显著水平 0.05，因此，接受原假设，残差序列不存在 ARCH 效应。

以上实证分析表明，煤炭价格的收益率存在集簇性、长记忆性及异方差性的特点，这与传统的假设相违背，所以，应用传统的计量模型预测就会失败。越来越多的金融时间序列数据的分析，也证明了这一结论。这种变化可归咎于经济领域尤其是金融市场的多变性、对政治局势和政府金融政策的敏感性等[①]，而 ARCH 模型恰恰能捕捉到这一特点。此章的实证分析，为下章应用 ARCH 模型进行煤炭价格风险的计量奠定了基础。

3.5　本章小结

本章对煤炭价格的长期波动及短期波动趋势进行了计量研究，对煤炭价格的平稳性及异方差性做了研究，得到以下结论：

---

① 邹平．金融计量学［M］．上海：上海财经大学出版．2005，184.

　　第一，煤炭价格的长期发展呈现上涨的态势，其统计分析表明，煤炭价格序列不是对称分布，有一个长的右尾，相对于正态分布是平峰，不是正态分布，所以在进行煤炭价格的风险计量时，不能假设其为正态分布。

　　第二，从短期看，煤炭价格存在着较为频繁的波动，有涨有落，但波动的最大价差为 19 元/吨，其方差为 5.270953，小于长期的方差 168.234，波动的幅度小于长期。另外，短期煤炭价格偏度为 -0.638718，不是对称分布，有一个长的左尾，而峰度为 2.932126，略小于 3，说明峰和正态分布相类似，JB 值为 5.932135，说明短期煤炭价格序列也不是正态分布。

　　第三，煤炭价格指数的自相关系数直到滞后 6 阶都不为零，所以具有强烈的自相关性，因为违背了线性回归方程的古典假设，所以在建立煤炭价格预测模型时要充分考虑。不论是煤炭价格指数还是短期的煤炭价格序列，均不平稳，是二阶单整序列。由于时间序列研究对象必须是平稳的时间序列，所以对煤炭价格进行研究时必须对其进行二次差分，以使之具有稳定的统计特征，以增强数据分析的科学性，不能直接运用时间序列分析方法对煤炭价格进行研究。

　　第四，煤炭价格序列不具有异方差性，所以在研究其风险计量时，不能应用 ARCH 一族的模型。

　　显然，以上的研究是进行煤炭价格的风险的度量数学模型的选择及以后进行煤炭价格的预测模型选择的基础工作，所以，本章的研究就为以后的煤炭价格风险度量研究及价格预测研究提供了基础，是这些研究工作的前提条件。

本章重要概念

　　普通最小二乘法（Ordinary Least Squares Estimators）　简称 OLS，要有样本信息建立的回归函数尽可能接近地去估计总体回归函数，可以从不同角度去确定建立样本回归函数的准则，用产生该样本概率最大的原则去确定样本回归函数，称为极大似然准则。而使用剩余平方和最小的原则确定样本回归函数，称为最小二乘准则。即：

$$\min \sum e_i^2 = \min \sum (Y_i - \hat{Y}_i)^2$$

　　可决系数　用来衡量回归拟合度的，可决系数越大，则回归方程对样本观测值的拟合程度就越好。它的数学含义是指由回归做出解释的离差平方和在总离差中的比重。显然，比重越大，拟合度越高。可决系数的计算公式为：

$$r^2 = \frac{\sum (\hat{Y}_i - \overline{Y})^2}{\sum (Y_i - \overline{Y})^2}$$

多重共性（Multi-collinearity） 数学意义上的多重共性就是对于解释变量 $X_1, X_2, \cdots X_k$，若存在不全为零的数 $\lambda_1, \lambda_2, \cdots \lambda_k$，使得：$\lambda_1 X_1 + \lambda_2 X_2 + \cdots + \lambda_k X_k = 0$ 成立，则说明它们之间存在多重共性。产生多重共性的原因可能是经济变量之间具有共同的变化趋势，也可能是模型中含有滞后变量，或是利用截面数据导致，多重共性会导致参数估计不定，导致方差增大和置信区间变大，严重多重共性则导致假设检验做出错误的判断。

异方差（Heteroscedasticity） 为了保证回归参数估计量具有良好的统计性质，经典线性回归模型的一个重要假定是：总体回归函数中的随机误差项满足同方差性，即它们都有相同的方差。如果这一假定不满足，则称线性回归模型存在异方差性。用公式表示为：$Var(u_i) = \sigma_i^2$。若线性回归模型存在异方差性，则用传统的最小二乘法估计模型，得到的参数估计量不是有效估计量，甚至也不是渐近有效的估计量，此时也无法对模型参数的进行有关显著性检验。

自相关（Auot Correlation） 又称序列相关，是指总体回归模型的随机误差项之间存在相关的关系。其原因可能是经济系统的惯性、经济活动的滞后效应、数据处理造成的相关、蛛网现象及模型的设定偏误等。如一个线性模型的随机误差项存在自相关，就违背了线性回归方程的古典假定，若仍用普通最小二乘法估计参数，将会产生严重后果，降低预测的精度。

虚拟变量（Dummy） 一般用 DUMMY 或 D 表示，代表模型中具有定性属性的因素，即不能以具体的数值表示的变量，如性别、气候异常与正常、政府的经济政策等。这些因素不能直接用数据精确描述，但是经济模型中的重要变量。所以，在模型中经常用人工构造的取值 0 和 1。

第4章　煤炭价格风险分析与计量

风险管理的定义可以从狭义和广义两个层次来界定。狭义的风险管理仅指风险度量，包括收集风险方面的数据识别风险并使之量化，广义风险管理的含义是识别并控制公司部门和个人从事业务活动所引起的风险。风险管理包括风险识别、风险度量、风险评价及风险控制。显然，风险分析和风险计量是风险管理的最基本、最为重要的工作。对于煤炭价格风险亦如此，因为唯有对煤炭价格风险进行客观的分析与计量，才能正确地评价风险对国民经济、煤炭产业及其下游产业的潜在危害，才能引起人们对煤炭价格波动所造成的风险的重视，从而避免在生产与经营活动中遭受损失。

4.1　煤炭价格风险的负面效应分析

4.1.1　煤炭价格波动对国民经济的负面效应

煤炭价格波动对于国民经济的负面效应表现在三个方面：

其一，煤炭价格的过度上涨会诱发成本推动型通货膨胀。煤炭价格的波动，必然会影响国民经济的发展，这主要缘于煤炭属于重要基础性能源，它在国民经济的产业链中处于重要的环节，煤炭产业事实上属于上游产业，煤炭是许多产业的主要能源和原料，这种产业关系，使煤炭价格对于物价水平有一个极为重要的带动作用，煤炭价格上涨，必然引发其下游产业产品的成本上升，进而影响到其商品的出厂价格，从而使整个国家的物价水平迅速上升。如果此现象得不到合理控制，就会引发成本推动式通货膨胀，这不仅会造成收入和财富在不同阶层之间的再分配，引发社会矛盾，也会使不同商品的相对价格和产量产生扭曲，甚至有时使整个经济的产出和就业发生扭曲。

其二，煤炭价格下跌或煤价过低，会造成资源的严重浪费，进而威胁国家的能源供给安全。煤炭价格下跌，在一定程度上有助于保持较低物价水平，维持币值的稳定。我国计划经济时的低价政策即源于此种考虑。但煤炭价格过低，会导致煤炭资源的过度开采、过度浪费与过度消耗，其结果必然是煤炭产业的可持续发展受到影响，国家的能源安全受到威胁，当然也不利于建立节约型社会，不利于发展循环经济。

其三，煤炭价格的波动可能会引发滞胀。煤炭价格上涨会引发下游产业成本的上涨，从而最终导致整个社会供给水平的降低，在整个需求不变的情况下，供给的减少，供给曲线会向左上方移动，从而导致物价的上涨和国民经济的均衡点的左移（如图 4-1 所示）。

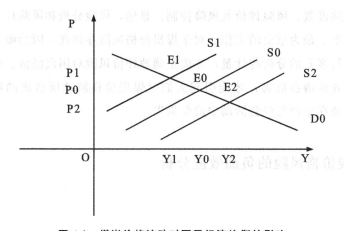

图 4-1　煤炭价格波动对国民经济均衡的影响

Fig. 4-1   The influence of coal price to the economy balance

国内生产总值降低，整个国民经济的增长速度就会减慢甚至萎缩，而陷入滞胀局面。而煤炭价格如果下跌，则会导致总产出的增加，从而使物价下降，总产出增加，经济高速增长，但这种高速增长在一定程度下是以资源的高消耗为提前的，粗放型的经济增长，不仅使经济增长质量不高，而且会造成资源的过度消耗，引发环境问题和能源安全危机，也会造成投资过热，经济发展失衡。

其四，煤炭价格上涨，加重了低收入居民生活的负担，影响其正常的生活。低收入居民用煤量比较大，他们多数为生活一般和贫困的居民，由于收入低，居住条件差，因此，煤价上涨对他们影响较大。

4.1.2　煤炭价格波动对煤炭工业及其下游产业的风险

煤炭价格的波动对煤炭生产企业及其下游企业会带来价格风险。煤炭价格波动对煤炭产业及其下游产业的风险表现在以下几个方面：

（1）煤炭价格波动会使煤炭企业及其下游企业面临价格风险敞口，这种风险敞口一方面表现为煤炭生产企业的输出价格风险，另一方面表现为煤炭消费企业的输入价格风险，它会给煤炭生产企业和消费企业带来经济收益上的不确定性，而当这种不确定性导致成本上升或收益减少时，会影响企业的现金流，给生产与经营带来负面影响，严重时会诱发企业的财务危机，导致破产。而这种风险敞口只考虑了价格变动的直接影响，没有涉及价格变动对产量的影响，如果考虑到后者，价格风险的影响将更可观。事实上，煤炭价格风险最终影响着煤炭企业的价值，风险越大，企业的价值变化则越大，可以用图4-2和图4-3表示。

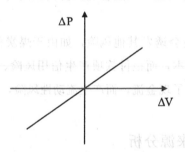

图 4-2　煤炭企业价值与价格波动关系

Fig. 4-2　Relation between price and enterprise value

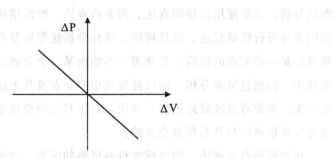

图 4-3　下游企业价值与价格波动关系

Fig. 4-3　Relation between low enterprise value and price

据统计，2004 年 1—8 月，煤炭价格上涨，冶金、化工等企业成本增加，利润减少，造成其经营状况不佳，资金周转困难，盈利减少甚至出现亏损，使得发电企业效益下降，部分电厂发电机组被迫限运或停运，导致发电量减少，影响了企业的正常用电，局部地区发电呈现萎缩态势。

（2）如果没有较好的风险管理工具，企业必然要谨慎地为可能发生的风险进行准备，而其主要措施就是风险自留或风险自担，这需要企业储蓄足够的流动资金以预防由于煤炭价格波动可能导致的风险敞口，即支付危机或收益减少导致的生产经营上的现金流危机。储备金（企业保存的具有高度流动性的流动资金）的回报率又比其他投资要低得多，如果能将这部分资金用于其他投资，其收益比现有的储备金的收益可能要高得多，这就给企业带来了机会成本，所以，煤炭价格风险使企业承担了相应的机会成本。

（3）运营成本损失。在面临煤炭价格风险时，企业必须要增加相应的运营成本，如风险管理人员的设置，风险管理及价格预测的工作，所有这些都增加了企业的运营成本。

（4）煤炭价格风险还会诱发其他风险，如由于煤炭价格过高，煤炭消费一方可能会因回避过高的成本，而拒付款项产生信用风险、法律风险，结算风险，也可能因成本过高，影响了现金流，而产生流动性风险，从而诱发财务风险等。

4.2 煤炭价格风险来源分析

风险分析不仅包含风险识别与度量，也包括对风险来源的分析。对风险来源的分析，主要使用现场调查法、列表检查法、组织结构图法、流程图法、危险因素与可行性研究法、事故树法、统计分析法等定量和定性的方法。煤炭价格风险是一种宏观的风险，其来源并不能由某一企业通过风险分析后加以控制或减小。但通过风险分析，可以使煤炭生产企业及其下游企业对煤炭价格风险的产生、来源有具准确地把握，这样，对于其预测价格走势，很好地控制与防范煤炭价格风险是具有积极意义的。

正如前面章节所述，引发煤炭价格风险的因素，或者讲煤炭价格风险的来源是多方面的，有国家宏观政策因素，有国际国内煤炭市场的供需因素变化的影响，有经济增长因素的影响，有替代能源价格变动的影响，也有汇率变动的影响及我国煤炭价格形成机制不健全的因素，如中间费用不合理、税负不公平、能源比价不合理、地方行政性权力对煤炭价格的不正当的干预、煤炭生产成本不规范等，而且我国的煤炭市场与国际的接轨，使得国际煤炭市场的任何变动都会波及我国的煤炭市场，引起煤炭价格的波动，与原先封闭的国内市场相比，风险因素大在增加。同时，我国还缺乏一个以煤炭期货交易所为主体，以区域市场为补充，市场主体自由交易、期货、现货交易并存，多种交易手段并存的市场煤炭交易体系，没有一个可以有效发现价格以指导煤炭资源优化配置的机制。这使得建立一个有效的、具有一定指导意义的煤炭价格的多重回路的形成机制的动力学模型变得异常困难。

我国的煤炭市场的情况与美国经济学家 Charles W. Smithson 在其著作中所指出的不一样，他认为：“预测家们力图预言未来的汇率、利率和商品价格，但这种努力是失败的，其原因是因为市场是有效的，而有效市场商品或资产价格反映了所有现在可以得到的公开信息，在这种情况下，价格变动是随机的，而如果价格变动是随机的，那么就不可能准确预测价格[①]。”我国煤炭市场的不可预测性并不是因为市场是有效的，而是因为影响价格的多个变量是不规范的、变化的，是不稳定的，所以预测工作显得较为困难。笔者对我国的煤炭市场进行研究，研究表明煤炭价格指数的幂函数和过度需求之间并不相关，过度需求的增加，没有引致煤炭价格指数的幂函数的增加，即煤炭价格指数的基本不随过度需求而变化[②]。这显然与基本的经济学原理相悖，这表明煤炭价格风险的影响因素是比较复杂的。

正确的价格来源于有效的价格形成机制，正如国家发改委能源局副局长吴吟指出的，煤炭价格是否合理，关键是要看整个煤炭的生产和消费是否平衡。而产需平衡只能算是价格合理的外现之一，产需平衡并不一定意味着价格合理，合理的煤炭价格应该是由企业按照成本核算真实完整、市场供求基本平衡、相对价格体系（或叫比价）合理、劣等资源条件定价、实事求是等原则，并通过市场交易体制定价与调价的价格形成机制来形成的，必须准确反映它的资源成本、生产成本、环境成本以及退出和发展成本，其主要标准是看其是否真实反映了供求关系和产品的完全成本，是否实现了资源的优化配置，促进了国民经济的稳定增长及保证了国家能源安全。只有符合这样条件的价格才是合理的。从这个意义上讲，我国的煤炭价格形成机制还存在缺陷，这也正是煤炭

---

① ［美］Charles W. Smithson. 管理金融风险：衍生产品、金融工程和价值最大化管理 ［M］. 北京：中国人民大学出版社，2000：12—14.

② 郝家龙，宁云才. 动态煤炭市场价格形成模型研究 ［J］. 当代经济，2005 (10)：51—52.

波动性较大，预测工作不能准确把握其变化规律，以为生产和经营者提供有效地规避风险的价格参考的根本原因。准确地预测必然建立在完善的价格形成机制之下，必须要求系统处于稳态，而煤炭市场显然是处于多种变化因素的作用下的，这就是煤炭价格风险产生的根本原因，也是生产者和经营者只能借助于金融衍生产品转移煤炭价格风险的要因。

4.3 风险计量理论与方法概述

   风险计量，也称风险测量或计量，龚朴认为风险度量就是用随机变量的某种特征来描述随机变量以反映不同变量之间的差别，以满足人们对不同风险的认识[①]。从金融风险的角度看，风险度量就是定量地研究由于市场因子的变化（一般指不利的变化）而导致的金融资产或证券组合价值损失的大小。其理论发展同风险管理理论的发展是同步的，起源也是基于人们对风险管理的需要，基本上也始于 1938 年久期的提出。

4.3.1 风险计量方法的基本分类

   风险的度量是风险管理的最重要的环节，风险管理必然以风险度量为基础，风险管理必然基于不同的对象，如信用风险、价格风险、操作风险等，而即便针对同是金融风险的证券和商品价格风险，其计量模型也有所差异，所以从总体上，现有的风险管理的计量方法又可分为四类：

   （1）名义量法（Nomial Amount）。即认为某一证券组合的市场风险就是该证券组合的整个价值，名义量法认为进入交易的证券都处于风险之中，因此，其损失即为其所有价值，而事实上，只有在极少数情况下，整个证券才可能损失所有的价值，所以，该法只是一种粗略的估计方法。例如，假设某一证券组合的价值是2000 万元，则用名义量法衡量其风险，则其市场风险也是 2000 万元，因为在市场交易中它可能全部损失。名义量法假设所有进入交易的证券组合都处于风险之中，但现实中，只有在极少数情况下，整个证券组合才可能全部损失，多数情况下只是部分处于风险状态。显然，作为一种粗略的估计方法，无法满足日趋复杂和竞争激烈的金融市场管理风险要求，为此人们引入了更为精确的风险测量方法。

---

① 龚朴. 风险值（Var）理论与方法若干问题研究 [D]. 华东师范大学，2002，10—30.

（2）灵敏度法。即利用金融资产对其市场因子的敏感性来度量金融资产市场风险的方法。标准的市场因子包括利率、汇率、价格等，其经济含义是当市场因子变化 1% 时，金融资产价值变化 X%。显然，灵敏度大的金融资产，受市场因子的影响大，该法适用于金融资产价值变化与市场因子呈线性关系的情况，并非所有由于具有近似性，即只有在市场因子的变化范围很小时，这种近似关系才与实际情况相符，金融资产均和风险因子呈线性关系，所以这是一种局部计量方法，如对债券的风险计量的久期和凸性，对股票风险计量的 Beta，对衍生金融工具计量风险的 Delta、Gamma 和 Vege 等。灵敏度法有依赖性，即无法计量包含不同市场因子、不同金融资产组合的风险，只能适用于某一类资产或某一类市场因子，具有相对性，即只是一个相对的比例，无法直接计算某一风险损失的具体数额，所以灵敏度法是一种局部性的计量风险方法。

（3）波动性方法。即通过测量风险因子导致的资产或资产组合收益偏离平均收益的程度来衡量其风险的方法，常用统计学中的标准差来度量。但由于没有描述偏离的方向及损失的数额，在实践应用中也存在局限性。例如，某一证券组合的价值为 2000 万元，标准差为 5%，那么其风险损失为 100 万元。但是这种波动性的描述仍然存在诸多困难，表现为以下几个方面：①波动性知识描述了收益的不确定性，但这种偏离可以是正偏离，也可以是负偏离，但实际生活中往往关注的只是负偏离（损失），但波动性并没有说明这一点。②波动性并没有确切的指出证券组合的损失究竟是多大，仅仅知道标准差为 100 万元，无法判断具体损失——可能大于 1000 万元（最大为 2000 万元），也可能小于 100 万元（最小为零元），标准差并没有给出风险为 100 万元的可能性有多大。事实上，由于市场因素的随机性，证券组合的收益变化是一个随机变量。

（4）Var 技术。这是一种经常用于其他领域的标准统计技术，用来评估金融风险的方法，是 1993 年国际性民间研究机构 30 人小组在《衍生产品的实践和规则》研究报告中提出的用于计量市场风险的模型，它描述了一定目标期间内收益和损失的预期分布分位数，源于马柯威茨 1952 年创立的基本—方差模型，实际也属于波动性方法。Var 技术是为了应对 20 世纪 90 年代初的金融灾难而发展起来的，但由于其在理论上具有极为重要的地位，西方理论界将其称为风险管理的革命。这一技术改变了金融机构在处理其金融风险的方式①。

---

① Lewlow, L, Strickland, C, Kaminski, V. Extending Mean-Reversion Jump Diffusion [J] . Energy Power Risk, 2005 (10)：18—20.

4.3.2 常用的风险计量模型

1. 标准差

$$\sigma(X) = \sqrt{Var(X)} \tag{4-1}$$

以标准差来衡量资产的风险，属于波动性法，由于标准差在衡量两种以上资产的风险时，要求它们的期望值相等才具有意义，所以适用范围存在局限性。标准差是一种表示分散程度的统计观念，主要是根据研究对象（如基金、股票或期货实物商品或金融衍生品）在一段时间内波动的情况计算而来的。标准差已广泛运用在投资风险的衡量上。一般而言，标准差愈大，表示净值的涨跌较剧烈，风险程度也较大。标准差是一种一组数值自平均值分散开来的程度的测量观念。一个较大的标准差，代表大部分的数值和其平均值之间差异较大；一个较小的标准差，代表这些数值较接近平均值。

标准差的计算过程如下：

第一：计算平均值，公式为：$\bar{x} = \dfrac{1}{N} \sum_{i=1}^{N} x_i$

第二：计算方差，公式为：$\sigma^2 = \dfrac{1}{N} \sum_{i=1}^{N} (x_i - \bar{x})^2$

标准差即为方差的开方。

算例1：我国1990—2005年的煤炭价格指数见表4-1，现计算其标准差。

表4-1 我国1990—2005年的煤炭价格指数

Table4-1 The coal-index from 1990 to 2005

年份	P
1990	167.9126
1991	189.9091
1992	189.9091
1993	265.3031
1994	324.2003
1995	360.8350
1996	410.2694
1997	443.0909

年份	P
1998	428.0258
1999	405.7685
2000	398.0589
2001	423.9327
2002	473.1089
2003	506.2265
2004	586.7165
2005	616.0524

首先计算其均值：将历年的数据代入公式，其中 N 为 15，即共有样本数据有 15 个：

$$\bar{x} = \frac{1}{N}\sum_{i=1}^{N} x_i = 371.5512$$

再次计算其方差：

$$\sigma^2 = \frac{1}{N}\sum_{i=1}^{N}(x_i - \bar{x})^2 = 14018.21$$

对其开方，即得标准差为：122.5541。

标准差是一种比较简单的方法，单一的商品或金融衍生品的标准差的大小并不具有更好的实用价值。当然，可以用历史数据比较，现在某金融衍生品的标准差比以前小了，可以认为其风险小了，而如果比先前大了，则可认为其风险大了。但也未尽然，因为标准差没有表明波动的方向，波动向有利的方向，则不称为风险，但其标准差未必小，所以标准差用来衡量风险有局限性。标准差也可用于不同金融衍生品的风险比较，但要求其具有相同的收益率，否则不具有可比性，比如，一种金融衍生品收益率为 20%，标准差为 25%，而另一种金融衍生品收益率为 25%，标准为 20%，我们并不能认为前者比后者风险大。

2. 半方差与下偏离差

传统的方差在计算风险时，把实际收益对于期望收益的所有波动，不管它是向上的偏差还是向下的偏差，都计算为风险，这样往往不能反映投资者对于正负偏差不一致的心理感受，也不能准确地表达现实中的经济含义。而半方差只计量负的方向的标准有效期，所以，能够比较真实地反映风险的大小。

半方差的计算公式为：

$$\sigma_-^2(X) = E[(X - E(X))^2, [X \leqslant E(X)] \qquad (4\text{-}2)$$

显然，下半方差更满足和符合人们对风险的态度，即偏离的方向是损失的方向才是人们关注的，尽管对风险的定义为偏离与波动的大小，但人们考察的或更有关心的只是资产损失的偏离，当然，当方差在比较时，也存在和标准差一样的局限性。

下偏离差一般用 $Lbm(X)$ 表示，它描述均值向下波动的程度，计算公式为：

$$Lbm(X) = \sqrt{\sigma_-^2(X)} \qquad (4\text{-}3)$$

下半方差法是理论上最完美的风险度量方法，根据 ROY 的安全第一法则，投资者应该通过最大化收益与风险的比率，从而选择使得投资收益低于灾难性水平的、概率最小的投资组合。马考维茨用两个思路来度量半方差：①利用平均收益为基准来度量半方差；②用目标收益为基准来度量半方差。这两种方法仅仅计算低于平均收益或低于目标收益的收益率的方差。

算例 2：我们以全球股指为例，用半方差来计量其风险。数据见表 4-2：

表 4-2　全球股指行情
Table4-2　The Stock index's condition in the world

指　　数	最　新	涨　跌/%
亚太（截至：2007-7-16）		
沪深 300	3697.97	−3.2
上证指数	3821.92	−2.36
深 成 指	12331.19	−3.79
恒生指数	22953.94	−0.63
台湾加权股价	9417.32	−0.57
日经 225 指数	—	
KOSPI 指数	1949.51	−0.68
海峡时报指数	3653.23	−0.04
美洲（截至：2007-7-16　22：45）		
道琼斯工业	13961.14	0.39
标普 500	1554.6	0.14
纳斯达克综合	2709.56	0.09
欧洲（截至：2007-7-16　21：00）		
英国富时 100	6692.9	−0.35
德国 DAX 30	8098.34	0.07
法国 CAC 40	6111.69	−0.1

资料来源：中国证券网。

表 4-2 中共有 14 种股票指数，下面以均值即平均收益率为标准来计算其半方差。

第一步，计算其平均收益率：

$$\bar{x} = \frac{1}{N}\sum_{i=1}^{N} x_i = -1.61\%$$

第二步，计算下半方差。可以看到，涨跌幅低于 -1.61% 的有沪深 300 为 -3.2%、上证指数 -2.36%、深成指 -3.79%，共三个指数，所以计算其下半方差相对简单，公式为：

$$\sigma_-^2(X) = E[(X - E(X))^2], (X \leqslant -1.61\%)$$
$$= [(-3.2\% + 1.61\%)^2 + (-2.36\% + 1.61\%)^2 + (-3.79\% + 1.61\%)^2]$$
$$= 0.07843\%$$

其标准离差为：0.28%。

这就是说，全球股指风险的经济意义就是在跌幅 -1.61% 时，其波动性或向不利方向波动的波动性为 0.28%。即：作为投资者必须考虑到承受可能增加的 $0.28\% \times (-1.61\%) = -0.0045\%$，即总的跌幅可能达到 -1.6145%。

任何一个投资者都不可能期望收益是负的，也就是目标收益率是负数，是亏损。当然，在一定条件下，较小的损失也是一种目标。如果假设目标收益率为 10%，则此时的下半方差计算过程为：

$$\sigma_-^2(X) = E[(X - E(X))^2], (X \leqslant 10\%)$$
$$= 2.95667\%$$

下半标准离差为：1.71749%。

3. 风险度

风险度是用标准差和期望值的比值来计量风险的大小，是一种相对计量法。在证券分析中称为夏普率，是衡量证券好坏的常用标准。比之于方差或下半方差都是一种进步。公式为：

$$S = \frac{\sigma}{E(X)} \tag{4-4}$$

股票市场中有系统风险，即指由于某种因素对股票市场上的所有股票都出现价格变动的现象，给一切投资者都会带来损失的可能性。这类风险的主要特点：一是由于共同的因素所引起；二是影响所有股票的收益；三是不可能通过股票证券的多样化来规避和消除。其来源主要有购买力风险、市场风险和利率风险，也有非系统风险，即某些个别因素对单位股票造成损失的可能性。这类风险的主要特点：一是由特殊因素所引起；二是只影响某种股票的收益；三是可以通过股票多样化来消除和规避。其来源主要有企业风险和财务风险。风险度作为一种相对指标，比之于标准差、半方差都更具有实用性，可以用来计量系统风险，也可以用来对某一金融衍生品的风险进行计量。我们还是以算例来说明。

算例 3：以风险度来衡量全球金融市场的风险，数据资料见表 4-3：

表 4-3　全球金融市场行情

Table4-3　The condition about finance in the world

道琼斯	13950.98	+0.31%
纳斯达克	2697.33	−0.36%
标普 500	1549.52	−0.19%
日经指数	18186.82	−0.29%
香港恒生	22953.94	0.00%
台湾加权	9340.33	−0.82%
法兰克福	8105.69	+0.16%
伦敦指数	6697.70	−0.28

资料来源：http：//stock1. finance. qq. com/forex/index. htm，2007-7-17。

第一步，先计算期望值，即均值，公式为：

$$\bar{x} = \frac{1}{N} \sum_{i=1}^{N} x_i$$

代入数据有：$\bar{x} = 0.060878$

第二步，计算样本方差，公式为：

$$\sigma^2 = \frac{1}{N} \sum_{i=1}^{N} (x_i - \bar{x})^2 = 0.00969$$

第三步，对样本方差开平方根，即得样本的标准差，结果为：

$$\sigma = \sqrt{\sigma^2} = 0.098455$$

第四步，计算风险度，公式为：$S = \dfrac{\sigma}{E(X)}$

代入相应数据，有：$S = \dfrac{\sigma}{E(X)} = \dfrac{0.098455}{0.060878} = 1.617247$

即：全球金融市场的股票指数的风险度为 1.617247。

风险度是一个相对指标，所以，它可以不受收益率的影响，可以进行不同的金融衍生品市场或不同的实物商品的风险的比较，风险度小，风险就低，反之风险就大。运用风险度不仅可以比较不同金融衍生品或不同实物商品的风险，也可以对同一市场的同一商品或不同商品的风险进行比较，比如，对于国际金融市场，我们可以计算不同时点的风险度，并以之作趋势图，则可以对其风险的趋势做出预测和判断，这样，就非常有利于投资决策。所以比较而言，风险度是一个运用范围比较广的风险计量工作，广泛运用于各个领域。

4. 绝对偏离指标

绝对偏离指标计算公式为：

$$Risk = MaxR - MinR \qquad (4\text{-}5)$$

即以某一资产或证券组合的最大收益与最小收益的偏差来描述其风险的大小。

算例 4：如某一资产在 1999—2007 年的收益率分别为：0.5%、1%、2%、2.5%、10%、12%、11%、14%、17%，求其绝对偏离指标。

因为其最大收益率为 17%，最小收益率为 0.5%，也 $MaxR = 17\%$，$MinR = 0.5\%$，则绝对偏离指标衡量的风险为：

$$Risk = MaxR - MinR = 17\% - 0.5\% = 16.5\%$$

用绝对偏离度来衡量资产的风险，反映了某一资产在最低收益基础上的收益的可能上升空间。但是这个指标越大，意味着收益率的波动区间越大，也即风险越大。但风险大，并不意味着收益少，或收益不好，当然，也并不意味着收益一定多，风险大意味着可能获取较大的收益，也可能只得到较小的收益，其具体收益要看实际波动的结果。

5. 绝对偏差平均值指标

绝对偏差平均值指标计算公式为：

$$Risk = \frac{1}{n} \sum_{i=1}^{n} |r_i - \bar{r}| \qquad (4\text{-}6)$$

即以收益率和它的期望值之间的绝对值的平均值表示风险的大小。这种风险计量指标没有表明方向性，即不符合对风险的度量，因为正的波动和负的波动都已绝对化，同时它也是一个历史统计指标，反映了平均波动情况。

算例 5：同样以算例 4 的资料作为研究对象。

由公式：$\text{Ris}k = \frac{1}{n}\sum_{i=1}^{n}|r_i - \bar{r}|$（此时共有 9 个数据，故：$n = 9$）得：

$$\bar{x} = \frac{1}{N}\sum_{i=1}^{N}x_i = \frac{1}{9}\sum_{i=1}^{9}r_i = 7.78\%$$

$$\text{Ris}k = \frac{1}{9}\sum_{i=1}^{9}|r_i - \bar{r}| = 0.62\%$$

6. 右尾风险与尾部 Var

右尾风险用来衡量平均超出损失（MEL），在寿险中称为平均剩余寿命，其计算公式为：

$$MEL(X) = E(X - x \mid X > x)$$

其中 x 为固定的目标值。在保险风险中尾部损失非常重要，所以常用于保险风险的计量。

7. Var（Value at Risk）技术

即风险价值法。根据 Philippe Jorion 的定义，Var 是指在正常的市场环境下，在一定的置信水平和期间内，衡量最大预期损失的方法。其数学定义为，若资产或资产组合的随机损益为 W，则对应于置信水平 c，Var 满足如下等式：

$$1 - c = p(W \leqslant Var) \tag{4-7}$$

一般而言，我们将 Var 取正值，故在上式中，在 Var 前加负号，显然，Var 就是对应于置信水平 c 的损益分布的下分位数，可见，其计算的是资产或资产组合的下方风险（Downside Risk）。

8. Tail-Var 法

在金融数据中，厚尾现象也极为普遍，为了便于衡量厚尾的特征，学者们提出了 Tail-Var 方法，即将 Var 技术与 MEL 相结合，以计量金融资产的厚尾情况下的风险，公式为：

$$TCE(X) = E(X - Var \mid X > Var) \tag{4-8}$$

9. Bata 系数

Bata 系数只是描述资产风险状况的一个指标，并不能直接度量其风险大小，Beta 系数起源于资本资产定价模型（CAPM 模型），它的真实含义就是特定资产（或资产组合）的系统风险度量，其含义是某一证券或资产的收益与整个市场收益的关系。它表示了系统风险对某资产的影响度，Bata 系数大，说明与市场风险的相关性强，反之说明其相关性小。如对某股权资本成本进行定价，即可用 CAPM 模型，公式为：

股权资本成本＝无风险收益率＋Bata 系数

×（股本市场预期收益率－无风险收益率）

一般称 Bata 系数大于 1 的为进取型资产，而 Bata 系数小于 1 的为保守型资产。公式为：

$$Beta = \frac{\text{cov}(X,Y)}{Var(Y)} \tag{4-9}$$

式中，X、Y 代表市场指数。当然可以是收益率，可以是股票价格指数等。

在 Bata 系数计算中，首先要根据市场上资产的总体收益状况和研究对象的收益状况，计算其协方差，协方差是一个测量投资组合中某个投资项目相对于其他投资项目风险的统计量。从本质上讲，组合内各投资组合相互变化的方式影响着投资组合的整体方差，从而影响其风险。协方差的计算公式用矩阵表示为：

$$\text{COV}(X,Y) = E(X - EX)(Y - EY)'$$

也可以用如下形式表达：

$$\text{COV}(X,Y) = \frac{1}{n} \sum_{i-1}^{n} (X_i - \overline{X})(Y_i - \overline{Y})$$

协方差与相关系数很密切，是同一概念的两种数学表达方式。相关系数是表示两个变量（X，Y）之间线性关系密切程度的指标，用 r 表示，其值在－1 至＋1 间。如两者呈正相关，r 呈正值，$r=1$ 时为完全正相关；如两者呈负相关则 r 呈负值，而 $r=-1$ 时为完全负相关。完全正相关或负相关时，所有图点都在直线回归线上。点子的分布在直线回归线上下越离散，r 的绝对值越小。当例数相等时，相关系数的绝对值越接近 1，相关越密切，越接近于零，相关越不密切。当 $r=0$ 时，说明 X 和 Y 两个变量之间无直线关系。其计算公式为：

$$r_{xy} = \frac{\text{COV}(X,Y)}{\sqrt{\text{VAR}(X)}\ \sqrt{\text{VAR}(X)}}$$

所以，如果知道相关系数的话，则 Bata 系数的计算可以转变为：

$$Beta = r \frac{\sqrt{VAR(X)}}{\sqrt{VAR(Y)}}$$

算例6：表4-4为沪深上市公司2005—2006年度主要财务数据和指标，下面以此表中的数据为例来计算某一证券的Bata系数，如证券代码为000005的ST星源。

表4-4　沪深上市公司2005—2006年度主要财务数据和指标

Table4-4　The primary finance index in shanghai stock market

证券代码	证券简称	净资产收益率（%）	
		2006 年度	2005 年度
000005	ST 星 源	7.81	−27.34
000099	中信海直	5.57	7.34
000100	TCL 集团	−64.95	−6.52
000408	*ST 玉源	6.04	−30.3
000587	S ST 光明	75.1	−710.3
000601	韶能股份	3.45	4.37
000603	*ST 威达	15.98	−23.18
000670	S*ST 天发	−67.33	−94.64
000681	远东股份	−13.87	1.46
000691	ST 寰岛	−23.01	2.72
000693	S*ST 聚友	−285.12	−71.91
000716	南方控股	−1.11	−34.16
000752	西藏发展	2.72	5.33
000787	*ST 创智	−498.62	−205.6
000800	一汽轿车	6.45	6.3
000892	S*ST 星美	—	−200.66
000923	S宣 工	0.94	−11.73
000930	丰原生化	−20.08	6.05
000971	湖北迈亚	−69.9	2.5
200160	帝 贤 B	−35.17	1.54
600074	中达股份	0.21	6.19
600145	四维瓷业	2.12	1.93

证券代码	证券简称	净资产收益率（%）	
		2006 年度	2005 年度
600155	*ST 宝硕	—	−2,497.88
600180	九发股份	−14.79	2.94
600186	莲花味精	1.37	0.5
600196	复星医药	8.39	6.65
600207	安彩高科	−62.83	−8.37
600212	江泉实业	−2.86	1.04
600225	S*ST 天香	—	−2.488
600232	金鹰股份	10.61	12.68
600248	*ST 秦丰	−758.16	−452.73
600272 900943	开开实业 开开 B 股	−41.729	3.796
600275	武昌鱼	−15.85	0.57
600332	广州药业	8.15	7.04
600369	ST 长运	−241.46	3.192
600381	贤成实业	—	−72.08
600466	迪康药业	−29.98	−12.63
600556	北生药业	−27.38	8.09
600576	*ST 庆丰	1.45	−15.95
600579	黄海股份	−47.45	−38.42
600591	上海航空	0.41	2.27
600628	新世界	9.44	8.67
600645	*ST 春花	10.45	−221.57
600648 900912	外高桥 外高 B 股	1.16	−18.1
600671	天目药业	0.19	1.77
600722	沧州化工	—	−78.26
600751 900938	SST 天海 ST 天海 B	—	736.22

续表

证券代码	证券简称	净资产收益率（%）	
		2006 年度	2005 年度
600753	ST 冰熊	1.6415	−22.22
600811	东方集团	4.37	3.07
600817	宏盛科技	20.89	21.42
600837	都市股份	20.92	22.29
600844	ST 大盈	47.634	3.504
900921	ST 大盈 B		
600868	梅雁水电	−33.67	0.048
600887	伊利股份	13.2	12.92

资料来源：www.cnstock.com。

计算过程如下：

第一步：计算速度 2005—2006 沪深上市公司的平均收益率。

$$\bar{r}_{2005} = \frac{1}{N} \sum_{i=1}^{N} r_i = -134.515\%$$

$$\bar{r}_{2006} = \frac{1}{N} \sum_{i=1}^{N} r_i = -62.5093\%$$

第二步，计算协方差。公式为：

$$COV(X,Y) = \frac{1}{n} \sum_{i=1}^{n} (X_i - \bar{X})(Y_i - \bar{Y}) = 6.32\%$$

第三步，计算市场的方差。公式为：

$$VAR = \frac{1}{N} \sum_{i=1}^{N} (x_i - \bar{x})^2 = 25.9241\%$$

则 ST 星源的 Bata 系数为：

$$Beta = \frac{cov(X,Y)}{Var(Y)} = 0.24$$

这一结论表明，市场的整体收益上涨 1%，ST 星源上涨 0.24%。

当然，上述从统计学的角度看，并不合理，因为数据的数量达不到统计的要求，通过这一个算例只是给大家演示一下具体计算的方法与过程，以在实践中能够很好地运用。

借助 Bata 系数，投资者可能通过选用一种同自己的资产结构相似的证券价格指数，通过它的期望收益和标准差以及 Bata 系数来估算自己的风险。

10. 久期（Duration）

久期是由麦考利（Federich Macaulay，1938）和希克斯（John Hicks，1939）提出的，其目的是寻找一个可以用来比较期限相同但支付结构不同的债券的衡量标准，麦考利的久期定义为期限的加权平均数，而希克斯则以久期来衡量债券价值对于利率的敏感性。久期也称持续期，是 1938 年由 F. R. Macaulay 提出的。它是以未来时间发生的现金流，按照目前的收益率折现成现值，再用每笔现值乘以其距离债券到期日的年限求和，然后以这个总和除以债券目前的价格得到的数值。计算公式为：

$$D = \sum_{t=1}^{\tau} t w_t = \sum_{t=1}^{\tau} t \frac{CF_t/(1+r)^t}{P_0} = -\frac{dP/P_0}{dr/(1+r)} \tag{4-10}$$

上式中：$r, t, \tau, w_t, CF_t, P_0$ 分别代表收益率、债券产生现金流的各个时期、债券的期限、各期现金流期限的权重、各期的现金流及债券当前的价格。

不同债券价格对市场利率变动的敏感性不一样。债券久期是衡量这种敏感性最重要和最主要的标准。久期等于利率变动一个单位所引起的价格变动。如市场利率变动 1%，债券的价格变动 3%，则久期是 3。而所谓投资组合久期，是指货币市场基金持有的债券、票据等品种的距离到期日的平均剩余期限。影响债券基金业绩表现的两大因素，一是利率风险，即所投资的债券对利率变动的敏感程度（又称久期）；二是信用风险。债券价格的涨跌与利率的升降成反向关系。利率上升的时候，债券价格便下滑。要知道债券价格变化，从而知道债券基金的资产净值对于利率变动的敏感程度如何，可以用久期作为指标来衡量。

久期取决于债券的三大因素：到期期限、本金和利息支出的现金流、到期收益率。久期以年计算，但与债券的到期期限是不同的概念。借助这项指标，可以了解到所考察的基金由于利率的变动而获益或损失多少。久期越长，债券基金的资产净值对利息的变动越敏感。假若某只债券基金的久期是 5 年，那么如果利率下降 1 个百分点，则基金的资产净值约增加 5 个百分点；反之，如果利率上涨 1 个百分点，则基金的资产净值要遭受 5 个百分点的损失。又如，有两支债券基金，久期分别为 4 年和 2 年，前者资产净值的波动幅度大约为后者的两倍。

实际上，久期在数值上和债券的剩余期限近似，但又有别于债券的剩余期限。在债券投资里，久期被用来衡量债券或者债券组合的利率风险，它对投资者有效把握投资节奏有很大的帮助。一般来说,久期和债券的到期收益率成反比,和债券的剩余年限及票面利率成正比。但对于一个普通的附息债券,如果债券的票面利率与其当前的收益率相当的话,该债券的久期就等于其剩余年限,还有一个特殊的情况是,当一个债券是贴现发行的无票面利率债券,那么该债券的剩余年限就是其久期。这也是为什么人们常常把久期和债券的剩余年限相提并论的原因。在债券分析中,久期已经超越了时间的概念,投资者更多地把它用来衡量债券价格变动对利率变化的敏感度,并且经过一定的修正,以使其能精确地量化利率变动给债券价格造成的影响。修正久期越大,债券价格对收益率的变动就越敏感,收益率上升所引起的债券价格下降幅度就越大,而收益率下降所引起的债券价格上升幅度也越大。可见,同等要素条件下,修正久期小的债券比修正久期大的债券抗利率上升风险能力强,但抗利率下降风险能力较弱。正是久期的上述特征给我们的债券投资提供了参照,当我们判断当前的利率水平存在上升可能,就可以集中投资于短期品种、缩短债券久期;而当我们判断当前的利率水平有可能下降,则拉长债券久期、加大长期债券的投资,这就可以帮助我们在债市的上涨中获得更高的溢价。

需要说明的是,久期的概念不仅广泛应用在个券上,而且广泛应用在债券的投资组合中,一个长久期的债券和一个短久期的债券可以组合一个中等久期的债券投资组合,而增加某一类债券的投资比例又可以使该组合的久期向该类债券的久期倾斜。所以,当投资者在进行大资金运作时,准确判断好未来的利率走势后,然后就是确定债券投资组合的久期,在该久期确定的情况下,灵活调整各类债券的权重,基本上就能达到预期的效果。

算例 7:如某债券期限为 3 年,每年付息一次,本金为 100 万元,每年年末付息,由于受货币政策及供给关系的影响,利率进行调整,分别为:5%、6%、8%,试计算其久期。

显然,期限分别取 1、2、3,当然,如果半年付息一次,则可取期限分别为:1、2、3、4、5、6。计算每期的现金流,见表 4-5:

表 4-5 现金流计算表

Table4-5 The calculation of cash flow

期 限	1	2	3
利率 r	5%	6%	8%
每现金流 CF$_t$	5	6	108

根据公式：

$$D = \sum_{t=1}^{\tau} tw_t = \sum_{t=1}^{\tau} t \frac{CF_t/(1+r)^t}{P_0} = -\frac{dP/P_0}{dr/(1+r)} \tag{4-11}$$

代入数据有：

$$D = \sum_{t=1}^{\tau} tw_t = \sum_{t=1}^{\tau} t \frac{CF_t/(1+r)^t}{P_0}$$

$$= \frac{5(1+5\%)}{100} + \frac{6(1+6\%)^2}{100} + \frac{108(1+8\%)^3}{100} = 1.48$$

此即该证券的久期，它一方面表示其剩余年限，另一方面表示债券价格对收益率的变动敏感性，如果久期大，则收益率上升所引起的债券价格下降幅度就越大，而收益率下降所引起的债券价格上升幅度也越大。此例表明，利率波动 1%，证券的价格将波动 1.48%。

11. 巴塞尔协议

随着 20 世纪 70 年代以来金融全球化、自由化和金融创新的发展，国际银行业面临的风险日趋复杂，促使商业银行开始重视强化风险管理。当时，经济学家将管制理论运用到银行领域，并逐步取得了共识。他们认为，在追逐论、社会利益论及管制新论三种最有影响的管制理论当中，"追逐论"（The Capture Theory）将管制者与被管制者视为博弈中的猫与鼠，最终是管制对被管制者有利，因而主张放弃管制。这种理论显然忽视了社会公众能从管制中受益的事实。"管制新论"（The New Economic Theory of Regulation）则将管制视为管制集团与被管制集团间锱铢必较的政治程序，是被管制集团提出要求、管制集团满足这种要求并从中获利的一种商品。由于管制这一商品供求双方的数量函数难以确定，因而降低了这一理论的实践价值。只有"社会利益论"（The Public Interest Theory）最具理论和实践意义，该理论将管制视为消除或减少市场破产成本进而保护公众利益的手段，市场破产成本根源于自然垄断、外部效应及信息的不对称。与前两种理论明显不同的是，这种理论既找到了管制的依据，也明确了管制的意义和努力方向。

银行最有必要引入管制的原因在于其外部效应和信息的不对称。尽管本顿（Benton）和吉里根（Gilligen）等人在 20 世纪 80 年代初都论证过，银行业可能存在某种程度的规模经济，但多数金融学家都否认银行的自然垄断性质。从外部效应和信息的不对称来看，银行业务的特性决定了银行是一个高风险行业。其外部负效应不仅体现为债权债务链条的断裂，从而给工商企业和社会公众带来巨大损失，而且这些又反过来造成银行体系的混乱，并殃及社会的稳定。信息的不对称对银行而言则是一把双刃剑，它既可以掩盖银行储备不足和资产质量低下的窘迫，也可能因公信力的丧失而破产倒闭。银行困境的解脱取决于清偿能力，尤其是流动性的大小。解决这一问题的传统做法一是资产变现，二是市场借入，它们的劣势非常明显，除了要损失大量的交易费用之外，还要受到市场资金可供量的严格制约，从而产生巨大的市场风险。因此，各国中央银行一方面充当最终贷款人，在商业银行面临流动性危机时对其施以援手，另一方面则推出存款保险制度，对受损公众进行补偿。这类亡羊补牢式的举措都是立足于银行的外围，没有对银行的经营过程提出根本性要求，因而不仅未能有效地遏止银行的倒闭，反而增大了银行破产的风险，故而遭到经济学家的批评。由于最终贷款人的存在（最终贷款人通常以低于市场的利率放贷）以及存款保险制度的建立，商业银行一方面有通过增加高风险投资转嫁保险成本、获取高额利润的欲望，另一方面也有扩大债务依存度的冲动和便利，破产风险因此不断累积。哥伦比亚大学教授吉蒂认为，这些举措"增加了每个银行冒险的积极性"；斯蒂芬·布思尔（1981）也认为，它们会鼓励银行承担贷款风险和沉重的负债，并一针见血地指出，那些通过投保以避免风险的存款机构"实质上是对甘冒风险的银行和储蓄机构提供补贴"。正是在这样的背景下，发达国家以及由发达国家组成的巴塞尔委员会才逐步将银行的监管从外围修补转到内部调控，并对影响银行风险的主要因素进行详细的剖析。

20世纪80年代债务危机和信用危机后，西方银行普遍重视信用风险管理，并由此催生了1988年的巴塞尔协议。在统一资本监管要求下，各银行积极构建以满足资本充足为核心的风险管理体系，资本作为直接吸收银行风险损失的"缓冲器"得到了广泛认同。20世纪90年代，金融衍生工具在银行领域迅速普及，市场风险问题日益重要，推动了巴塞尔委员会将市场风险纳入资本监管框架。1997年亚洲金融危机后，国际银行业努力推动实施全面风险管理的新战略，以应对多风险联动的管理压力。经多次征求意见，2004年巴塞尔委员会正式公布了巴塞尔新资本协议。巴塞尔协议是国际清算银行成员国的中央银行在瑞士的巴塞尔达成的若干重要协议的统称，其实质是为了完善与补充单个国家对商业银行监管体制的不足，减轻银行倒闭的风险与代价，是对国际商业银行联合监管的最主要形式，并且具有很强的约束力。

显然，巴塞尔协议是针对金融风险而制定的，是国际清算银行成员国的中央银行在瑞士巴塞尔达成的若干重要协议的统称，是国际银行业风险管理的理论指导、行动指南和实践总结。协议实质是为完善与补充单个国家对商业银行监管体制的不足，减轻银行倒闭的风险与代价。据国际清算银行最新研究显示，全世界大约有 100 多个国家采纳了巴塞尔协议。

历次巴塞尔协议的主要内容有：

1974 年 9 月由国际清算银行发起，美国、英国、法国、德国、意大利、日本、荷兰、加拿大、比利时、瑞典十国集团及中央银行监督官员在巴塞尔开会，讨论跨国银行的国际监督与管理问题，自此形成了一系列的文件。

（1）1975 年协议（库克协议），是第一个巴塞尔协议，该协议对海外银行监管责任进行了明确的分工，监管的重点是现金流量与偿付能力，这是国际银行业监管机关第一次联合对国际商业银行实施监管。此外，这个协议极为简单，核心内容就是针对国际性银行监管主体缺位的现实，突出强调了两点：一是任何银行的国外机构都不能逃避监管；二是母国和东道国应共同承担的职责。

（2）1983 年协议。由于各国的监管标准存在较大差异，东道国与母国之间监管责任划分的实际适用上也存在不同意见，致使 1975 年协议的弱点充分暴露。为此，巴塞尔委员会于 1983 年 5 月得到修订。该协议的两个基本思想是：其一是任何海外银行都不能逃避监管；其二是任何监管都应恰如其分。该协议对 1975 年协议的多数原则都进行了更加具体的说明。

（3）1988 年协议。该协议全称《巴塞尔委员会关于统一国际银行资本衡量和资本标准的协议》。该协议中的衡量标准和资本水平的规定，是为了通过减少各国规定的资本数量差异，以消除银行间不公平竞争。同时，委员会认为资本比率的高低又直接影响各跨国银行的偿债能力。1988 年巴塞尔协议基本内容由四方面组成：

① 资本的组成。巴塞尔委员会认为银行资本分为两级。第一级是核心资本，要求银行资本中至少有 50％是实收资本及从税后利润保留中提取的公开储备所组成。第二级是附属资本，其最高额可等同于核心资本额。附属资本由未公开的储备、重估储备、普通准备金（普通呆账准备金）、带有债务性质的资本工具、长期次级债务和资本扣除部分组成。

② 风险加权制。不同种类的资产根据其广泛的相对风险进行加权，制定风险加权比率，作为衡量银行资本是否充足的依据。

③ 目标标准比率。总资本与加权风险资产之比为 8％（其中核心资本部分至少为 4％）。

$$银行资本充足率＝总资本/加权风险资产$$

④ 过渡期和实施安排。过渡期从协议发布时起，止于 1992 年年底。到 1992 年年底，所有从事大额跨境业务的银行资本金要达到 8% 的要求。

1988 年巴塞尔协议主要有三大特点：一是确立了全球统一的银行风险管理标准；二是突出强调了资本充足率标准的意义。通过强调资本充足率，促使全球银行经营从注重规模转向资本、资产质量等因素；三是受 20 世纪 70 年代发展中国家债务危机的影响，强调国家风险对银行信用风险的重要作用，明确规定不同国家的授信风险权重比例存在差异。1988 年协议的基本内容有四个方面组成：资本的组成、风险加权制、目标标准比率、过渡期和实施安排。

(4) 1992 年 7 月声明。该声明是巴塞尔银行监管委员会针对国际商业信贷银行倒闭给国际银行业监管带来的教训而作的。声明中设立了对国际银行最低监管标准，使得各国银行监管机关可以遵循这些标准来完成市场准入、风险监管、信息取得的要求。具体内容：第一，所有国际银行集团和国际银行应该属于本国有能力行使统一监管的机构所监管；第二，建立境外机构应事先得到东道国监管机构和银行或银行集团母国监管机构的同意；第三，东道国监管机构拥有向银行或银行集团母国监管机构索取有关跨国分支机构信息的权力；第四，如果东道国监管机构认为，要求设立机构的一方在满足以上几个最低标准方面不能使其满意，从达到最低标准的谨慎性需要考虑，该监管机构可以采取必要的限制措施，包括禁止设立该机构。

从银行风险管理的角度看待巴塞尔协议，从 1988 年开始，协议始终强调稳妥处理"资本、风险、收益"三者关系，其中最重要的是"资本与风险"的关系。资本作为银行抵御风险的最后一道"防线"，要求银行有足够资本应对可能发生的损失。因此，新旧巴塞尔协议都把资本充足率作为协议框架的第一支柱。新资本协议更加强调了资本应精确地反映银行实际经营中的风险，保证银行稳健经营。

1997 年 7 月全面爆发的东南亚金融风暴更是引发了巴塞尔委员会对金融风险的全面而深入的思考。从巴林银行、大和银行的倒闭到东南亚的金融危机，人们看到，金融业存在的问题不仅仅是信用风险或市场风险等单一风险的问题，而是由信用风险、市场风险外加操作风险互相交织、共同作用造成的。1997 年 9 月推出的《有效银行监管的核心原则》表明巴塞尔委员会已经确立了全面风险管理的理念。该文件共提出涉及银行监管 7 个方面的 25 条核心原则。尽管这个文件主要解决监管原则问题，未能提出更具操作性的监管办法和完整的计量模型，但它为此后巴塞尔协议的完善提供了一个具有实质性意义的监管框架，为新协议的全面深化留下了宽广的空间。新协议所重头推出并具有开创性内容的三大支柱：最低资本要求、监管部门的监督检查及市场约束，都在《核心原则》中形成了雏形。

2004 年 6 月 26 日，十国集团央行行长和银行监管机构负责人一致同意公布《资本计量和资本标准的国际协议：修订框架》，即巴塞尔新资本协议。巴塞尔新资本协议的基本内容由三大支柱组成：最低资本金要求。新协议保留了1988 年巴塞尔协议中对资本的定义以及相对风险加权资产资本充足率为 8％的要求，但风险范畴有所拓展，不仅包括信用风险，同时覆盖市场风险和操作风险。在具体操作上与 1988 年协议相同，计算风险加权资产总额时，将市场风险和操作风险的资本乘以 12.5（即最低资本比率 8％的倒数），将其转化为信用风险加权资产总额。具体计算公式为：银行资本充足率＝总资本/〔信用风险加权资产＋（市场风险资本＋操作风险资本）×12.5〕；外部监管的目的是要通过监管银行资本充足状况，确保银行有合理的内部评估程序，便于正确判断风险，促使银行真正建立起依赖资本生存的机制。强化信息披露，引入市场约束则要求银行不仅要披露风险和资本充足状况的信息，而且要披露风险评估和管理过程、资本结构以及风险与资本匹配状况的信息，不仅要披露定量信息，而且要披露定性信息，不仅要披露核心信息，而且要披露附加信息。

巴塞尔新资本协议关于风险的评估提出了两种处理信用风险办法：

其一是内部评级法（IRB 法），是巴塞尔新资本协议的核心内容，银行将账户中的风险划分为六大风险：公司业务风险、国家风险、同业风险、零售业务风险、项目融资风险和股权风险。银行根据标准参数或内部估计确定其风险要素，并计算得出银行所面临的风险。这些风险要素主要包括：违约概率（PD），指债务人违反贷款规定，没有按时偿还本金和利息的概率；违约损失率（LGD），指债务人没有按时偿还本金和利息给银行带来的损失的状况，它表现为单位债务的损失均值；违约风险值（EAD），指交易对象违约时，对银行所面临的风险的估计；期限（M），指银行可以向监管机构提供的交易的有效合同期限。根据内部风险评估结果确定风险权重、计提资本。内部评级法有两种形式，初级法和高级法。初级法仅要求银行计算出借款人的违约概率，其他风险要素值由监管部门确定。高级法则允许银行使用多项自己计算的风险要素值。为推广使用内部评级法，巴塞尔委员会为采用该法的银行从 2004 年起安排了 3 年的过渡期。

其二是标准法。标准法以 1988 年资本协议为基础，采用外部评级机构确定风险权重，使用对象是复杂程度不高的银行。采用外部评级机构，应该说比原来以经合组织国家为界限的分类办法更客观、更能反映实际风险水平。

关于风险资本的规定。Cooke 比率（以人名命名为库科比率），即自有资金比率。巴塞尔协议要求银行自有资本不低于银行总风险加权资产的 8%。但由于其制定该协议的目的在于保护存款，规定中的资本可以比通常定义的股权账面价值有更宽泛的解释。该资本由两部分组成：

一是一级资本，或称"核心"资本。一级资本包括实缴股本、公开准备金和税前保留盈余中的特别准备金。该资本是永久性的并且被认为是一种高质量的缓冲器。这种界定适用于所有国家银行系统，是判断银行资本是否充实最明显的依据。银行 8% 的资本要求，至少应有 50% 由一级资本构成。

二是二级资本，或称"附属"资本。二级资本包括永久性证券、未公开准备金、到期日在 5 年以上的次级债务和持股人可选择赎回的股份。由于长期债务的偿还级别比存款低，此类债务成为保护存款者和存款保险者的一个缓冲器。

根据资产性质，可以把风险资本的权重分成四类（具体可参见表 4-6）。例如：美国国库券——经济合作与发展组织（Organization for Economic Cooperation and Development，OECD）成员国的债券，其风险权重通常赋值为零。同样，银行持有的现金和黄金，其风险权重也定义为零。随着人们察觉到信用风险的提高，所示其风险权重也在增加。在风险权重等级的最末级，银行所拥有的对公司的贷款、债券和股权被赋予 100% 的权重，这意味着这些资产必须要有 8% 的资本来承担银行可能遭受损失所产生的影响。

表 4-6　不同资产种类的风险资本权重

Table4-6　The calculaton of cash flow

权重（%）	资 产 类 型
0	持有的现金
	对 OECD 成员国中央政府的债权
	对中央政府的债权（国际货币）
20	应收现金
	对 OECD 成员国国家银行和上市的证券公司的债权

续 表

权重（％）	资　产　类　型
	对非经济合作与发展组织成员国国际银行的一年以上的债权
	对多国发展银行的债权
	对国外 OECD 公共部门实体的债权
50	住房抵押贷款
100	对私营部门（公司债券、股票）的债权
	不发达国家的债务
	房地产
	厂房和设备
0～50 （从国家的角度 来考虑）	对国内 OECD 公共部门实体的债权（如对美国机构的债权：20）

注：经济合作与发展组织（按加入的先后顺序）现包括的国家有：奥地利、比利时、加拿大、丹麦、法国、德国、希腊、爱尔兰、意大利、卢森堡、荷兰、挪威、葡萄牙、西班牙、瑞典、瑞士、土耳其、英国、美国、日本、芬兰、澳大利亚、新西兰、墨西哥、斯洛伐克、匈牙利、韩国、波兰。

对于信用风险标准（Credit Risk Charge），可以描述如下：

$$CRC = 8\% \times (风险 - 权重资产)$$

$$= 8\% \times \left(\sum_i wi \times 资产\ i \right) \tag{4-12}$$

其中，wi 表示资产 i 所附的风险权重。

显然，通过信用风险标准与自有资本的比较，可以判断出银行风险的大小。自有资本超过信用风险标准，则说明银行存在风险，若小于，则说明其资本符合巴塞尔协议的规定，风险较小。

当然，巴塞尔协议的签字国有权在各自国家制定更高的资本充足率要求。于是，在巴塞尔协议签署不久，美国立法机构就通过了 1991 年《联邦存款保险公司修正法案》（Federal Insurance Corporation Improvement Act，FDICIA），目的在于加强美国金融机构的安全性和稳健性。在新增的银行资本要求条款中，美国的监管机构附加了一级资本必须不低于银行总资产的 3％的限制条件，而对那些实力较弱的银行这一比率可以定得更高。欧盟（European Union，EU）也公布了它自己的资本要求准则，即有名的资本充足性指引

（Capital Adequacy Directive，CAD），这与巴塞尔协议的准则相一致。

除上述度量模型外，还有 Vega、pho、凸性等不同的风险计量工具，不再赘述。此外，近年来，国内外对风险计量方法进行了较为深入的研究，比如，程启用、马建民在模糊集上定义了模糊风险落影、模糊贝叶斯风险等概念，探讨了相关的定理与性质，研究了几种模糊风险决策的测量方法[1]；巢剑雄、马超群、文凤华通过对 Var 的一些缺陷进行分析，例证了 Var 在一些情况下不能准确识别风险以及 Var 缺乏次可加性，提出了损失期望值是更接近于投资者真实心理感受的风险度量方法，并证明了它是满足次可加性的风险度量方法等[2]；华东师范大学顾娟博士运用基础资产的时间动力模型、正态随机方差模型等对期权、基础资产的风险进行研究[3]；浙江大学何文炯博士则主要针对社会养老保险问题，运用风险序理论从保险实务的背景出发，将相关序的概念推广到多维的情形，研究变额寿险给付现值的双随机模型、矩计算、极限分布和强大数定律[4]。华中科技大学龚朴博士建立了非参数核估计方法、并提出了Mean-Var 资产组合选择的创新理论[5]；东南大学汤振飞博士则对电力市场风险度量的方法则为标准差法和 Var 法[6]；天津大学何信博士提出了风险偏好一尾部风险值的风险度量方法，并针对具有非线性支付函数的衍生金融产品利用主观概率测度和客观概率测度构造了一种非线性衍生证券的风险度量方法[7]，所有这些对于丰富和完善风险度量理论都起到了积极的作用。

4.3.3 Var 模型及其原理

1. Var 的数学定义及优点

20 世纪 90 年代初的重大的金融灾难，如美国巴林银行破产、日本大和严重亏损事件、美国加州奥兰治县的反向回购机构债券、昭和壳牌石油公司的货币远期交易等因金融衍生交易而导致的巨大损失，其原因都是因为金融监管不

① 程启用，马建民. 模糊系统风险测量的数学方法 [J]. 数学的实践与认识，2004（2）；5—7.
② 巢剑雄，马超群，文凤华. 风险度量新趋势分析 [J]. 湖南大学学报（自然科学版），2001（6）；6—8.
③ 顾娟. 风险管理中风险度量的模型和方法. [D]. 华东师范大学，2003，11—13.
④ 何文炯. 风险理论中的若干随机模型及其应用. [D]. 浙江大学，2004，54—57.
⑤ 龚朴. 风险值（Var）理论与方法若干问题研究 [D]. 华东师范大学，2002，10—30.
⑥ 汤振飞. 基于市场和风险理论的电力市场分析. [D]. 东南大学，2003，67—78.
⑦ 何信. 金融风险度量及其应用研究. [D]. 天津大学，2003，2—34.

力而导致数十亿美元的损失，针对这一难题，金融机构和管理者开发出了一种新的风险计量技术，这就是 Var 方法。这一方法不仅广泛地运用于衍生工具中，而且在总体上改变了金融机构处理其金融风险的方式。

根据 Philippe Jorion 的定义，Var 是指在正常的市场环境下，在一定的置信水平和期间内，衡量最大预期损失的方法。其数学定义如下：

若资产或资产组合的随机损益为 W，则对应于置信水平 c，Var 满足如下等式：

$$1-c = p(W \leqslant \text{Var}) \tag{4-13}$$

一般而言，我们将 Var 取正值，故在上式中，在 Var 前加负号，显然，Var 就是对应于置信水平 c 的损益分布的下分位数，可见，其计算的是资产或资产组合的下方风险（Downside Risk）如图 4-4 所示。

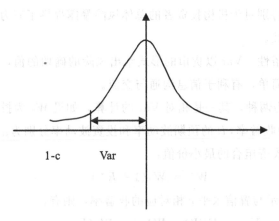

1-c　　Var

图 4-4　Var 示意图

Fig. 4-4　The Var sketch drawing

即 Var 满足：

$$1-c = \int_{-\infty}^{-\text{Var}} f(w)\,dw \tag{4-14}$$

式中，c 表示置信水平，一般为 99% 或 95%，$f(w)$ 为投资组合价值的概率分布函数。

若为离散型，则 Var 满足：

$$1-c = \sum_{W_k \leqslant -\text{Var}} p(W_k) \tag{4-15}$$

式中：$p(W_K)$ 表示资产的随机损益为 W_K 时的累积概率[①]。

---

① ［美］菲利普·乔瑞．陈跃译．风险价值 VAR ［M］．北京：中信出版社，2005：78—112.

如，在95％有置信水平，在一个月内，某一资产的Var为250万美元。它表明这样的含义：在正常的市场条件下，在未来的一个月内，有95％的概率确信，资产的最大损失为250万美元，或其损失不超250万美元，或者讲，未来损失超过250万美元的概率只有5％。

显然，Var具有三个最主要的优点：

（1）具有定量性。Var借助数学和统计学工具，以定量的方式给出资产或资产组合的下方风险的确切值，这为风险管理提供了较为准确的信息，发挥了基础性的作用。

（2）具有综合性。Var将不同风险来源、多样化的金融工具的风险纳入一个统计的计量框架，将整个资产组合的风险集成一个数值，是一种综合性的计量方法，这一点特别对于机构投资者的总体风险暴露提供了有力的支持，具有较为广泛的应用性。

（3）具有通俗性。Var以货币的形式给出风险的确切的值，概念较其他风险度量工具相对简单，有利于信息沟通与交流。

Var计算分为两种，其一是相对Var的计算，如设W_0为投资组合或单一投资的初值，R为收益率，R的预期波动率和投资波动率分别为μ,σ，定义在给定置信水平下的投资组合的最小价值：

$$W^* = W_0(1+R^*) \tag{4-16}$$

其中，R^*表示与置信水平c相对应的收益率，则有：

$$Var = E(W) - W^* = -W_0(R^* - \mu) \tag{4-17}$$

其二是绝对Var的计算，所谓绝对Var，即投资的初值与给定置信水平的最小值的差，

公式为：

$$Var = W_0 - W^* = -W_0(1 - R^*) \tag{4-18}$$

之所以称为绝对Var，是因为度量的是相对于零的损失，所以，有时也称为Var（零值）。这两种方法都给出院近似的结果，而相对Var在概念上更合适，因为它认为期间内的风险来自对平均值的偏离。

2. Var的计算方法比较

Var的基本计算方法有参数法（Parametric）、历史模拟法、蒙特卡罗模拟法。每一种方法都有特定的假设和适用范围，从实施的难易程度看，历史模拟方法计算原理简单，如果可得到其市场因子的历史数据，对包含金融工具较少

的组合历史模拟方法较为容易。使用历史模拟方法的最主要困难是它需要过去N 天或其他时期的一系列相关的市场因子数据，对于新兴市场而言尤其困难。

而 Monte Carlo 模拟可通过一些标准化软件实现，但模拟需要较长的计算时间。其困难之处在于用户必须选择产生伪随机数的分布形式，并估计分布的参数。虽然伪随机数可通过标准软件产生，但选择分布并估计分布的参数需要大量的经验和良好的判别。

从向高层管理者解释的难易程度看，由于历史模拟法计算原理简单，所以最容易向高层管理者解释。而分析方法依赖数学上的统计分布来计算标准差，是一个黑箱，所以很难向那些不具备专业计算知识的人员解释。Monte Carlo模拟是解释能力最差的方法，它需要选择随机过程模型，并产生伪随机数序列，模拟价格的变化路径，这个过程对大多数人来讲很难理解。从结果可靠性看，所有的方法都依赖于历史数据的选取。历史模拟方法由于直接依赖于历史数据，所以历史样本的选择直接影响到估计的有效性，如果选择的样本不具代表性，则估计结果与实际风险回出现较大偏差。参数法使用历史数据去估计分布的参数（例如分析方法依赖于历史数据去估计市场因子变化的标准差和相关性），也会遇到历史数据的选择不具代表性的问题，如市场因子变化的分布相对于正态分布具有"厚尾"。

从不同假设的适应性看，历史模拟方法直接与基础市场因子的变化相联系，无法实施"如果……就"的分析。而分析方法和 Monte Carlo 模拟方法则很容易实施。所以在实际应用中应根据不同情况选择不同的计算方法。

因此，在各种方法中进行选择时，实际上需要在计算效率、所需信息和准确性等几方面进行平衡。最为关键的是准确理解每一种方法的缺点并进行控制，用最简单的方法得到最有价值的信息，而不是盲目追求精度。

3. Var 计算中的波动性、持有期、样本窗口及分布的探讨

在收益的波动性估计中，传统的分布假设是无条件正态分布，但许多实证研究表明，资产收益的波动并不完全满足无条件正态分布，而是比正态颁布具有明显的重尾性，所以，以 t 分布、混合正态分布、广义误差分布（GED）以及 Logistic 分布来拟合的尾性更好，可以提高计算的准确性。另外，基于无条件分布的收益的标准差隐含着资产价格或风险因子的波动是独立的同分布，但实证表明其具有爆发性和集簇性，所以，标准差是时变的，不满足正态分布，而随机过程，如 GARCH—正态模型的无条件分布却具有重尾性，所以，以条

件异方差（标准差）取代无条件方差来估计风险价值，能改进其计算精度，常用模型有移动平均模型、GARCH（Generalized Autoreg Ressive Conditional Heteroscedasticity）模型、ARCH 模型、维纳过程和随机波动模型。

在持有期和样本窗口的要求上，Jorion 提出，规定 10 个交易日或两周的持有期。要求至少有一年以上的历史数据，且每季度更新一次 。持有期也决定于资产的流动性和交易的频率，流动性强的，持有期可以短，持有期的增大，会增大风险价值的计算结果，至于样本窗口，显然是越多越好[①]。巴塞尔委员会要求计算一天的风险价值至少要一年的数据。

金融时序的分布问题是计量 Var 的关键之一，这方面的研究很多，不过国内外研究通常的模型都建立在正态分布假设的基础上，当然，考虑到金融时间序列的特性，也有许多人采用多种分布形式，比如正态分布、t 分布、广义误差分布（GED）等。而正态分布，由于具有对称性、可加性、相关性容易测量的特点，因而在金融市场分析中占有极其重要地位。但是金融市场的大量实证表明，对数正态模型并不完全与历史回报数据性质相一致。t 分布也是常采用的一种形式，t 分布的尾部要比标准正态分布肥大，当自由度趋于无穷大时，t 分布的概率密度函数就等于标准正态分布的概率密度函数。因此，可以把 t 分布看作是广义的正态分布，但 t 分布缺乏正态分布良好的统计特征，另外多变量联合 t 分布比较难估计，这在很大程度上限制了 t 分布在金融市场中的广泛应用。我国的一些学者研究表明，金融时序的分布以自由度为 3、4、5 来拟合，效果比较好。广义误差分布即 GED 分布是由 JP Morgan 在 Risk Metrics 中提出的，其分布函数较为复杂，但也有较广泛的应用。

4.4　基于 VAR—X 法的煤炭价格风险研究

煤炭价格的收益率不具有异方差性，所以，目前广为应用的异方差族模型是不适合对其进行风险价值研究的，而煤炭价格收益的分布又具有一定的集簇性、厚尾性，它的分布与正态分布相去甚远，所以，以正态分布为其前提的解析法作为进行其价格风险度量的模型准确性也是值得商榷的。许多研究者认为，T 分布能较好地拟合金融资产的厚尾性，所以，以其风险度量具有一定的

---

① ［美］菲利普．乔瑞．陈跃译．风险价值 VAR［M］．北京：中信出版社，2005：78—112.

准确性。林楚雄通过对中国台湾股票市场的风险值估测研究证明，以 T 分布为基础的 VAR－X 法在不同衡量期间下，均能准确地估计出各个概率水平之下的 VAR 值，并皆能通过检定，显示出具有良好的风险管理效能，当左尾概率为 5％时，估测的 VAR 值失败次数最少，而当左尾概率为 1％时，则无论衡量期间为多长，其表现一样准确[①]。那么，这一模型能否应用于煤炭价格风险的计量研究？下面，我们就进行实证研究。

4.4.1　基本理论介绍

Huisman 等人（1998）假设资产分配为 t 分布，并且运用极值理论来估计资产报酬分布的尾部指数而提出了 VAR－X 法，在运用 VAR－X 法时，若能准确地估计 t 分布之自由度或尾部指数，即可获得 t 分布的尾部概率分配，进而可计算出 VAR 值。因此，其首要的步骤就是求得尾部的估计值。Huisman 求取尾部指数的方法是修正 Hill 的尾部指数估计值，而 Hill 的尾部指数的估计值计算方法为：将观察值按绝对值大小排列成增函数形态，具体计算的回归方程为：

$$\gamma(k) = \frac{1}{k} \sum_{j=1}^{k} lnx_{n-j+1} - lnx_{n-k} \tag{4-19}$$

式中：γ——表示尾部指数的倒数；

k——表示观察值的数目。

然而，上述方法在小样本时会产生偏误，因此，Huisman et. al. 对其加以修正，其方法是以上式计算尾部指数，直至 K 增加到样本数目的一半，然后再估计回归方程：

$$\gamma(k) = \beta_0 + \beta_1 k + \varepsilon(k) \tag{4-20}$$

式中：$\beta_0, \beta_1, \varepsilon(k)$ 分别为参数及误差项。

Huisman et. al.（1998）定义尾部指数 b 最适合的估计值为上式中截距 β_0 的倒数，b 即为 T 分布之自由度。这时，可以根据 T 分布进行 VAR 的计算。具体步骤如下：

（1）估计收益率分布的左尾指数 b，同时估计收益分配平均值和变异数 μ, σ^2。

（2）令尾部指数的估计值 b 等于 T 分布的自由度。

①　林楚雄. 台湾股票市场风险值估测模型之实证研究［J］. 管理学报，1991（8）：15—17.

（3）将 T 分布在 $1-C$ 水平下的临界值转换成实际临界收益率，公式为：

$$R^* = -\theta S^* + u \tag{4-21}$$

式中：R^*，S^* 分别为实际收益率及 T 分布 $1-C$ 显著水平下的临界值。

$$\theta = \frac{\sigma}{\sqrt{b(b-2)}} \tag{4-22}$$

求取置信水平下的 VAR 值，公式为：

$$Var = -W_0 R^* = -W_0(-\theta S^* + u) \tag{4-23}$$

事实上，上式计算的是资产在某一时期在 T 分布假设下的最小价值，与传统意义上的风险价值还有差别，传统意义上的风险价值（如绝对 VAR），其定义为期初值与最小值的差，而相对 VAR 含义是期望值和最小值的差。所以，以上式定义 VAR 是不准确的，因此，我们进一步将 VAR 值定义为以下两式：

（1）绝对 VAR 的计算公式为：

$$Var = W_0 - W_0 R^* = -W_0(-\theta S^* + u - 1) \tag{4-24}$$

（2）相对 VAR 的计算公式为：

$$\begin{aligned} RVar &= E(W) - W_0 R^* \\ &= E(W) - W_0(-\theta S^* + u) \\ &= W_0(1 + \theta S^*) \end{aligned} \tag{4-25}$$

4.4.2 实证分析

（1）数据的收集与处理。以煤炭价格指数为研究对象，采集 1980 年到 2005 年的煤炭价格指数（环比），显然，对历年的价格指数分别减去 100 再乘一个百分号，即为煤炭价格指数的波动率，即可视为煤炭的收益率，然后将其绝对值以增函数的形式排列。

（2）计算尾部指数的倒数。因为共 26 个年份的数据，根据 Huisman et. al. 修正要求，我们将 K 值取为 13。由公式 $\gamma(k) = \frac{1}{k}\sum_{j=1}^{k} lnx_{n-j+1} + lnx_{n-k}$ 可得以下各式：

$$\gamma(1) = lnx_{26} - lnx_{25} \tag{4-26}$$

$$\gamma(2) = \frac{1}{2}(lnx_{26} + lnx_{25}) - lnx_{24} \tag{4-27}$$

$$\gamma(3) = \frac{1}{3}(lnx_{26} + lnx_{25} + lnx_{24}) - lnx_{23} \tag{4-28}$$

$$\gamma(13) = \frac{1}{13}(lnx_{26} + lnx_{25} + \cdots + lnx1_{14}) - lnx_{13} \tag{4-29}$$

计算结果见表 4-7。

表 4-7 尾部指数倒数计算表

Table 4-7 The tail index reciprocal table

序　号	煤炭价格收益率	收益率的绝对值以升序排列	收益率绝对值的对数	$\gamma(k)$
1	1.5	1.5	0.405465	0.046625
2	1.9	1.9	0.641854	0.409735
3	−1.9	1.9	0.641854	0.390412
4	2.6	2.6	0.955511	0.415319
5	2.6	2.6	0.955511	0.658975
6	2.8	2.8	1.029619	0.737592
7	−3.2	3.2	1.163151	0.754962
8	−3.4	3.4	1.223775	0.716541
9	5.0	5.0	1.609438	0.576767
10	−5.2	5.2	1.648659	0.718594
11	6.2	6.2	1.824549	0.725891
12	6.4	6.4	1.856298	1.073405
13	6.5	6.5	1.871802	1.097833
14	7.0	7.0	1.94591	1.179504
15	8.0	8.0	2.079442	0.355619
16	10.6	10.6	2.360854	0.342823
17	11.3	11.3	2.424803	0.641575
18	11.6	11.6	2.451005	0.627912
19	12.2	12.2	2.501436	0.839184
20	13.1	13.1	2.572612	0.046625
21	13.7	13.7	2.617396	0.409735
22	15.9	15.9	2.766319	0.390412
23	16.1	16.1	2.778819	0.415319
24	17.6	17.6	2.867899	0.658975
25	22.2	22.2	3.100092	0.737592
26	39.7	39.7	3.681351	

对上述计算结果进行回归，结论如下：

$$\gamma(k) = 0.29011 + 0.023535k + \varepsilon(k) \tag{4-30}$$

即 $b = \dfrac{1}{\beta_0} = 3.446 \approx 3$，其收益率的统计直方图及相关参数如图 4-5 所示。

可知，其均值及均方差分别为：8.49% 和 9.46%。

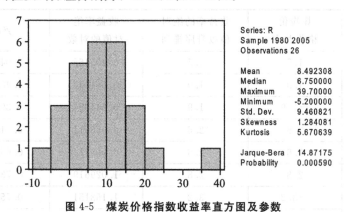

图 4-5　煤炭价格指数收益率直方图及参数

Fig. 4-5　The histogram and stats about coal price index

（3）取自由度为 3 的 T 分布，设置信水平 $1-C$ 为 95%，查表有 $S^* = -2.132$，因：

$$\theta = \frac{\sigma}{\sqrt{b(b-2)}} = \frac{9.460821}{\sqrt{3}} = 5.46\% \tag{4-31}$$

则有：

$$R^* = -\theta S^* + u = -5.46\% \times (-2.132) + 8.492308\%$$
$$= 20.12\% \tag{4-32}$$

这样，可以计算下一年的风险价值，因为环比价格指数，所以，2005 年的煤炭价格指数可设为 100%，则 2006 年风险价值为：

$$Var = -W_0 R^* = -W_0(-\theta S^* + u)$$
$$= -100\% \times 20.12\% = -20.12\% \tag{4-33}$$

其含义是煤炭价格指数上涨 20.12 个百分点，对于煤炭生产企业来讲，是价格上涨，属于有利的价格波动，从风险的定义角度讲，不是风险；而对于煤炭消费企业来讲来，则意味着 2006 年在 95% 的显著水平下，可能受到的从煤炭交易的收益中将受到的损失不超过 20.12 个百分点。如果以常用的 VAR 的定义来计算，则为：

$$Var = W_0 - W_0 R^* = -W_0(-\theta S^* + u - 1)$$

$$= 100\% + 20.12\% = 120.12\% \tag{4-34}$$

其含义是指，在 2006 年，可以以 95％概率确信，煤炭价格指数的波动不超过 120.12％，或者讲，煤炭价格指数低于 120.12％的概率只有 5％。

4.4.3　可靠性检验

由于 VAR 是基于历史数据建模得出的未来的风险价值，这样，就需要对其进行预测结果的有效性与准确性的检验，一般以失败频率检验法来进一步检验其结果的准确性，或进行不同方法优劣的比较。在置信度为 95％时，考察的数据为 m 个，失败次数为 n 个，则失败频率为 $p = n/m$，零假设为 $p = p^*$，对 VAR 模型准确性的评估就转化为检验失败率 p 是否显著不同于 p^*，如果检验失败率 p 显著不同于 p^*，则认为该模型不可靠；如果失败次数大于置信度，则说明估计过小，反之则过大。我们对 1985—2005 年的煤炭价格指数，分别计算其 VAR 值，结果表明，只有 1998 年的煤炭价格指数小于所估的 VAR 值，说明运用 VAR—X 法的效果是比较满意的。尽管煤炭价格指数可以估测煤炭价格风险的整体变化，可以较为全面地了解全国范围内的煤炭价格波动风险的情况，有助于掌握煤炭价格波动风险的中期趋势，但由于煤炭价格指数是一个年数据，所以，对其风险进行估测，对煤炭交易的实际意义不大，而要掌握短期风险变动，并指导于煤炭交易的实际，必须对煤炭价格的短期风险进行估测，这就要掌握煤炭交易的日、周价格数据。对此，我们将在下一节进行进一步研究。

4.5　基于 Risk Metrics 模型的煤炭价格 VAR 计量研究

风险计量模型（Risk Metrics Model）是由 JP 摩根于 1994 年向市场推出的市场风险管理的拳头产品，由于它对风险因素收益分布的估量采用方差—协方差法，并假设其服从正态分布。在正态分布假设下，该模型所需要的方差和协方差等参数是从金融工具收益和价格变动的历史数据中估计得出，采用 95％的置信水平，即 1.65 个标准差，而不是巴塞尔委员会规定的 99％，所以，可以更及时地了解到模型的有效性和风险状况的变化。正是由于上述的原因，目前该模型已成为世界上最著名的市场风险计量模型之一，被许多金融机构采用，在风险计量方面有较广泛的影响力和应用性。本节将以 Risk Metrics 模型对煤炭价格风险进行研究。

4.5.1　Risk Metrics Model 的基本思想与计算方法

设一个投资组合的初始价值 $W_0\{Pt\}$ 为某种金融工具的时间序列，R_t 为收益率，R 的期望值与波动性分别为 μ 和 σ，令 $R_t = \ln p_t - \ln p_{t-1}$，假设 p_t 服从独立正态分布，则由 R_t 的定义可知，收益序列 $\{R_t\}$ 服从独立的正态分布，即 $R_t \sim (\mu, \sigma_t^2)$ 因为，资产价值服从正态分布，Var 就可以通过金融工具或投资组合的标准差和取决于置信水平的乘数因子求出。给定置信水平 c 下标准正态分布的尾值为 $-\alpha$，即：

$$-\alpha = \frac{-|R^*| - \mu}{\sigma} \tag{4-35}$$

相等于设：

$$1 - c = \int_{-\infty}^{-w^*} f(w) dw = \int_{-\infty}^{-|R^*|} f(r) dr = \int_{-\infty}^{-\alpha} \varphi(\varepsilon) d\varepsilon \tag{4-36}$$

显然，问题转换为求偏差 α，从累积正态分布，我们可以求得：

$$N(d) = \int_{-\infty}^{d} \varphi(\varepsilon) d\varepsilon \tag{4-37}$$

而 $R^* = -\alpha\sigma + \mu$，所以有：

$$Var = -W_0(R^* - \mu) = W_0\alpha\sigma \tag{4-38}$$

4.5.2　基本步骤

第一步，数据的正态性检验，要求对收益率数据的分布做直方图，判断其是否具有正态性。

第二步，根据收益率的相关统计量，判断其服从的正态分布性质，如收益率基本上服从 $N(u,\sigma)$，一般情况下平均收益率非常接近零值，故可近似为 $N(0,\sigma)$。

第三步，Var 的计算。由于正态分布的特点，集中在均值附近左右各 1.65σ 区间范围内的概率为 0.90，用公式表示为：

$$P(u - 1.65\sigma, u + 1.65\sigma) = 0.05 \tag{4-39}$$

则有：

$$P\ (X > \mu - 1.65\sigma) = 0.95 \tag{4-40}$$

根据上面的计算结果可知在 95% 的置信度情况下：

$$Var\ 值 = T\ 日的交易价 \times 1.65\sigma \tag{4-41}$$

第四步，可靠性检验，即检验该模型的可靠性。Var 模型的可靠性（准确性）检验是指 Var 模型的测量结果对实际损失的覆盖程度。例如，假定给出了 95% 置信度下的 Var，则 Var 模型的准确性是指实际损益结果超过 Var 的概率是否小于 5%。Var 模型的准确性有多种表示形式，因此其检验方法也有多种，通行的方法是 kupiec 提出的失败频率检验法——假定 Var 估计具有时间独立性，实际损失超过 Var 的估计记为失败，实际损失低于 Var 的估计记为成功，则失败观察的二项式结果代表了一系列独立的贝努里试验，失败的期望概率为 $p* = 1 - c$（c 为置信度）。假定计算 Var 的置信度为 c，实际考察天数为 T，失败天数为 N，则失败频率为 $p(n/m)$。零假设为 $p* = p$。这样对 Var 模型准确性的评估就转化为检验失败频率 p 是否显著不同于 $p*$。kupiec 提出了对零假设最合适的检验是似然比率检验：

$$LR = -2ln[(1 - p*)^{T-N} p*^N] + 2ln[(1 - p)^{T-N} p^N] \tag{4-42}$$

在零假设条件下，统计量 LR 服从自由度为 1 的 χ^2 分布。所以，根据 Var 来预测下一个交易日的收益率变动下限，并比较该下限和实际收盘价，看预测的结果与我们期望值之间的差别。一般我们定义误差率为在一定的置信度下，实际损失值大于 Var 的数目与总的样本个数的比值。例如，在 95% 的置信水平下，实际回报低于（-Var）的数目为 n 个，这个数据除以样本数目 m 得到 $\alpha = n/m \times 100\%$。若模型理想，误差率 α 应等于 5%，若误差率小于 5%，则说明利用模型估计的波动性大于实际情况而导致 Var 值较高，高估了市场风险；若误差率过度大于 5%，则说明模型估计的波动性小于实际情况而低估了市场风险。如果二者大致相等，则表明通过检验。

4.5.3　实证分析

（1）样本采集及分析时段选择。因为是基于煤炭价格的短期风险研究，所以在此选取了 2005 年 1 月 5 日至 2006 年 8 月 30 日期间共 86 个交易日的秦皇岛的山西优混的均值作为样本数据[①]。

---

① 数据来源于煤炭信息周刊。

（2）数据基本分析。对于煤炭价格收益率形式，我们采取前述的自然对数形式，即：

$$R_t = \ln p_t - \ln p_{t-1} \tag{4-43}$$

式中：R_t, p_t, p_{t-1} 分别表示 t 周的收益率、煤炭价格及上一期的煤炭价格。

（3）煤炭价格的 VAR 计量及分析过程。对山西优混的收益率的波动趋势如图 4-6 所示。

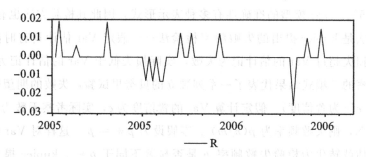

图 4-6 山西优混的收益率波动趋势

Fig. 4-6　The income rate of Shan xi Mixed coal

可见，其收益率具有一定的集簇性，其统计特征见表 4-8：

表 4-8　山西优混的收益率统计特征

Table 4-8　The character of Shanxi Mixed coal's income rate

Mean	0.000369
Median	0.000000
Maximum	0.019170
Minimum	−0.025318
Std. Dev.	0.005787
Skewness	−0.180790
Kurtosis	9.726839
Jarque—Bera	162.6156
Probability	0.000000
Sum	0.031749
Sum Sq. Dev.	0.002847
Observations	86

　　由于选取的是秦皇岛的煤炭价格，所以，基本反映了市场供给对煤炭价格的真实影响。一般若样本数据完全服从正态分布时，偏度值 S 应有 S—N(0，6/T)，峰度值 K 应有 K—(3，24/T)。因为样本量为 86 个，所以在 95% 的置信度时，偏度的置信区间为 (−1.96 * 6/86，1.96 * 6/86)，即 (−0.1367，0.1367)，峰度的置信区间为 (3 − 1.96 * 24/86，3 + 1.96 * 24/86)，即 (−2.45，3.54)，而实际的偏度为 −0.180790，峰度为 9.726839。显然，无论是偏度还是峰度均不在置信区间内，且 P 值等于零，表明在 99% 的置信水平下，拒绝序列服从正态分布的原假设，即序列不服从正态分布，然而，从其收益率的趋势图可见，众数附近十分集中，尾部细小。这说明我国煤炭价格的收益分布具有一定的"细腰""肥尾"现象，因此尽管其收益率的波动不能完全满足正态性，但在使用 Var 模型计算时，可以将其近似为正态处理。事实上，完全满足市场强有效性和正态性的市场是不存在的。

　　由于我们采取的是对数收益率，所以在计算风险价值时，$Var_{t+1} = -p_t(e^{-\infty+u}-1)$，如果均值为零，则变为：$Var_{t+1} = -p_t(e^{-\infty}-1)$。而其相对风险的计算公式则为：$RVar_{t+1} = -p_t(e^{-\infty+u}-e^u)$。显然，当分布服从标准正态分布时，可简化为：$RVar_{t+1} = -p_t(e^{-\infty}-1)$，二者变得一致。

　　例如，2006 年 8 月 30 日煤炭价格为 395 元，则下一周即 2006 年 9 月 6 日的 Var 值为：

$$Var = -395\,(e^{-1.96 * 0.005787}-1) = -0.4479$$

　　在此式中，我们设方差是稳定的。其现实意义为：根据该模型有 95% 的把握判断山西优混在下一周的交易风险为 −0.4479 元/吨，即：预期的煤炭价格在 95% 的概率下上涨不低于 0.4479 元/吨，也即下一周的煤炭价格不会低于 395+0.4479=395.4479 元。这反映了 2005—2006 年间我国煤炭价格总体的上涨趋势。

　　(4) 模型的检验。我们依上述方法分别计算出 2005 年 1 月 5 日到 2006 年 8 月 30 日的所有交易周的 VAR，并计算其交易价格的下限 (即为当时的价格减去当时的 VAR 值)，将样本期间内实际交易价低于期望下限的周数与 95% 置信情况下可能出现的期望周数 (86×5%=4) 进行统计对比，实际交易价低于利用 Risk Metrics (tm) 模型得出的期望下限天数的频数为约为 3 天。所以，以上实证表明：山西优混的价格在 2005 年 1 月 5 日到 2006 年 8 月 30 日期间与 Var 模型拟合良好，超过 Var 预测下限的天数低于期望值，表现出了良好的拟合效果。

4.6　本章小结

　　风险管理的基本程序就是风险分析与风险度量，相对而言，只有对风险进行度量，才能对风险的可能损害有个直观的理解，才能对风险管理的重要性及必要性有个准确的认识。本章主要对煤炭价格风险的来源及其风险的度量进行了研究，尽管风险度量的工具和数学模型很多，但本章还是采用了 Var 技术，因为这一技术是一种经常用于其他领域的标准统计技术，它描述了一定目标期间内收益和损失的预期分布分位数，源于马柯威茨 1952 年创立的基本——方差模型，实际也属于波动性方法，是为了应对 20 世纪 90 年代初的金融灾难而发展起来的，但自 1993 年国际性民间研究机构 30 人小组在《衍生产品的实践和规则》研究报告中提出的用于计量市场风险的模型之后，由于其在理论上具有极为重要的地位，西方理论界将其称为风险管理的革命，并且这一技术改变了金融机构在处理其金融风险的方式。

　　本章在对各种风险度量模型进行阐述的基础上，重点研究了 Var 技术在煤炭价格风险度量中的运用，并用 VAR－X 法和 Risk Metrics 模型对煤炭价格风险进行了实证研究，主要 T 分布能较好地拟合金融资产的厚尾性，所以，以其风险度量具有一定的准确性；而 Risk Metrics 模型是较为简洁的计算风险价值的方法，它除具有 Var 模型的一般局限性以外，还突出地表现在以下两个方面：一是该模型假设金融工具收益率和市场价格变动呈正态分布，而许多研究表明，这一前提假设在不少实际金融市场运行中并不成立，金融工具市场价格的变化被认为具有"肥尾"现象，即市场发生较大损失的可能性并非像正态分布描述的那样小，这使得有可能在较高的置信水平上低估 Var 值。二是由于该模型对风险因素收益分布的估量采用的方差—协方差参数法，因此只是一个部分估值模型，即只能反映风险因素与资产价格的线性关系，而不能反映它们之间的非线性关系。而实际上，风险因素与资产价值的非线性关系是明显存在的，尤其是在持有期限被设定为较长时间时，资产价格由于风险因素回报会发生较大幅度的变化，会出现跳跃，这就使得非线性关系更加明显，模型预测值的有效性将受到更大的制约。正是因为这些原因，学者们提出了诸如 Var－GARCH 模型、极值模型、LA－Var 等许多更具有实用性的风险计量方法。本章应用上述两个模型对煤炭价格风险的计量研究表明，这两种方法的结果基本是符合要求的，而后者的满意度是高于前者的。

本章重要概念

名义量法（Momial Amount）　认为某一证券组合的市场风险就是该证券组合的整个价值，名义量法认为进入交易的证券都处于风险之中，因此，其损失即为其所有价值。

灵敏度法（Sensitivity Way）　利用金融资产对其市场因子的敏感性来度量金融资产市场风险的方法。标准的市场因子包括利率、汇率、价格等，其经济含义是当市场因子变化 1% 时，金融资产价值变化的 X%。

波动性方法（Undulation Way）　通过测量风险因子导致的资产或资产组合收益偏离平均收益的程度，来衡量其风险的方法，常用统计学中的标准差来度量。

风险价值（Var）　一种经常用于其他领域的标准统计技术来评估金融风险的方法，是 1993 年国际性民间研究机构 30 人小组在《衍生产品的实践和规则》研究报告中提出并用于计量市场风险的模型，它描述了一定目标期间内收益和损失的预期分布分位数，源于马柯威茨 1952 年创立的基本—方差模型，实际也属于波动性方法。

风险度（Risk）　用标准差和期望值的比值来计量风险的大小，是一种相对计量法。在证券分析中称为夏普率，是衡量证券好坏的常用标准。比之于方差或下半方差都是一种进步。公式为：

$$S = \frac{\sigma}{E(X)}$$

贝特系数（Bata 系数）　描述资产风险状况的一个指标，并不能直接度量其风险大小，一般称 Bata 系数大于 1 的为进取型资产，而 Bata 数小于 1 的为保守型资产。公式为：

$$Beta = \frac{cov(X,Y)}{Var(Y)}$$

式中，Y 代表市场指数。借助 Bata 系数，投资者可能通过选用一种同自己的资产结构相似的证券价格指数，通过它的期望收益和标准差以及 Bata 系数来估算自己的风险。

久期（Duration）　由麦考利（Federich Macaulay，1938）和希克斯

（John Hicks，1939）提出的，其目的是寻找一个可以用来比较期限相同但支付结构不同的债券的衡量标准，麦考利的久期定义为期限的加权平均数，而希克斯则以久期来衡量债券价值对于利率的敏感性。计算公式为：

$$D = \sum_{t=1}^{\tau} t w_t = \sum_{t=1}^{\tau} t \frac{CF_t/(1+r)^t}{P_0} = -\frac{dP/P_0}{dr/(1+r)}$$

式中：$r, t, \tau, w_t, CF_t, P_0$ 分别代表收益率、债券产生现金流的各个时期、债券的期限、各期现金流期限的权重、各期的现金流及债券当前的价格。

第 5 章　金融衍生品在煤炭价格风险管理中的应用

2000 年以来，由于煤炭价格的波动较大，给煤炭生产企业尤其是其下游产业的生产与经营带来了极大的影响，引发了学术界和实业界重新启用煤炭期货对煤炭价格风险的讨论。比如罗孝玲、肖志斌认为由于煤炭产品不具有期货商品的特性，且我国煤炭市场是一个有限开放、竞争并不十分充分的市场，电和煤已经成为我国能源供应链上相关性和依存度相当高的产业，所以，现阶段我国推出煤炭期货交易的市场条件尚不成熟[①]；郝家龙、宁云才通过对目前煤炭价格风险的思考，提出在煤炭价格及市场发育不健全的情况下，煤炭期货应谨慎而行，而主张借用期权、权证等金融工具[②]；刘斌指出，煤炭期货可以提供套期保值的工具，可以发现价格，可以形成中国价格，目前在我国开设煤炭期货交易的外围市场环境已基本具备[③]；张麟、陈金堂则认为煤炭产品基本上满足期货交易商品的条件且对于完善合理的价格形成机制具有促进作用，所以，提出我国应逐渐取消煤炭订货制度，加快对现有煤炭交易市场进行规范、改造进行严格管理，使目前的现货交易、远期合约逐步发展为期货交易[④]；刘芳、展学平则根据美国纽约商业交易所（NYMEX）把煤炭作为期货交易品种对稳定美国国内煤炭价格的作用，提出我国应实践煤炭期货[⑤]；田昆仑从期货基本理论——"蛛网理论"出发，阐述我国设立煤炭期货的必要性、可行性、风险、对策，认为煤炭产品具有可分性、可储运性，同时煤炭期货以期货交易借助其价格发现及价格引导功能，向全社会公开传递了煤炭价格信息，从而减少了中间流通环节、运输环节借机炒作、囤积居奇、哄抬价格的行为。而煤炭生产企业通过对期货信息的利用，可以合理定价，从价格上涨中分享更多的利益。所以，主张设立煤炭期货[⑥]。当然，国内论述煤炭期货的文献不只上述这

　① 罗孝，肖志斌. 关于煤炭期货的思考. 煤炭经济研究 [J]，2005 (6)：9—11.
　② 郝家龙，宁云才. 关于煤炭价格风险管理的思考 [J]. 集团经济研究，2006 (4)：32—33.
　③ 刘斌. 关于在我国恢复煤炭期货交易的必要性与可行性研究 [J]. 证券市场，2005 (3)：6—8.
　④ 陈金堂. 论建立煤炭期货市场的必要性和可管性 [J]. 煤炭经济研究，2000 (7)：14—15.
　⑤ 刘芳，展学平. 论我国建立煤炭期货市场的必要性和可行性 [J]. 市场研究，2005，12.
　⑥ 田昆仑. 设立煤炭期货的可行性分析及现实意义 [J]. 煤炭经济研究，2006 (1)：5—7.

些，但其观点无外乎两种，一是应该推行煤炭期货，二是不应或应缓推煤炭期货，主张推行的理论依据主要是煤炭产品的波动性影响、期货的套期保值、价格发现、信息发现及调节功能，而反对者的论据是市场条件的发育不成熟、煤炭产品的储运特点的限制。总体讲来，主张推行煤炭期货的呼声较高。

自 1973 年芝加哥推出期权交易以来，期权在风险管理、价格发现及资源配置中起到了极为重要的作用，世界上绝大多数股票交易所和资产交易所都开展了期权交易业务，而且品种和交易额都具有相当的规模。期权之所以受到投资者和风险管理者的关注，主要在于它不仅给投资者创造了一个可以在比现货头寸大、风险相对较小的基础上进行交易的机会，同时也是一种理想的套期保值工具，它使得套期保值者在对不利市场行情变化进行抵补的同时，保留了从有利的市场价格中获得潜在收益的机会，期权的最大损失是期权费，但标的资产价格的增长将被反映于期权价值之中，许多企业选择期权，希望保留一个头寸以便当资产价格按照他们的预测变动时获利；期权具有很好的流动性，企业通过期权，可以很容易地买到需要的价格风险敞口的保护，卖掉不需要的风险抵补，而且能够根据企业的需要进行组合，形成与企业的风险相适应的套期保值组合。另外，期权可以在交易所外或交易所内进行交易，套期保值者可以灵活选择合乎自己需要的市场。所以，在未来现金流不能最终确定的情况下，用它来抵补价格风险要比使用远期交易或期货合约更为理想。正是基于此，期权常常用于管理利率风险、汇率风险、股票价格风险和商品价格风险。互换则在规避价格风险方面是一种降低商品价格风险的一种重要的工具，适用于具有较强流动性并用已建立有公认国际商品市场的产品，目前广泛应用于石油、天然气、铜、铝等产品。

基于此，本章将对期货、期权及互换这三个主要的金融衍生品在煤炭及其下游企业运用煤炭互换规避价格风险中的应用进行较为深入的研究，并提出一些煤炭企业或其下游企业规避煤炭价格风险敞口的策略，进行模拟分析，以期为我国的煤炭价格风险管理尽绵薄之力。

5.1 期货及其价格风险管理原理

5.1.1 期货的定义、形成与发展

1. 期货的定义

关于期货及期货交易的界定，无论在理论界还是实务上，都是比较统一

的，有的学者称为期货合约，而实务上经常简称为期货，事实上，期货、期货
合约或期货合同不过是同一概念的不同表述。如美国学者兹维·博迪和罗伯特
·C. 莫顿认为："期货合约是交易所交易的标准化合约，交易所指定特定商品
合约的大小、交割的时间与地点等[①]。"美国学者查尔斯·W. 史密森认为：
"期货合约是一个在将来某个日期购买或出售特定数量的某种资产的法律承诺，
进行价格高速的机制[②]。"《新帕尔格雷夫经济辞典》认为："期货市场的特殊性
在于其所买卖的是标准化的、交易成本最小的、市场流动性最强的期货合约，
这种期货合约的特殊性还在于它在合约到期前可以进行多次转手买卖，这是其
与远期合同交易的最大差别[③]。"国内许多学者也对期货做出过类似的定义，如
陈信华则指出："所谓期货是指以合约形式确定下来的在将来某一特定日期进
行交割（购买或出售）的某种实物商品或金融资产，它与远期一样，都是相对
于现货而言的，而期货交易是指由期货经纪人或交易商在交易所内就某种标准
化的期货合约通过兑价方式达成的交易，并在成交后直到最后交易日的每一个
营业日末，由交易所清算机构通过买卖双方的保证金账户进行逐日盯市、清算
因期货价格变动所产生的盈亏现金流[④]。"郑振龙指出："期货合约（Future
Contracts）是指协议双方同意在约定的将来某个日期按约定的条件（价格、
地点、交割方式）买入或卖出一定标准数量的某种标的资产标准化的协议，合
约中规定的价格就是期货价格[⑤]。"对外经济贸易大学的门明教授有这样的界
定，即"期货合同（Future Contracts）是由远期合约发展而来的，指买卖双
方同意于未来某一时刻卖出或买进资产的协议，是在期货交易所进行交易的，
并要进行每日结算[⑥]。"香港 1976 年颁布的《香港商品交易法令》将"期货合
约"定义为在商品市场完成的合约，其内容是一方同意在双方商定好的将来某
时，根据双方定价移交某种定好货物及其数量，或双方将于商定好的将来某
时，在他们中间作一下调整，这要根据已定的货物比定合约时是值多还是少，
或根据情况，是比订合约时的标准高还是低；并依照签订合约所在的商品市场

① ［美］兹维·博迪，罗伯特·C. 莫顿. 金融学［M］. 中国人民大学出版社，2000；348—360.
② ［美］查尔斯·W. 史密森. 管理金融风险：衍生产品、金融工程和价值最大化管理［M］. 北京：中国人民
大学出版社，2000；77—105.
③ Cmillan. The New Palgrave a Dictionary Economics［M］，1987，444.
④ 陈信华. 金融衍生工具——定价原理、运作机制及实际运用［M］. 上海：上海财经大学出版社，2004；
64—107.
⑤ 郑振龙. 衍生产品［M］. 武汉：武汉大学出版社，2004；29—45.
⑥ 门明. 金融衍生工具原理及应用［M］. 北京：对外经济贸易大学出版社，1999；21—34.

的条例确定差额；或上述所说的那种合约的买卖特权①。显然，这一界定也包含有对期权的界定。美国芝加哥期货交易所编写的《商品期货交易手册》指出，期货合约是在交易所达成的标准化的、受法律约束并规定在将来某一特定的地点和时间交收某一特定商品的合约，等等。

诸如此类的界定很多，不再赘述，总之，期货、期货合约或者期货合同就是指在交易所内通过一定的公开竞价形式达成的受相应法律保护的标准化的协议。它规定以商定的价格在将来某一特定地点和时间交收某一特定商品或根据其价值差或标准差交收一定数量的货币。

2. 期货市场的形成与发展

(1) 商品期货的形成与发展

毫无疑问，期货产生源于生产力的发展，只有生产力发展到一定程度才可能由原始的物物交易发展到现代的期货交易。在公元前 2000 年左右，已经产生了期货交易的初级形式，远期现货交易。当时巴林岛商人将货物运到印度销售，由于供不应求，买卖双方就商定在一段时间后才交换货物，通过这种方式完成交易。在古罗马和古希腊时期，就已经出现了中央交易场所，易货交易、货币制度，形成了按照既定时间和场所开展的正式交易活动，以及签订远期交货合约的做法②。在罗马帝国鼎盛时期，人们把从帝国边远领域带来的商品拿到被称为销售市场的交易中心进行交换。当时的罗马议会大厦广场就曾是这样的一个中心交易场所，而雅典的市场（Agora）也被当作一个商业市场。尽管这些文明古国已经衰败，但建立中央交易场所的基本原理却延续下来。到了12 世纪，在英国、法国和比利时等西欧国家集中交易的活动逐渐发展到相当的规模。1570 年，英国皇家交易所在伦敦正式成立，这是世界上第一家商品交易所。其后，荷兰的阿姆斯特丹开设了粮谷交易所，比利时的安特卫普也创办了咖啡期货市场。尽管它们的交易规则和商品合约内容还不够完善，但已具有了现代期货市场的雏形③。尽管目前公认最早的现代期货市场是 1848 年建立的为解决由于谷物生产季节性导致的其价格波动的芝加哥交易所，但历史上首笔期货交易是发生在 1679 年的日本大阪的大米期货交易，遗憾的是，当时的

---

① 杜岩等. 期货交易管理法规概览 [M]. 北京：北京经济管理出版社，1994：8.

② Pindyck, R. S, the Dynamics of Commodity Spot and Futures Markets: A Primer. Working Paper, CEEPR, MIT May 2001, 38P.

③ 曾庆民. 中国期货市场研究. [D]. 暨南大学，2003，17.

德川幕府并没有承认这种交易的合法性[①]，直到 1730 年世界上第一个期货市场才在大阪成立。

1848 年，美国最大的谷物集散地芝加哥建立了专门从事谷物远期合约交易的芝加哥期货交易所（CBOT），其最初目的是使谷物合同的数量和质量标准化，几年后，第一个远期合同产生了，这种合同被称为"To-arrive"合同，它允许农民以当时所确定的价格，日后再交付谷物，使得农民不必在收获季节运送谷物，但可以锁定日后交易的价格和日期。投机商们很快发现他们可以不买卖谷物，而只要对未来价格进行投机，不必担心运输和仓储即可获利，后来交易所制定了一系列规范以规范此交易，期货市场至此已初步形成。1865 年，芝加哥期货交易所推出了标准的期货合约并采用了保证金制度，远期交易也随之发展为现代的期货交易。1874 年，芝加哥产品交易会（Chicago Product Exchange）成立，后来更名为芝加哥鸡蛋黄油交易会（Chicago Butter and Egg Board），1898年又更名为芝加哥商品交易会（Chicago Mercantile Exchange）。

目前世界主要的商品期货交易所见表 5-1。

表 5-1　世界主要的商品期货交易所

Table5-1　World principal commodities exchange

成立时间	名　称
1848 年	芝加哥期货交易所
1856 年	堪萨斯市交易所
1872 年	纽约商业交易所
1919 年	芝加哥商业交易所
1952 年	东京谷物交易所
1972 年	悉尼期货交易所
1977 年	香港期货交易所
1982 年	伦敦金属交易所
1984 年	新加坡国际货币期货交易所
1986 年	法国国际期货交易所
1989 年	上海商品交易所
1990 年	郑州商品交易所
1993 年	大连商品交易所

（2）金融期货的形成与发展

在 20 世纪 70 年代以前的 120 年里，期货交易主要限于有形产品，主要是

---

① 张书帮．中国期货市场规范化发展研究［M］．重庆：西南财经大学出版社，1999：11—33.

农产品和金属，直到二战后布雷斯顿森林体系的崩溃、两次石油危机的冲击以及金融自由化在各国的实施，致使外汇风险、利率风险和石油价格风险空前凸现出来，正是在这样的背景下，西方发达国家将在农副产品和矿产品期货交易中的成功经验运用于金融领域，进行金融创新，金融期货便应运而生了。1972年5月16日，美国芝加哥商业交易所（CME）国际货币市场分部（IMM）推出美元对英镑、加拿大元、西德马克、日元等的外汇期货交易，这是金融衍生产品发展的一个划时代的事件，它标志着金融期货的诞生。1974年12月31日，IMM开始做黄金期货，1975年10月20日，芝加哥期货交易所又率先推出了第一张抵押证券期货合约（Mortgage Backed Certificates—GNMA），1976年1月，IMM推出了美国财政部发行的短期国债券的期货交易；1977年CBOT开拓了美国政府长期国债期货合约；1984年，美国金融期货市场上出现30天存款凭证期货。股票价格指数期货合约也在美国被迅速开发，1982年2月，美国堪萨斯农产品交易所（Kansas City Board of Trade）首次推出价值线平均综合指数期货交易；1982年4月，CME开始了标准普尔期货合约；1982年5月，纽约期货交易所开始纽约股票交易所综合指数的买卖。金融期货在美国迅速地形成与发展，并成为风险管理的重要工具。金融期货交易也在其他国家得到发展，如1982年9月，伦敦金融期货交易所成立并开始了范围较广的期货交易，1986年，法国金融期货交易所在巴黎开始交易，瑞士、德国、意大利等相继在1988年、1990年、1992年开始从事各种金融期货的交易。目前，金融期货交易在许多方面已经走在商品期货交易的前面，占整个期货市场交易量的80%以上，成为西方金融创新成功的例证。

当前的期货交易已经呈现出品种多样化、交易金额巨大化、交易方式现代化等特征，但我国直到目前尚未推出任何形式的金融期货，这与我国的市场经济的发展是极不相适应的。

5.1.2 期货交易的制度特性

期货交易与现货交易、远期合约是有所区别的，其制度特性表现在以下8个方面：

（1）期货交易是在专门的交易所内进行的，一般不允许场外交易。交易大厅中的交易者根据其职能不同，可以分为自营商和经纪人两类，前者主要为其自身的账户进行交易并自负盈亏，他们通常是交易所的会员；后者主要代表其所在公司或替场外的客户进行交易。当然，二者之间可能存在交叉。交易所通常是一个自发的非营利性会员组织。我国的《期货交易所管理办法》第三条指出：期货交易所指依照《期货交易管理暂行条例》和本办法规定条件设立的，不以营利为目的，履行《期货交易管理暂行条例》和本办法规定的职能，按照其章程实行自律性管理的法人。

（2）期货交易的合约是标准化的。期货合约的标准化包含四个内容，一是期货交易所事先为每种商品的期货合约规定了统一的、标准化的数量和数量单位，这样，只要是在该期货交易所内买卖的某种商品的期货合约，每张合约所包括的商品数及数量单位都是相同的，统称"交易单位"，期货合约数量和数量单位的标准化使期货交易便于进行。二是商品质量等级的标准化。期货交易所事先为在交易所交易的商品期货合约规定了统一的、标准化的等级，一般交易所在制定质量等级标准时，多采用国际贸易中通用的而且交易量非常大的商品质量等级。三是交收地点的标准化条款，即期货交易所在期货合约中为期货交易的实物交割设定了统一的交割仓库，以便于实物交收。四是交割期的标准化条款，即期货交易所事先为各商品期货合约进行实物交割的月份作了规定。这就使得价格成为期货诸要素中唯一变动因素。

以我国大连期货市场的黄大豆 1 号为例，其期货合约见表 5-2 所示，其技术要求见表 5-3，而质量差异扣价规则则见表 5-4。

表 5-2　黄大豆 1 号期货合约

Table 5-2　The future contract of yellow soybean1

交易品种	黄大豆 1 号
交易单位	10 吨/手
报价单位	人民币
最小变动价位	1 元/吨
涨跌停板幅度	上一交易日结算价的 4%
合约交割月份	1、3、5、7、9、11
交易时间	每周一至周五上午 9∶00～11∶30，下午 13∶30～15∶00
最后交易日	合约月份第 10 个交易日
最后交割日	最后交易日后 7 日（遇法定节假日顺延）
交割等级	具体内容见附表
交割地点	大连商品交易所指定交割仓库
交割方式	集中交割
最低交易保证金	合约价值的 5%
交易代码	A
上市交易所	大连商品交易所

资料来源：http://www.xjyfutures.com（新基业期货网）。

表 5-3 大豆期货的技术要求

Table5-3   The specification of soybean future

黄大豆1号品质技术要求	交割等级	纯粮率最低指标%	种皮	杂质	水分	气味色泽	升水（人民币元/吨）	贴水（人民币元/吨）
标准品	三等黄大豆	91.0	黄色混有异色粒限度为5.0%	1.0%	13.0%	正常	—	—
替代品	一等黄大豆	96.0					30	—
	二等黄大豆	96.0					10	—
	四等黄大豆	96.0					—	100

资料来源：http://www.xjyfutures.com（新基业期货网）。

表 5-4   黄大豆1号质量差异升扣价

Table5-4   The quality difference discount and rising about yellow soybean

	项目	质量标准	允许范围（%）	质量差异（高＋；低一）	升扣价（元/吨）	备　注
质量差异升扣价	水分	13.0%	1、3、11 合约月份<15.0　5、7、9 合约月份<13.5	－1.0%	＋20	①升水升至水分含量12.0%　②低于或高于标准不足 1.0% 不计算升扣价
				＋1.0%	－55	
	杂质	1.0%	<2.0	－0.5%	＋10	低于或高于标准不足 0.5% 不计算升扣价
				＋0.5%	－30	

注：质量差异升扣价＝水分升扣价＋杂质升扣价

资料来源：http://www.xjyfutures.com（新基业期货网）。

　　显然，一个市场要有流动性，其交易的商品或资产必须是同质的，而标准化的合约使期货合约的流动性大大增强，也有利于形成合理的商品价格。

　　（3）期货交易中大多是一种期货合约的买卖交易，而且期货合约中实物交割的比例很小。这是因为参与期货的投机者、套利者和套期保值者这三个主体只有套期保值者才是真正的商品供给和需求者，其他主体尽管不是实际商品的需求和供给者，但对于期货市场的价格形成与发现具有不可或缺的作用。

　　（4）期货交易不是由实际需要的买进卖出者直接在交易所内进行的，而是由场内经纪人代替众多的买卖方来在交易所内进行交易。这种集中交易的方式，降低了交易成本，有利于真实地反映供需规律。

（5）期货交易的价格形成机制为公开竞价或电脑撮合的方式。这是公平的、公开的价格形成制度，不会由于其他原因导致价格信号的失真。

（6）期货交易的保证金制度和逐日盯市制度。保证金制度是指期货交易之前必须在经纪公司开立专门的保证金账户，并存入一定数量的初始保证金，一般而言，初始保证金为 $5\% \sim 10\%$（各个交易所根据某一期货合约持仓的不同数量和上市运行的不同阶段规定不一。比如，我国上海期货交易所规定最高为 15%，最低为 5%），由于价格的波动，在每天交易结束时，保证金账户会根据期货价格进行调整，以反映交易者的盈亏，所以，逐日盯市制度是指期货交易是每天进行结算的，而不是到期一次性进行的。当天的结算价高于昨天结算价格时，高出部分就是多头的盈利或空头的损失，这些浮动的盈利或损失就在当天晚上分别在多头和空头的保证金账户上或增或扣，保证金账户余额高于初始保证金时，交易者可以提取现金或用于新开仓，但交易者提取的资金额不得使保证金账户余额低于初始保证金，而当保证金账户低于维持保证金时，经纪公司会通知交易者限期补足保证金，否则就会被强制平仓。显然，正是逐日盯市制度和保证金制度使得期货交易的风险比之于远期合约大为降低。这也正是期货交易之所以具有生命力的主要原因。

（7）期货交易的涨跌停板制度。期货价格是由竞价形成的，公开的竞价极可能出现价格的巨大波动，从而引起市场混乱，为此，交易所对某些期货的每日波动的最大幅度会做出限制，分别称为涨停限（上限）和跌停限（下限）。一旦价格变动至上述限价，则此类期货的交易就立即停止。这种制度是为了避免过度投机引发的期货价格波动，但一定情况下，价格波动反映了真实的供需力量，而人为的控制价格，则不利于反映市场的真实情况，所以，对此学术界存在争议。

（8）清算所制度。清算所是确保期货合约可以顺利进行交易的一个不可缺少的组成部分，可以是交易所的一个附属部门，也可以是一家独立的公司（往往是大型的金融机构，要求有充足的资本金作为保证）。清算所充当所有买者的卖者和所有卖方的买者，同时拥有完全匹配的多头和空头，可以讲是完全套期限保值的，是期货交易的中间人，所以风险极小，它克服了远期交易中存在的信息不对称和违约风险的缺陷。清算所的功能主要是撮合、处理、登记、确认、结算、协调和提供担保。期货的制度特性决定了这一金融衍生工具在价格风险管理中具有重要的作用[①]。

---

① 张书帮. 中国期货市场规范化发展研究 [M]. 重庆：西南财经大学出版社，1999：11—33.

5.1.3 期货市场的功能及作用

关于期货市场的功能，兹维·博迪、罗伯特·C. 莫顿指出："最明显的在于为商品价格风险在市场参与者之间再分配提供了便利，同时，商品期货价格也为商品生产者、批发商和消费者提供了重要的信息[①]"。也就是讲期货市场具有价格风险分配（管理）和信息发现功能。理论界普遍认为期货市场有两大功能，即套期保值和价格发现功能，事实上，期货还具有熨平经济周期、优化资源配置、降低交易费用等功能[②]。期货市场的功能主要表现在以下几个方面：

（1）规避或转移价格风险的功能。在日常的商品交易活动中，由于价格的波动，市场主体经常面临着价格风险、利率风险、外汇风险等，期货市场尽管和现货市场的价格波动幅度有所差别，但趋势基本是一致的，因此，商品生产经营者在期货市场上进行套期保值买卖，来锁定生产经营成本，保障固定利润，即通过在期货市场上持有与现货市场上交易方向相反、数量相等的同种商品的期货合约，进而无论现货市场价格怎样波动，最终都能取得在一个市场上亏损，另一个市场上盈利的结果，而且亏盈大致相等，从而得到规避风险的目的。此即为期货市场最主要的功能。

（2）价格发现（Price Discovery）功能。期货价格是所有参与期货交易的人对未来某一特定时间的现货价格的期望或预期，不论期货合约是多头还是空头，都会依其个人所持立场或所掌握的市场资讯在对过去的价格趋势进行研究后，进行买卖委托，而交易所通过电子撮合公开竞价即为瞬间市场的未来某一特定时间现货价格的平均看法，此即期货市场的价格发现功能。这一价格是各种供求信息的综合而形成的对将来价格走势的预期，较现货市场的价格更为准确、有效，并且具有连续性，所以，市场参与者可以利用期货市场的价格发现功能进行相关决策，以提高自己适应市场的能力，政府可资作为依据，进行宏观调控。

（3）降低交易成本的功能。期货市场和现货市场比较，总体上大大降低了交易成本，首先现货市场的一对一交易，寻求交易对象的信息成本较高，交易

---

① Luehrman, Timothy A. Strategyas a portfolio of Real Options]. Harvard Business Review, 1998 (9/10)：87—90.

② Paddock, James L., Siegel, Daniel R., Smith, James L., Option Valuation of Clams on real Assets：the case of Offshore Petroleum Leases [J], Quarterly Journal of Economics, 1988 (103)：479—508.

实现的时间成本和谈判成本也较高，同时，现货合同与期货合同相比，存在信用度的保证问题，一旦对方失信，则损失很大，同时，由于现货的合同不规范，具有差异性，其转让几乎不可能实现，所以其二手市场根本不可能存在运作的可能。因此，违约现象不可避免，导致了交易成本增加，而期货市场的标准化合约、交易所制度、保证金制度等使得寻找交易对象的成本降低、违约损失降低，同时，期货交易可以减少物流的运输环节，减少了运输费用，所以，也有助于减少交易成本。

（4）资源优化配置的功能。资源的优化配置是指资源优先分配到效率高的企业或产业中去，而优化配置的前提是资源的价格是合理的。期货市场具有价格发现功能，有利于形成合理的、反映真实的潜在供需水平的价格，所以，期货市场也具有资源优化配置的功能。

（5）信息传输与发现功能。所谓信息功能是指期货市场由于有众多的参与者，且参与者不是某一商品的投机者、套利者，就是真实的需求和供给者，所以其价格真实地反映了市场的供求关系的变化，而其交易的活跃程度也反映了某一商品的市场的发育程度，所以，市场参与者、政府的决策部门都可以充分地利用其价格波动趋势、交易量来对其将来的供求和价格趋势进行预测，从而进行生产与经营决策，以提高经济效益。因此，期货市场的信息对生产具有指导作用，较之生产或经营者在现货市场收集信息更便利、全面。同时，期货交易为了吸引投资者入市，也汇集大量的市场信息加以处理后对外发布，所以，期货市场具有较强的信息功能。

（6）熨平经济周期的功能。商品的价格波动，从一定意义上是指其生产或消费具有周期性，这种周期性就导致了经济周期，如经济学中的蛛网理论所言，周期性的产品会导致三种价格轨迹，一是封闭的环形，二是发散型，三是收敛型。蛛网理论是期货市场价格形成机制的重要理论依据，是在分析农产品等带有周期性运动的商品的生产与价格变化的基础上形成的，而商品期货交易中所涉及的商品大多属于农产品或初级产品，同样具有生产周期较长的特点。蛛网理论的三种模型都可以为分析期货价格变化提供依据，尤其是第一种"收敛型蛛网"与期货市场的价格形成机制相一致。由于期货市场具有价格发现的功能，所形成的期货价格具有权威性，能够比较真实地反映市场供求关系：价格低时，交易者大量买入，刺激需求，使价格上涨；价格高时，交易者大量卖出，增加供给，又使价格下跌，促使市场价格逐步向均衡水平靠拢，而且振幅越来越小。由于大量交易者加入期货市场，期货价格一般不至于暴涨暴跌（发散型蛛网），所以，期货市场的出现以及它所具有的特殊功能，将会促使商品市场的供求关系和价格朝着趋于均衡的"收敛型蛛网"转化。

同时，期货价格的形成机制在某种程度上也弥补了蛛网理论的缺陷。蛛网理论主要是对现货市场的描述，市场供给量对价格变动的反应滞后，即第 t 期的供给量 $Q_s(t)$ 取决于 $t-1$ 期的价格 $p(t-1)$，而市场需求量对价格变动的反应瞬时，即第 t 期的需求量 $Q_d(t)$ 取决于本期价格 $p(t)$。因此，现货价格的误导作用难以避免——由于许多商品由生产到流通需要一定的时间，所以现货交易的价格指导的滞后性，会导致生产的决策失误。价格较高时，多数生产者均扩大生产，会导致价格下跌，而由于生产具有一定的时间，生产者仍采取扩大生产的决策，导致价格大幅下跌，许多厂商陷入困境；而在价格较低时，多数生产者选择了减少产量，但由于价格的滞后性，减少产量的决策在产品已处于供小于求时仍在实施，导致供需矛盾增加，形成经济周期。由于期货合约是一种远期交割实货商品的合约，含有远期因素，因此，期货市场则将蛛网理论的滞后调节功能转化成预先引导功能，在交易所期货交易中，库存商可以通过卖出期货来锁定自己的库存收益，同时，可以尽其所能增加现货的购买，从而增加现货市场的需求，减少现货市场价格下跌的压力；对于生产者来讲，可以卖出期货，以减低现货市场的过量供给的压力。这样，在产品供大于求时，买卖双方可以同时做出加大需求和减少供应的决策，从而有效地抑制了现货价格过分下跌的状况，而在供不应求时，也可作相反的决策，这样使价格保持在一个合理的水平，从而避免了价格巨大的波动对经济的冲击。因此，有利于调整相关商品之间的比价和供求，在更广阔的时间和空间上起到优化资源配置、稳定物价的积极作用，使市场价格更趋于均衡。

（7）掌握国际商品定价权，实现规避价格风险的功能。从国际市场的角度看，积极参与国际市场的期货交易是规避价格风险的重要手段。比如，我国是石油消费大国，但由于在国际原油市场上不具有定价权，所以在原油交易中存在巨大的交易价格风险。煤炭市场也如此，我国是世界上第一大煤炭生产国和消费国，而亚洲的煤炭价格基本由日本和澳大利亚决定，这就使得国内的煤炭生产企业和消费企业要承担相应的价格风险和能源供应风险，这对于保证我国的能源安全，促进国民经济的稳定发展都是极为不利的。所以，我国要积极发展期货交易，与国际市场接轨，只有这样，才能更好地规避价格风险。

5.1.4　期货市场规避价格风险的机理

期货市场的参与主体分为两大类，一类是投机者，另一类是套期保值者。投机者不是风险的规避者，而是风险的承担者，他们通过承担一定的风险从而获取可能的收益，所以期货市场的价格风险规避功能不是针对投机者的，而是针对套期保值者的。套期保值者往往是商品的生产者、消费者、仓储商和加工商，是价格风险的承担者，期货的规避价格风险的机制对于他们的生产与经营具有重要的意义。

1. 期货定价与基差

我们把使得远期合约价值为零的交割价格称为远期价格。罗斯等美国著名经济学家证明，当无风险利率恒定，且对所有到期日都不变时，交割日相同的远期价格和期货价格应相等[①]。这个远期价格显然就是合约的理论价格，它与合约在实际交易中形成的实际价格并不一定相等。一旦实际价格与理论价格不相等，就出现套利（Arbitrage）机会。若实际价格高于理论价格，则套利者就可以通过买入资产现货，卖出合约并等待交割来获取无风险利润；反之，若实际价格低于理论价格，则可以通过卖出现货，买入合约来获利，我们称之为反向套利。这两种机会均会由于套利行为的增加而消逝期货的价格就是期货合约到期价格。所以，当合约的远期价格等于交割价格时，合约价值为零，这里的期货价格即为期货合约的远期价格，而期货合约的价值则为期货合约本身的价值，它是由期货实际价格与远期理论价格的差决定的，所以，期货价格就是期货合约的实际价格，具有两个显著的特点：第一，某个商品或资产的期货价格 F 高于其现货价格 P；第二，期货价格 F 随着期限的增加而上升。这两个特点反映了期货合约的持有成本，并说明了一种重要的套利机理。

期货合约的定价模型（预期模型与持有成本模型）是建立于以下基本假设之上的：

第一，没有交易费用和税收。市场参与者能以相同的无风险利率借入和贷出资金。

---

① Luehrman, Timothy A. Strategyas a portfolio of Real Options］. Harvard Business Review, 1998 (9/10)：87—90.

第二，远期合约没有违约风险。

第三，允许现货卖空行为。

第四，当套利机会出现时，市场参与者将参与套利活动，从而使套利机会消失，期货的理论价格为没有套利机会下的均衡价格。

第五，期货合约的保证金账户支付同样的无风险利率，即任何人均可以无成本地取得期货的多头和空头的地位。

上述假设称为完全市场假设，预期模型是指在此假设下，取得未来 T 时刻的资产，可以有两种方式：一是在当期买入期货，价格为 F，到期进行交割；二是在当前市场下以无风险利率 r 借入资金，买入同样数量的资产，价格为 S，持至 T 时。显然，二者在 T 时价值的等同，故有：

$$F = Se^{r(T-t)} \tag{5-1}$$

显然，只要 $F \neq S$，如前述，就存在套利机会。

事实上，罗斯等美国著名经济学家已经证明，当无风险利率恒定时，且对所有到期日都不变时，交割日相同的远期价格和期货价格应相等[①]。我们以持有成本模型来概括远期价格和期货价格与现货价格的关系，持有成本模型的公式如下：

持有成本＝保存成本＋利息成本－标的资产在合约期限内的收益 （5-2）

若以 c 表示持有成本，它表示一个持有标的资产而需支付的费用比率，如对于投资性商品，其持有成本为存储费用率与无风险利率之和，而不支付红利的股票由于没有保存成本，所以，持有成本即为无风险利率，所以，期货价格可以表示为：

$$F = Se^{c(T-t)} \tag{5-3}$$

这就是期货的持有成本模型。

从前面分析可知，现货价格对期货价格升降起着得重要的作用，如果现货市场不够大，则不可能形成对期货价格的有效制约，期货市场极可能会出现恶性炒作的问题。期货价格与现货价格的关系可以用基差来表述，即：

基差＝现货价格－期货价格＝ $F - P$ （5-4）

根据基差与期限的关系，可以将期货市场分为三类：正常市场（基差随期限的增加而增加）、逆转市场（基差随期限的增加而减少）、混合市场（基差与

① Cox, J. C, Ingersoll, J. E. and Ross, S. A (1981). The Relationship between Forward Prices and Future Prices. Journal Economics, Dec. : 321—346.

期限没有明确的关系）。当现货价格增长大于期货价格的增长时，基差也随之增加，反之，基差缩小。基差还具有波动较小的特性，即其波动小于现货价格与期货价格，这对于套期保值和投机活动具有重要的意义。另外，在交割时，基差为零，否则就会存在套购活动。

2. 现货——远期平价定理

远期价格 F 就是使合约价值 f 为零的交割价格 K，如果合约价值为零，则有：

$$F = Se^{r(T-t)}$$

这就是现货——远期平价定理（Spot-forward Parity theOrem）或称为现货期货平价定理，对于无收益资产而言，远期价格等于其标的资产现货价格的终值。

我们以算例说明：如一个远期合约，期限为 6 个月，假设其现在价格为 100 元，连续复利的无风险利率为 4%，则这个资产的合理交割价格计算如下：

$$F = Se^{r(T-t)} = 100e^{0.04 \times 0.5} = 102.0201$$

如果市场上该合约的价格为 102 元，则套利者可以卖出该资产，并将所得收入以无风险利率进行投资，可获利 0.0201 元；反之，如果市场上的远期合约的交割价格高于 102.0201，则套利者可以借钱买到资产，并卖出远期合约，期末也可以获得无风险利润。

合约的价格则可以根据下式计算：

$$f = F - Se^{r(T-t)}$$

算例：我们以上例来说，如果资产的远期价格为 104 元，则合约的价格则为：

$$f = F - Se^{r(T-t)} = 104 - 102.0201 = 1.9799$$

即该合约的价值为：1.9799。

5.1.5　关于期货的套期保值策略

1. 套期保值的概念与特点

期货市场的参与者可以分为四种不同的类型，即现场投机者、当日交易者、头寸交易者与套期保值者，前三者称为投机者。现场投机者持有期货头寸的时间最短，他们主要通过自向对未来一个很短期间内的期货价格的判断来投机获利，因为其持有每笔头寸的时间极短，所以并不指望每笔交易都能获得很大的利润，通常只要有一两个刻度的利润就已经很满足了。当然，如果在其持有期市场未向对其有利的方向运动，他们会立刻结束头寸，重新寻找新的投资机会。现场投机者意味着必须进行大量的交易才有可能真正获利，而交易的费用又比较高，所以，现场投机者通常是交易所的会员或向某一会员租用交易席位，在场内直接进行交易，以减少成本。但现场交易者大大提高了期货交易的流动性，是期货市场不可或缺的一个组成部分。当日交易者则是试图从一个交易日内的期货价格变动中获利，在每天交易结束前会结清自己的头寸，即不扶助隔夜头寸。头寸交易者就是持有期货头寸过夜的投机者，他们会持有头寸长达几个星期或几个月。

套期保值（Hedging）是指以回避现货价格风险为目的的期货交易行为。期货市场的基本功能之一就是其价格风险的规避机制，而要达到此目的最常用的手段就是套期保值。它是指经营者同时在现货市场和期货市场进行方向相反的交易，用一个市场的盈利弥补另一个市场的亏损，从而在两个市场建立对冲机制，以规避现货市场价格波动带来的风险。正确地利用期货市场的套期保值交易可以在很大程度上减少因价格变动所引起的不良后果。生产者、加工者和经营者可以套期保值作为转移风险的手段，用期货交易将市场风险转移给追求风险利润的投机者，即生产经营者可以通过在期货市场上进行套期保值来转移价格波动的风险。市场价格波动越大，投机活动就会越活跃，套期保值者就可以将自己难以承受或不愿承受的风险分摊到众多的投机者身上[①]。

与投机者不同，套期保值者进行的交易从根本上讲是一种防御性的交易，其目的不是为了营利，而是为了锁定成本和利润。套期保值交易主要有以下特点：

（1）交易量较大。这是因为套期保值者同时是现货市场上的交易者，他们在现货市场上的交易量一般比较大。他们进入期货市场的目的是为了对他们现货市场交易的商品进行保值，所以，他们从事期货交易实际上不在期货合约本身，而是把期货合约当作他们在现货市场买卖商品的临时替代物。为了达到保值的目的，两者之间在数量上就应当匹配，既然现货市场交易量比较大，期货市场的交易自然也就比较大了。

---

① 张书帮. 中国期货市场规范化发展研究 [M]. 重庆：西南财经大学出版社，1999：11—33.

（2）期货头寸比较稳定。套期保值者必须依据自己在现货市场上的买卖位置来确定他在期货市场上所持有的位置，所以，他们在期货市场上所持有的头寸一般比较稳定，在现货市场上买进某种商品，就应该在期货市场上卖出同种商品的期货合约，不能像投机者那样随意变动他的头寸。

（3）保留期货合约的时间长。由于套期保值者必须在现货市场交易的同时才能在期货市场上对冲手中的合约，因此，他们在期货市场上保留期货合约的时间一般比较长，何时进行对冲是有时间限制的，不能随便进行合约的对冲交易。

事实上，套期保值是把波动较大的价格风险转移为波动较小的基差风险，由于现代的套期保值还有另外三个特点，即：套期保值者不再单纯地进行简单的自动保值，而是主动地参与保值活动，大量收集整个宏观经济和微观经济信息，采用科学的分析方法，以决定交易策略，获取较大利润；套期保值者将期货作为利润风险管理工具，一方面通过期货锁定销售价格，另一方面锁定原材料成本；套期保值还将作为营销工具，主要体现在采购材料和产品销售上，有助于企业形成多种价格策略。

2. 套期保值规避价格风险敞口的交易策略

套期保值是利用现货市场和期货市场的同时存在，利用期货合约可以在期货市场上很方便地进行买卖，通过"对冲"平仓履约的特点，在期货市场和现货市场之间建立起相互补偿和冲抵的机制。通过在期货市场上持有与现货市场上交易部位相反但交易数量相等的期货合约，从而使得在一个市场上出现亏损时，另一个市场就会出现盈利，且亏损额和盈利额大致相等。以盈利补偿亏损，使套期保值者在现货市场的经营不受任何价格风险损失，不论价格如何变动，他都可以在现货市场的经营活动中获得正常的经营利润。套期保值之所以能有助于规避价格风险，是因为期货市场上存在如下三个基本经济原理：

其一，同种商品的期货价格走势与现货价格走势一致。现货市场与期货市场虽然是两个相对独立的市场，但由于某一特定商品，比如原油，它的期货价格和现货价格在同样的市场环境内会受到相同的经济因素的影响和制约，因而一般情况下两个市场的价格变动趋势是相同的，并且具有同升同降的规律。这就为生产经营者提供了一条利用两个市场相互弥补的途径。套期保值就是利用期货和现货这种同一商品两个不同市场上的价格关系，在两个市场之间建立一种"相互冲销、互相牵引"机制，从而达到转移价格风险、锁定货物成本的目的。

其二，随着期货合约的接近，现货市场与期货市场的价格会趋向一致。期货交易的交割制度，保证了现货市场与期货市场的价格随着期货合约到期日的邻近，两者趋向一致。

其三，套期保值是用较小的基差风险代替较大的现货价格波动风险，基差的变化使套期保值者承担着一定的风险，所以，套期保值者也承担着一定的风险，并不能完全将风险转移出去，但可以避免较大的价格风险，因为比于价格风险而言，基差风险是较小的且较为稳定的[①]。

套期保值分为两种，即空头套期保值（Short Hedge）和多头套期保值（Long Hedge）。空头套期保值也称卖出套期保值，即根据保值者在现货市场上的交易情况，先在期货市场卖出期货合约，建立空头部位，而后再在期货合约到期之前买入该期货的合约进行对冲平仓，其目的一般是为了锁定销售价格；多头套期保值也称买入套期保值。其做法是先在期货市场上买入期货合约建立一个期货多头部位，而后再在期货合约到期之前卖出该期货合约进行对冲，其目的是为了锁定相关成本。

多头套期的保值原理如图 5-1、图 5-2 和图 5-3 所示，空头套期保值的原理如图 5-4、图 5-5 和图 5-6 所示。

事实上，企业存在多头，意味着企业将来买进一定数量的现货可以要承受价格上涨带来的风险敞口，所以事先在期货市场上购买适当的期货合约，将来买进现货时，可能出现的亏损，可以由通过出售期货合约的收益所抵消；而与

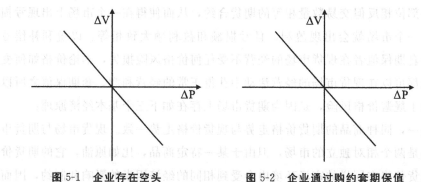

图 5-1　企业存在空头　　　　**图 5-2　企业通过购约套期保值**

Fig. 5-1　The seller or writer　　　Fig. 5-2　The buyer or holder

① Coxes, J. C., Ingersoll, J. E. and Ross, S. A. The Relationship between Forward Prices and Future Prices [J] . Journal of Financial Economic, 1981 (11): 321—346.

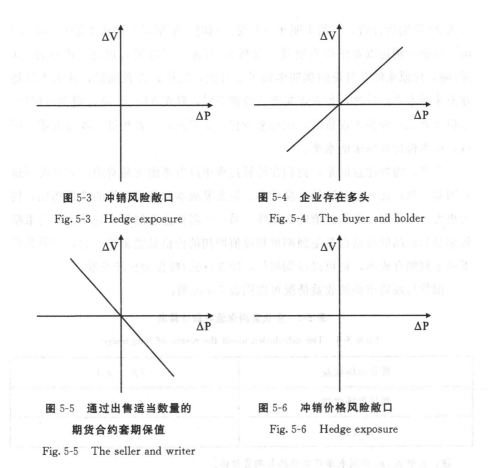

图 5-3 冲销风险敞口
Fig. 5-3 Hedge exposure

图 5-4 企业存在多头
Fig. 5-4 The buyer and holder

图 5-5 通过出售适当数量的
期货合约套期保值
Fig. 5-5 The seller and writer

图 5-6 冲销价格风险敞口
Fig. 5-6 Hedge exposure

之相反,企业存在空头,即意味着将来出售现货时,可能有价格下降的风险,所以,通过事先卖出期货,当将来价格下降时,出售商品的亏损可以由购买期货的收益弥补,从而使价格风险得以规避。

关于煤炭企业或其下游企业运用套期保值的算例如下:

算例 1:煤炭下游企业运用多头进行套期保值范例

化肥工业对煤炭的需求量很大,煤炭也是其主要的生产原料,由于国家宏观调控的影响及煤炭市场的供求关系的变化,煤炭价格可能呈上涨趋势。已知某一品种的无烟煤现货价格为 300 元/吨,明年 9 月份的期货价格为 320 元/吨,而明年 9 月份该企业需要 2000 吨,如果现在买,储存成本又高达 20 元/吨,和到期价格相等,同时,不免存在不定的损失,如煤炭自燃的损失。该企业认为 320 元/吨的价格可以接受,但怕价格上涨,所以可以进行套期保值。策略是该企业可以买入 2 万吨的煤炭期货,如煤炭期货为 1000 吨/份,则可以买入 20 份期货合约，到期为明年 9 月份。到时，如果煤炭价格上涨到 330 元/吨，该企业则可以卖出煤炭期货，获利 20 万元，同时买入现货，价格为 330元/吨，比原来的 9 月份的预期多付了 2 万元，这样，二者相抵，使成本保持在原来的水平；反之，如果煤炭现货价格下跌，跌至 310 元/吨，则卖出期货，亏损 2 万元，而买入现货时，比原来少付了 2 万元，二者相抵，收益为零。所以，成本保持在原来的水平。

当然，需要注意的是，我们在计算过程中没有考虑交易费用，如考虑到这一因素，就存在一定额度的交易成本。但交易成本和套期保值的效果相比，何者更大，则决定了套期保值的必要性。另一个需要注意的是，套期保值的策略效果是和商品的价格也就是到期价和保值期初的价格是紧密相连的，如果我们不考虑到储存成本，则可以以期初价，即 300 元/吨作为比较基准。

期货与现货市场的收益情况可以用表 5-5 说明：

表 5-5　多头套期保值收益计算表

Table 5-5　The calculation about the revene of long hedge

现货市场收益	$-(p_s - p_0)$
期货市场收益	$p_f - p_s$
总收益	0

注：表中 p_s，p_f 分别表示现货价格与期货价格。

在本例中，设期货价格为 320 元/吨，现货价格为 330 元/吨，则现货市场的收益为 -10，而期货市场的收益为 10，所以，二者相抵，总收益为零。如果现货价格为 310 元/吨，则现货市场的收益为 10，而期货市场的收益为 -10，二者相抵，仍为零，即总收益为零。

算例 2：运用空头套期保值的范例

空头也称卖出套期保值，作为煤炭企业，用的更多。

如，某一煤炭销售公司，在下一个月有 4000 吨煤炭销售，而下个月的煤炭期货价格为 300 元/吨，考虑到有大批煤炭进口的可能性，下个月煤炭价格可能会下跌，所以，该企业采用了套期保值的策略，即卖出等量的煤炭期货，以规避价格下跌的风险。这样，如果煤炭价格真下跌，如跌到 280 元/吨，则其在不同市场的收益见表 5-6。

这样，总体收益为零，保证了煤炭企业的销售收益。

表 5-6　空头套期保值收益计算表

Table5-6　The calculation about the revene of short hedge

现货市场收益	$-(300-280)$ 元/吨
期货市场收益	$(300-280)$ 元/吨
总收益	0

3. 关于交叉套期保值与最佳套期比率的计算

理论上套期保值须遵循交易方向相反、商品种类相同、商品数量相等、月份相同或相近的原则，但套期保值并不能将价格风险全部规避，套期保值只是将价格风险转移为波动较小的基差风险，要减少或完全规避基差风险，就要求套期保值者在商品种类、合约到期月份及持仓数量上做出有效的选择。由于期货合约是标准化的，所以在尽可能规避价格风险时就有个最佳套期比率的确定问题，即确实最佳的暴露风险资产大小和期货合约头寸的比率，以最大限度地规避价格风险。同时，由于期货市场的合约种类有限，所以，为了规避价格风险，套期保值者可以选择与需保值的商品价格走势相近或趋同的期货作为套期保值的工具，这在理论上称为交叉套期保值。套期比率（Hedge Ratio）由下式表示：

$$h = \frac{\text{期货头寸}}{\text{现货头寸}} \tag{5-5}$$

最佳套期比率的确定由以下过程确定：

首先，在套期保值间资产组合的价值变化表达如下式：

$$\Delta P = \Delta S - h\Delta F \tag{5-6}$$

此式表示套期保值者处于资产的多头。式中：ΔP、ΔS、ΔF 分别表示资产组合的价值变化、现货在保值间的价格变化、期货在保值间的价格变化，其中：

$$\Delta S = p_s - p_0 \qquad \Delta F = p_s - p_f$$

而当处于资产的空头时，上式变为：

$$\Delta P = h\Delta F - \Delta S \tag{5-7}$$

当然，以上均假设价格上涨。假设价格下跌和假设上涨的公式没有差异。

显然，资产组合的方差则为：

$$\sigma_P^2 = \sigma_S^2 + h\sigma_F^2 + 2h\rho_{SF}\sigma_S\sigma_P \tag{5-8}$$

式中：σ_P、σ_S、σ_F、ρ_{SF} 分别表示现货价格变化的方差、期货价格变化的方差及二者的相关系数。显然，资产组合的方差大小取决于现货价格变化的方差、期货价格变化的方差及二者的相关系数。求方差的极小值，就是求使价格波动最小或风险最小的情况下的套期保值率，即对上式求套期比率的对数，并令之为零，则有：

$$h = \rho_{SF} \frac{\sigma_S}{\sigma_F} \tag{5-9}$$

显然，只有当现货与期货市场的标准差相等，且相关系数为 1 时，套期比率才为 1。当然，根据公式可以看到也存在其他情况，使套期比率为 1，即相关系数和现货的标准差的积等于期货市场的标准差。实务中，经常采集一定数量的期货价格和现货价格数据，并以回归法来确定最佳套期比率，回归方程的斜率即为最佳套期比率，而拟合系数则成为检验其效果的标准。

算例 3：表 5-7 为煤炭期货与现货的价格波动数据，试求其最佳套期保值率

表 5-7 煤炭期货与现货的价格波动

Table 5-7   The undulation of the coal future and coal coomodity

时　　间	煤炭期货的价格波动 ΔF	现货的价格波动 ΔS
12/07/06	55	−76
12/08/06	55	−76
12/09/06	55	−76
12/10/06	89	90
12/11/06	23	24
12/12/06	11	12
12/13/06	60	62
12/14/06	0	0
12/15/06	25	26

我们用 EVIEWS 作为计量分析工具，用回归法进行回归，结果见表 5-8。

表 5-8 回归分析计算表

Table5-8   The regression analysis of the coal future and coal coomodity

	Coefficient	Std. Error	T-Statistic	Prob.
C（1）	−16.49460	46.13040	−0.357565	0.7329
C（2）	0.264244	0.895146	0.295196	0.7778
R-Squared	0.804316	Mean dependent var		−5.000000
Adjusted R-Squared	−0.149965	S. D. dependent var		65.23803
S. E. of regression	69.95893	Akaike info criterion		11.54601
Sum squared resid	29365.51	Schwarz criterion		11.56587
Log likelihood	−44.18405	Durbin-Watson stat		1.041773

从表 5-8 可知，回归方程为：

$$\Delta s = -16.49460 + 0.264244 \Delta p + \varepsilon$$

式中，ε 为误差项。

根据上面的计算可知，最佳套期比率为零.26244，其含义即要保证套期效果，一单位的现货需要 0.26244 单位的期货来加以保值。

通过回归来确实套期保值率，在数学上是合理的，但在实务中是不可行的，原因有二：其一，各种价格的波动本身并不一定存在规律，而且数据的平稳性值得商榷；其二，期货与现货在数量上一般不会匹配，所以只是个近似的比率。

5.1.6　关于期货市场相关数据指标

期货交易，必须理解并把握期货的相关数据。表 5-9 为上海期货交易所 2006 年 7 月份统计汇总（Monthly Report），即月份成交金额与成交量的报表。

表 5-9　上海期货交易所成交额统计表

Table 5-9　The turnover in the Shanghai Future Excechange

成交金额 Turnover		当月 July' —2006	去年同期 July' —2005	同比% %change	上　月 Jun' —2006
铜	Copper	40822065.20	35139476.23	16.17%	37794340.73
铝	Aluminium	13015319.51	1769126.39	635.69%	23332772.48
天然胶	Rubber	57388441.61	14947151.12	283.94%	8141656.70
燃料油	Fuleoil	6598097.23	6528950.39	1.06%	7648890.61
合　计	Total	117823923.55	58384704.13	101.81%	150192571.52

成交金额 Turnover		环比% %change	当年累计 Jan' —July' 2006	去年同期 Jan' —July' 2005	同比% %change
铜	Copper	8.01%	196720225.74	277340835.45	−29.07%
铝	Aluminium	−44.22%	163339460.55	17879327.57	813.57%
天然胶	Rubber	−29.51%	303031226.08	34910818.44	768.02%
燃料油	Fuleoil	−13.74%	56418046.48	24645350.61	128.92%
合计	Total	−21.55%	719508958.85	354776332.07	102.81%

注：（1）成交金额：万元；（2）成交金额双向计算

表 5-10 上海期货交易所成交量统计表

Table 5-10   The volume in the Shanghai Future Excechange

成交量 Volume	当月 July'—2006	去年同期 July'—2005	同比% %change	上　月 Jun'—2006
铜　Copper	1214398	2117900	−42.66%	1213440
铝　Aluminium	1354248	214314	531.90%	2303912
天然胶　Rubber	4673936	1825714	156.01%	6291414
燃料油　Fuleoil	1819358	2285178	−20.38%	2187090
合　计　Total	9061940	6443106	40.65%	11995856

成交量 Volume	环比% %change	当年累计 Jan'—July' 2006	去年同期 Jan'—July' 2005	同比% %change
铜　Copper	0.08%	6726702	17681268	−61.96%
铝　Aluminium	−41.22%	15660408	2157786	625.76%
天然胶　Rubber	−25.71%	25771250	4827788	433.81%
燃料油　Fuleoil	−16.81%	15982368	9349196	70.95%
合　计　Total	−24.46%	64140728	34016038	88.56%

注：(1) 成交量单位：手；(2) 成交量为双向计算；(3) 合约大小：铜、铝、橡胶 1 手 ＝5 吨，燃料油 1 手＝10 吨。

除了成交量与成交金额外，还有持仓量和交割量两个统计指标，它们反映了市场的规模与活跃程度。

表 5-11 上海期货交易所持仓量统计表

Table 5-11   The Open Interest in the Shanghai Future Excechange

持仓量 Open Interest	当　月 July'—2006	去年同期 July'—2005	同比% %change	上　月 Jun'—2006	环比% %change
铜　Copper	84704	163288	−48.13%	83430	1.53%
铝　Aluminium	179538	36606	390.46%	159588	12.50%
天然胶　Rubber	50320	40000	25.80%	62522	−19.52%
燃料油　Fuleoil	58406	71344	−18.13%	61514	−5.05%
合　计　Total	372968	3113238	19.83%	367054	1.61%

注：(1) 持仓量单位：手；(2) 持仓量为双向计算；(3) 合约大小：铜、铝、橡胶 1 手＝5 吨，燃料油 1 手＝10 吨。

表 5-12　上海期货交易所交割量统计表

Table 5-12　The Delivery Volume in the Shanghai Future Excechange

交割量 Delivery Volume	当　月 July'—2006	去年同期 July'—2005
铜　Copper	2680	3035
铝　Aluminium	4355	1030
天然胶　Rubber	1848	1138
燃料油　Fuleoil	3650	90
合　计　Total	12533	5293

注：(1) 交割量单位：手；(2) 交割量为单向计算；(3) 合约大小：铜、铝、橡胶 1 手＝5 吨，燃料油 1 手＝10 吨。

资料来源：上海期货交易所。

期货交易行情见表 5-13（以 5 月 18 日广东有色金属现货交易行情为例说明）：

表 5-13　上海期货交易所 5 月 18 日广东有色金属现货交易成交量统计表

Table 5-13　The Delivery Volume in the Shanghai Future Excechange

单位：元/吨

品　名	交货期	最低价	最高价	涨跌幅	产地	更新日期
A00 铝锭	现货	20540	20660	—10	国产	2007-5-17
0♯锌锭	现货	30100	30200	—500	韶冶	2007-5-18
0♯锌锭	现货	30050	30150	—500	驰宏	2007-5-18
0♯锌锭	现货	29050	29350	—900	国产	2007-5-18
1♯锌锭	现货	28950	29250	—900	国产	2007-5-18
1♯电解镍	现货	433000	433000	—8000	金川	2007-5-18
1♯电解铜	现货	60700	61000	—3000	国产	2007-5-18
1♯铅	现货	16550	16750	—50	国产	2007-5-18
1♯电解钴	现货	505000	510000	0	金川	2007-5-18
1♯锡	现货	106000	107500	—250	国产	2007-5-18
1♯光亮铜线	现货	58400	58600	—1700	国产	2007-5-17

资料来源：《华尔街电讯》WSwire. COM（日期：2007-5-18 15：17）。

通过阅读与对期货数据进行信息分析，就基本可以了解期货的趋势，从而为期货交易的决策提供参考依据。

5.2 我国发展煤炭期货的必要性与可行性研究

期货作为一种成熟的金融衍生工具，不仅具备利于资源优化配置、价格发现、信息发现与传输等诸多功能，更是一种重要的风险管理工具，而且在许多领域运用相当成熟。那么，能否应用于煤炭产品，为我国的煤炭产业及其下游产业提供一种可资借鉴的风险规避工具，以利于其集中精力搞好生产与经营，同时，也为国家的能源宏观调控提供真实、有效的信息。许多学者对此进行了卓有成效的研究，本节也将就此问题进行研究。

5.2.1 发展煤炭期货的必要性及现实意义

显然，从其机理上讲期货具有价格风险管理、价格发现的功能，是一个很好的管理价格风险的工具，而从实践上，商品期货、金融期货业已在经济领域发挥了巨大的作用，从我国的国情看，发展煤炭期货很有必要性。

首先，国内煤炭价格波动是发展期货的客观要求。发展煤炭期货或者进行金融创新，开发可以规避煤炭价格风险的金融衍生产品，是煤炭价格波动性的客观要求。煤炭价格市场化改革开始以来，价格呈现出较高的波动性，尽管波动是以增长为主趋势的，但也存在回落的现象，从价格的涨幅看来，其幅度是其他商品不可比拟的，比如秦皇岛的大同优混（5600 大卡以上）的火车车板价，2001 年 1 月 10 日为 220 元/吨，而到 2005 年 1 月 5 日则为 405 元/吨，涨幅为 84.9%，平均年涨 21%，一些优质煤炭涨幅甚至达 90%，所以，从国内的煤炭价格来看，其波动不可不谓巨大，而其波动和供需矛盾紧密相关。

现有各类煤矿大多数处于满负荷和超负荷生产状态。"十五"期间开工建设的煤矿大多要到"十一五"才能投产，2005、2006 年大中型煤矿投产规模分别为 1.2 亿吨和 0.7 亿吨，新增产量分别为 1 亿吨和 0.5 亿吨。资料显示，近两年中国煤炭消费迅猛增加，递增速度都在 2 亿吨以上，需求存在巨大的缺口，煤炭价格难以稳定。煤炭消费强度大、利用效率低是造成供需紧张的又一个重要原因。如火电厂煤耗比国际先进水平高 22.5%，燃煤工业锅炉平均运行效率比国际先进水平低 15 至 20 个百分点，火电机组平均效率比国际先进水平低 6 至 7 个百分点；煤炭利用中间环节（加工、转换和贮运）损失量大，浪费严重。因此，我国煤炭的供求矛盾仍难以缓解，国内煤炭价格波动不可避免。

　　其次，发展期货产品是国际煤炭价格波动的现实要求。从国际市场的煤炭价格看来，其波动也很大，我们以 1980—2005 年的日本进口动力煤价为对象进行衡量。其波动趋势图如图5-7所示：

图 5-7　煤炭价格波动趋势图

Fig. 5-7 The trend of coal price

资料来源：历年的 IEA，Coal Information。

　　可见，国际煤炭价格也具有较大波动性的。2006 年，国际煤炭价格出现了大的波动，如澳大利亚煤价继续保持强劲反弹势头，2006 年 2 月 16 日，反弹至 47.00 美元/吨，涨幅为 23.85%，回到了 2005 年 8 月份的水平，但与去年 53 美元/吨的年内最高价还有一段距离。南非市场煤炭现货价格也呈现相似的反弹走势，美国的煤炭价格上涨则达 10%。所以，国际市场煤炭价格的波动，也使发展期货、参与国际煤炭市场具有必要性和紧迫性。

　　第三，煤炭期货对于煤炭价格风险管理具有重要的现实价值。从 1848 年芝加哥交易所开发期货算来，期货发展了 158 年（1848—2006），已积累了丰富的管理经验，其运作机制及管理体制已相当成熟，成为风险管理的优秀工具，煤炭市场的价格风险，使得煤炭产业及其下游产业急需风险管理的工具，而期货的套期保值的功能，则使这一需求得以满足。煤炭供需双方完全可以通过在期货市场上买卖期货和约进行保值，以锁定各自的利润与成本，从而避免因为煤价的大起大落而影响到彼此的正常生产。这不仅有利于其集中精力组织生产，也可以规避可能导致的宏观经济的波动性。

第四，启用煤炭期货，有利于利用期货市场的价格发现功能和信息发现功能，优化煤炭资源的配置。期货市场由于具有交易的集中性、公开性、公平性，具有发现价格功能，且这一价格反映了真实的市场供需关系，所以，开设煤炭期货交易可以为煤炭市场参与者提供一个明确、合理的近期、中期和远期价格，以及该价格今后可能的变动趋势。使得煤炭生产者和消费者可以根据价格趋势进行合理的生产决策，以实现经济利益的最大化，所以，有利于煤炭资源的优化配置；而其信息发现功能，不仅为生产与消费者，也为煤炭的宏观管理部门提供了资源管理的相关信息，便于其进行煤炭生产与消费的调控，以保证国家的能源安全及其利用效率。

最后，发展煤炭期货交易可以提高我国在国际煤炭市场上的价格决定权。我国是世界上第一煤炭生产国，也是煤炭消费国，所以，应该在国际煤炭市场上具有价格主导地位，而发展煤炭期货，可以在国际煤炭资源的配置上发挥煤炭大国的作用，避免出现类似铁矿石、大豆、石油等价格受制于人的局面，在一定程度上保证以较合理的价格实现我国的煤炭能源的供应，从而保障我国的能源安全，促进国民经济的平稳发展。

5.2.2　国内外煤炭期货的实践状况

煤炭期货在国内外的发展并不理想。首先从国外经验看，2001 年 7 月 12 经美国交易所执行委员会批准，煤炭期货在纽约商品交易所上市，正如该交易所主席文森特·维奥拉所言："煤炭期货的推出将丰富和完善交易所向能源行业所提供的风险管理服务，希望所推出的煤炭期货合约能够像我们所推出的其他能源合约一样，成为煤炭行业的有力武器。"然而，事与愿违，该合约上市以来的交易情况并不理想，合约空盘量极小，历史最大日空盘量仅为 712 手且交易极不活跃。最大年成交量为 4124 手（2002 年创下），即便按商品期货 3％的高交割率计算，才折合 19.12 万吨。这显然与美国煤炭每年高达 10 多亿吨的产量和消费量极不相称。成功的期货合约最直接的标志就是稳定而且较高的交易量，纽约商品交易所中心煤炭期货交易极不活跃及合约空盘量极小的特点说明美国的煤炭期货合约并不成功，并没有取得理想的成绩。一些学者认为美国的煤炭期货起到了稳定美国煤炭价格的作用，从事实来看，显然有失偏颇。

从我国的实践看来，1992 年年底，煤炭部、国内贸易部和上海市政府共同在上海组建煤炭期货交易所，其会员单位包括煤炭生产、物流、消费和金融服务等近百家企业。交易机制采用集中交易、公开竞价、平等协商、统一结算。交易的方式为公开喊价和计算机自动撮合。交易的品种为烟煤、无烟煤和洗精煤。可是由于当时市场监管漏洞太多，以致非法倒卖合同、转手抬价行为猖獗，交易秩序非常混乱。一年半后，即 1994 年 4 月 6 日国务院果断地停掉了煤炭期货交易。当时国务院证券委即发出通知要求停止煤炭期货交易的直接原因是非法倒卖合同、转手抬价行为猖獗。但深层次的原因是我国煤炭资源的运输瓶颈的限制、煤炭期货标准合约的不合理、煤炭仓储的特殊性、煤炭品种的不合理及煤炭期货交割的客观困难。所以，从国内的实践看来，煤炭期货也是不成功的。

可见期货尽管是一种极好的风险管理工具，并且在理论上相当成熟，但国内外的实践均不理想，说明其必然存在客观困难，尤其在当前没有很好地规范煤炭成本及交易的中间环节、消化运输瓶颈之前，我国的煤炭期货启动应谨慎而行。

5.2.3　我国煤炭期货实践的难点及存在的问题

煤炭期货究竟是否可以施行，要做一个系统的分析。从煤炭价格风险的角度看，确实需要推出一些风险管理工具，使煤炭企业及其下游企业可以规避价格风险，因为煤炭价格风险是客观存在的，煤炭价格市场化的改革已经完成，其价格随诸多因素表现出较大的波动性，并已给煤炭企业及其下游企业带来了较大的价格风险。2004 年，我国的煤炭价格在 2003 年的基础上再涨 25％，最高的河南永城矿区用于炼钢喷吹的无烟煤售价竟上涨 260 元/吨，幅度几近达 86％。从国际煤价看，2004 年上涨幅度为 50％。煤炭价格的巨大波动，给煤炭的下游产业造成了巨大的价格风险敞口，严重影响了其现金流，极易诱发财务危机。当然，煤炭价格并不是只涨不跌的，从历史资料看，从 1996 年到 2000 年，煤价连续下跌，跌幅分别为 5.7％、17.7％、18.9％、15.6％，其结果是大多数煤炭企业亏损严重，甚至出现了停产的局面，不仅给煤炭企业的正常经营造成了危机，而且严重影响了矿区人民群众的生活。所以，现实情况需要推出金融衍生产品作为煤炭价格风险管理的工具。同时，期货作为一种成熟的风险规避工具，除了具有价格发现、信息暴露等功能外，确实可以使煤炭生产者和下游产业加强对煤炭价格风险的管理，减少经营中的不确定性，避免价格风险。但如前述，煤炭期货的推出在国内外是不成功的。那么，我国现阶段究竟是否应该推出煤炭期货？发展煤炭期货存在哪些问题及难点？

首先，开设煤炭期货交易的技术条件尚存在问题。开设煤炭期货要求三个基本条件，一是有一个专门的交易所从事该商品的交易；二是交割仓库设置便利，便于交割；三是期货合约设计是标准化的，而标准化的合约要求商品具有交易的大宗性、可储藏性、价格波动频繁性和品质的可划分性。从这三个条件看，设立一个交易所从事煤炭期货的运作不存在问题，可以在目前的三大交易所选择一家具有运作煤炭期货优势的交易所进行，可以选择有历史经验的上海交易所，也可以选择地理位置优越的郑州交易所。第二个要求交割仓库便利，对于这我国来说存在困难，因为我国北方多煤，存在北煤南运这样一个特点，煤炭生产比较集中，而消费又比较分散，因此，在仓库的选择上很难做出最优的选择；再从煤炭的特性来讲，可储藏性和品质的划分性也存在一定的问题，煤炭不能长期储藏，不然会出现自燃耗损等现象，而其品质的划分则更具有难度。我国煤炭分类，首先按煤的挥发分，将所有煤分为褐煤、烟煤和无烟煤。对于褐煤和无烟煤，再分别按其煤化程度和工业利用的特点分为 2 个和 3 个小类；烟煤部分按挥发分大于 10％～20％、大于 20％～28％、大于 28％～37 和大于 37％的四个阶段分为低、中、中高及高挥发分烟煤。关于烟煤粘结性，则按粘结指数 G 区分：0～5 为不粘结和微粘结煤；大于 5～20 为弱粘结煤；大于 20～50 为中等偏弱粘结煤；大于 50～65 为中等偏强粘结煤；大于 65 则为强粘结煤。对于强粘结煤，又把其中胶质层最大厚度 Y＞25mm 或奥亚膨胀度 b＞150％（对于 Vdaf＞28％的烟煤，b＞220％）的煤分为特强粘结煤。我国煤炭分类国家标准见表 5-14。

表 5-14 我国煤炭分类国家标准

Table 5-14 The nation standard of coal in our country

类别	缩写	分 类 指 标					
		Vdaf％	G	Ymm	b％	PM％	Qgr，maf
无烟煤	WY	<=10	—	—	—	—	—
贫煤	PM	＞10.0～20.0	<=5	—	—	—	—
贫瘦煤	PS	＞10.0～20.0	＞～20	—	—	—	—
瘦煤	SM	＞10.0～20.0	＞20～65	—	—	—	—
焦煤	JM	＞20.0～28.0 ＞10.0～20.0	＞50～60 ＞65a	<=25.0	(<=150)	—	—
肥煤	FM	＞10.0～37.0	(＞85a)	＞25	a	—	—

续　表

类别	缩写	分 类 指 标					
		Vdaf%	G	Ymm	b%	PM%	Qgr, maf
1/3 焦煤	1/3JM	>28.0～37.0	>65a	<25.0	(<220)	—	—
气肥煤	QF	>37.0	(>85)	>25.0	>220	—	—
气煤	QM	>28.0～37.0 >37.0	>50～65 >35	<=25.0	(<=220)	—	—
1/2 中粘煤	1/2ZN	>20.0～37.0	>30～50	—	—	—	—
弱粘煤	RN	>20.0～37.0	>5～30	—	—	—	—
不粘煤	BN	>20.0～37.0	<=5	—	—	—	—
长焰煤	CY	>37.0	<=35	—	—	>50	—

注：(1) G>85，再用 Y 值或 b 值来区分肥煤、气肥煤与其他煤炭，当 Y>25.0mm
　　　　时，应划分为肥煤或气肥煤，如 Y<=25mm，则根据其 Vdaf 的大小而划分
　　　　为相应的其他煤类。

　　　(2) 按 b 值分类时，Vdaf<=28%，暂定 b>150%的为肥煤，Vdaf>28%，暂定
　　　　b>220%的为肥煤或气肥煤，如按 b 值和 Y 值划分的类别有矛盾时，以 Y 值
　　　　划分的为准。

　　　(3) Vdaf>37%，G<=5 的煤，再以透光率 PM 来区分其为长焰煤或褐煤。

　　　(4) Vdaf>37%，PM>30%－50%的煤，再测 Qgr, maf，如其值>24MJ/kg
　　　　(5739cal/g)，应划分为长焰煤。

　　如此多的品种，煤炭期货的标准化合约不可能都涵盖，加以还有灰分、水分等的鉴别问题，使标准化合约的制定和落实存在很大的技术问题。所以，从技术角度看，煤炭期货的开发存在技术性问题。

　　其次，市场体制尚不健全。我国的市场化改革进行得很快，与煤炭相关的许多下游产业如化肥、水泥行业都实现了市场化，唯独消费量占煤炭消费总量60%左右的电力行业还没有完全实现市场化，许多学者称之为逆序改革，即市场化本来应该是从下游到上游的，而我国是反其道而行之。所以，导致我国煤炭市场是一个有限开放、竞争并不十分充分的市场。这种体制与期货市场的价格发现功能是相违背的，试想如果绝大多数的煤炭价格是计划或指导性价格，期货市场可能会得到真实的反映供需力量的价格吗？当然，更不能提供真实、有效的市场信息以指导生产，实现资源优化配置。国家发改委实行的煤电价格

联动政策。从风险管理的角度讲，实际是一种电力企业煤炭价格风险转移的政策，对电力行业是一种适度保护措施，即将煤炭价格上涨对电力企业造成的风险敞口 70% 转嫁于各类电力消费主体，对于煤炭行业可能出现的煤炭价格下跌所带来的价格风险来讲，没有任何价值，所以，是不对称的。从操作的角度看，也存在煤炭价格、发电成本及电价调整幅度的确定问题，存在和我国的电力及煤炭市场化改革相悖的问题。另外，对于电力行业加强管理、挖掘潜力、降低成本也有不利的影响。所以，煤电联动只是解决煤炭价格上涨时煤电行业利益的过渡性政策，对于解决煤炭价格风险意义不大。解决煤炭期货问题和煤炭价格风险的问题的关键还是要推进电力的市场化改革。

其三，我国煤炭价格形成机制不完善。我国的煤炭价格形成机制很不完善，其主要问题是中间环节费用很高，占了煤炭价格的 50% 以上，缺乏统一、集中的市场，而且在价格上政出多门，极不统一，所以，价格极为混乱，而如果不能很好地规范中间环节，尤其是运输环节的费用问题，煤炭价格就不可能真正反映供给和需求，另外，我国的煤炭价格没有很好地包括其外在成本、环境补偿成本，而这些问题是在煤炭期货实施之前必须解决的。

最后，运输问题。我国煤炭储量 90% 位于西北地区，其中仅新疆、内蒙古和山西三省（区）的储量就占 75% 以上。经济发达的华东地区储量仅为 2%，产量仅占全国总产量的 11%，消费量却占全国近 1/3。煤炭生产和消费地区分布的不对称格局不仅决定了煤炭运输在煤炭供应和消费中占有重要位置，而且也造成了北煤南运、西煤东调的局面，使煤炭这种大宗散装物资的运输呈现出跨度大、距离远、运量大的特点。而我国交通运输能力又严重不足，所以，运输问题是影响推出煤炭期货交易的重要因素。要发展煤炭期货则必然要解决运输问题，否则煤炭期货推行后必然会受到制约，实现不了相应的规避风险和价格发现的功能。

5.3 我国发展煤炭期货的决策建议

任何事物的存在是有条件的，条件具备则可行，条件不具备则不可行，古人云：橘生南则为橘，生北则为枳，就是这个道理。期货也如此，发展煤炭期货能否实现，首先要看煤炭产品的品质特性是否适合作期货，其次要看在我国发展煤炭期货的条件是否成熟。只有在条件成熟的情况下推行煤炭期货方可得到风险规避、价格发现、资源优化配置的功能。从我国的实际情况看来，我们认为目前还不具备推进煤炭期货的条件，应该选择和开发其他金融衍生产品作为煤炭价格风险规避的工具，但若要推行煤炭期货则需做好以下工作：

第一，要规范煤炭价格的形成机制。我国煤炭价格经过四个阶段的改革：2002 年起国家停止发布电煤政府指导价格。2005 年国家规定不再对电煤价格进行管制之后，我国的煤炭价格形成机制发生了质的变化，即由政府定价转变为市场形成价格，煤炭资源的分配手段由政府指令性分配转化为市场配置，然而，一年一度的煤炭订货会仍然存在，以这种形式由供求双方敲定一年的价格和供需量显然不能反映市场的变动，不具有灵活性；其次，煤炭价格构成中在成本缺失：煤炭的生产过程，既是煤炭产品的生产过程又是环境破坏、资源枯竭的过程，这决定了煤炭企业在产品生产过程中，既要支付产品生产本身的成本，又要支付环境破坏、资源枯竭方面的费用，即煤炭生产的"附加性成本"。既要通过产品成本核算补偿产品生产过程消耗的价值，实现其自身的再生产，又要通过环境成本核算补偿产品生产过程消耗的环境资源的价值，实现环境资源的再生产。然而，现实情况是这些外在成本并没有完全内化于企业生产的成本中去，使得煤炭的价值和价格背离。2006 年，国家在山西试行提取环境补偿基金和可持续发展基金制度，做了多方面的努力，但并不完善。另外还有颇受争议的资源税、增值税问题、能源比价问题、中间费用问题，都使得煤炭价格的形成机制的重要部分——煤炭成本的匡算存在问题。成本不规范，煤炭的坑口价就不规范（以成本加成定价法定价）。

第二，国家以煤电联动机制来解决煤电的价格纷争也存在缺陷。煤电联动始于 2003 年 12 月 28 日，当时国家发改委建议，2004 年发电用煤重点合同价格在 2003 的年合同基础上，平均每吨上调不超过 12 元。此前，发改委对电价做出调整即自 2004 年 1 月 1 日开始，将全国省级以上电网调度的燃煤机组上网电价一律提高 0.7 分钱（含税）。2004 年 12 月 15 日国家发改委正式印发了《关于建立煤电联动机制的意见的通知》〔发改价格（2004）2909 号〕，决定建立煤电价格联动机制。其基本原则是电价与电煤价格实行联动，在一定周期内（一般是 6 个月为一个周期），平均煤价变化幅度达到和超过 5% 时，相应调整电价。其中，电煤涨幅的 30% 由发电企业消化。在销售电价与上网电价联动方面，居民电价、农业电价和中小化肥企业的电价原则上一年内最多调整一次。关于煤电联动，众说纷纭，但从风险管理的角度讲，实际是一种电力企业煤炭价格风险的转移，对电力行业是一种适度保护措施，即将煤炭价格上涨对电力企业造成的风险敞口 70％转嫁于各类电力消费主体，并没有解决煤炭行业可能出现的煤炭价格下跌所带来的价格风险。电价的上涨对物价水平具有极大的带动作用，如果煤炭价格持续上涨，电价的上涨将会扩散到整个国民经济则通货膨胀不可避免。所以，这种只转移了电力行业的煤炭价格风险的机制尽管尽显谨慎，但并不能解决煤炭价格风险，而是将煤炭价格风险扩大到了整个国民经济领域，对于经济稳定极为不利。从操作的角度看，也存在煤炭价格、发电成本及电价调整幅度的确定问题，存在和我国的电力及煤炭市场化改革的相悖问题。另外，对于电力行业加强管理，挖掘潜力，降低成本也有不利的影响。所以，煤电联动并不是只是一个解决煤电行业利益的过渡性政策，对于解决煤炭价格风险意义不大。同时，也不利于煤炭价格的市场化，一是国家不定期的价格限制，使得价格和供需原理脱节，二是国家若不对煤炭价格管制，由于价格风险可以转移，无论煤炭企业还是电力企业都缺乏提高管理、压缩成本、挖掘潜力的动力，不利于提高煤炭资源的利用效率，不利于形成合理的煤炭价格。

第三，从煤炭期货的技术角度即标准化合约的制定问题上，可以选择交易量大的煤炭品种制定较为细致的标准化合约，但在交割时对煤炭品质的检验上，却存在困难。我国在 1992 年对煤炭期货的实践失败的主要原因是非法的炒作，但还有一个原因，就是煤炭期货的品种存在问题，只有烟煤、无烟煤和洗精煤，品种不多，划分不细，所以，在开发煤炭期货时，一定要进行充分的调研，选择交易量最大的几个煤炭品种来制定期货合约，只有交易量大，才能发挥期货的价格发现功能和风险规避功能，也才能对煤炭产业及其下游产业具有现实意义；另一方面，由于煤炭储藏时存在自燃、风化、雨淋等因素的影响，所以，必然使煤炭的数量、品质受到影响，在交割时和合约规定的品质要求存在差异，这必然要求一方面在交割仓库的选择和建设上采用较先进的技术，保证煤炭的品质，另一方面，对于可能存在的品质差异，要有一个合理的由供需双方认可的误差标准，这样才能保证煤炭期货具有可操作性。

第四，要解决运输问题。煤炭交割最大的问题还是运输问题，由于我国路网总量偏少，基础差，负荷重，铁路运输能力十分紧张，煤炭运输存在瓶颈，若不解决，不仅使煤炭与电厂之间履行合同变得困难，也必然会使煤炭运达不到相应的交割仓库，煤炭期货的实践也就存在硬伤。从我国的情况看，尽管大秦线、侯月线已建成并启用，缓减了煤炭运输的压力，但运输问题仍很紧迫，且运输费用及其他中间费用居高不下，占煤炭价格的 50％之多，而只有充分发展我国的交通事业，才能解决这一问题，所以，运输便利是发展煤炭期货的重要保证，发展煤炭期货必须尽快解决运输问题。煤炭市场不合理价格的重要原因之一，是煤炭储运能力不足。煤炭企业与电厂之间履行合同已经变得困难。

第五，要进一步完善和规范期货的管理措施。1992 年我国的煤炭期货被国务院封杀，其原因是市场监管漏洞太多，以致非法倒卖合同、转手抬价行为猖獗，交易秩序非常混乱。美国纽约商品交易所的煤炭期货之所以能够对煤炭价格起到平抑的作用，其根本原因就在于纽约商品交易所较为严密的管理体系，所以，在我国推出煤炭期货时，一定要汲取国外期货管理的经验，对期货的管理体系、制度设计进行深入细致的研究，对可能存在的管理漏洞加以弥补，建立富于效率的期货管理与运作机制。

最后，煤炭价格具有较大的波动性，是其风险管理存在的基础，但煤炭期货目前的实践差强人意，必然有其现实原因，除产品本身的特性外，还有其他有待深入研究的问题，这需要在实践中加以研究并克服。

我国的能源消费以煤炭为主，这与美国的能源消费结构有所不同，从这个意义上讲，发展煤炭期货有客观基础，推出煤炭期货也具有必要性和可行性，但在条件不成熟时，仍须谨慎从事。

5.4　期权的基本理论及其在风险管理中的应用

5.4.1　基本概念

作为一种具有三十多年历史的金融衍生产品，期权实际已具有较为准确的定义，国内外对它的界定基本一致。对外经济贸易大学的门明教授对期权的定义较为简约，认为期权就是以固定的价格在确定的期日之前买进或卖出资产的权利[①]；查尔斯则从期权和远期、期货和互换的不同点对期权进行了界定，他认为期权合约从合约的一方向另外一方所传递的是权利，而前面几种合约都是给交易的某一方施加了义务，远期、期货和互换合约赋予一方在一个特定的日

---

① 门明. 金融衍生工具原理及应用 [M]. 北京：对外经济贸易大学出版社，1999：21—34.

期以一个特定的价格购买一种特定的资产，同时也要求另外一方进行相对应的出售，但是对于期权而言，它赋予其购买者在一个特定的日期以特定的价格购买或出售一种特定资产的权利①。期权一种具有全新特征的契约形式，它赋予期权的持有人一种权利，使其能在规定的时期内或在将来的某个特定的日期，根据自己的意愿决定是否按合约规定的执行价格或协定价格买进或出售规定数量的某种金融资产或实物商品②。它包括以下几个基本概念：

（1）期权的购买方与出售方，或称为合约对手方，期权的购买方也称持有者或期权多方，在支付期权费后，就拥有在合约规定的时间行使其购买或出售标的资产的权利，也可以不行使这个权利，而且不承担任何义务；期权的出售方也称为签发者或期权的空头，在收取了买方支付的期权费后，承担了在规定时间内根据买方要求履行合约的义务，而没有任何权利。用另外一种方式可以说，期权的买方可以被看作是持有一个多头的期权头寸，而期权的卖方持有一个空头的期权头寸。显然，在期权交易中，买卖双方在权利或义务上有着明显的不对称性，期权费则正是这一不对称性的弥补。由买方支付给卖方，一经支付不再退还，而不管权利行使与否。

（2）买或卖的权利。期权交易形成了两重买卖关系：即期权本身的购买和出售形成的期权的买卖关系，对期权标的资产的购买与出售构成的看涨期权与看跌期权。以事先确定的价格购买一种资产的期权称作是看涨期权（Call Option），看涨期权的买方有权利购买资产，而交易的另外一方，即看涨期权的出售方，在收取期权费后，有义务以规定的价格在将来出售资产；以事先规定的价格出售一种资产的期权称为看跌期权（Put Option）。看跌期权的买方有权利以固定的价格出售资产，而卖方有义务以固定的价格购买资产。

（3）资产、价格与日期。期权的标的资产很多，它可以是权益、权益指数（股票）、利率、汇率以及实物商品。而以股票期权、指数期权、汇率期权、债券期权占有主导，比如，CBOT 有超过 900 种以上的股权期权，而指数期权的交易占总期权交易量的近 50%，而实物期权主要有能源期货期权与农产品期货期权；期权买方购买或是出售资产的价格称为执行价格（Exercise Price/Strike Price），显然合约一确定，期权的购买方必以执行价格和将来实际资产

---

① 查尔斯·W. 史密斯. 管理金融风险：衍生产品、金融工程和价值最大化管理 [M]. 北京：中国人民大学出版社，2000：164.

② Ajd，Samam. Pindyck，Robert S. Time to build，Option Value and Investment Decision [J]. Journal of Financial Economics，1987（18）：7—27.

的价格来确定是否执行合约，由此产生了期权的内在价值、实值和虚值及平价的概念。所谓内在价值（Intrinsic Value）也称货币性（Moneyless），是指期权买方行使期权时可以获得的收益现值。对于看涨期权买方而言，就是市场价格高于执行价格而带来的收益，对于看跌期权的买方而言，就是市场价格低于执行价格而带来的收益，显然，若以 S、X、S_T 分别表示资产的现价、合约的执行价及资产到期日的价格，对于欧式看涨期权，其内在价格计算为[①]：

$$Max(S - Xe^{-r(T-t)}, 0) \tag{5-10}$$

或：

$$Max[(S_T - X)e^{-r(T-t)}, 0] \tag{5-11}$$

这里隐含的是资产以无风险收益率获得报酬，且市场可以以不低于无风险收益率的利率获得贷款，如果 $S_T e^{-r(T-t)} > S$，则存在套利行为，所以，$S_T e^{-r(T-t)} = S$。而对于欧式看跌期权，有：

$$Max(Xe^{-r(T-t)} - S, 0) \tag{5-12}$$

内在价值大于零，则期权的购买者执行期权获利，反之放弃期权。所以，期权有无内在价值是期权买方行使权利与否的决定因素。

而实值期权（In the Money）则是指内大价值为正，虚值期权（Out of the Money）指内在价值为负，平值期权（At the Money）则指内在价值为零。内在价值与期权的衡量标准见表 5-15。

表 5-15　期权内在价值与期权的衡量标准

Table 5-15　The intrinsic value of option and its classified standard

		看涨期权	看跌期权
实值期权	欧式期权	$S > Xe^{-r(T-t)}$	$S < Xe^{-r(T-t)}$
	美式期权	$S > Xe^{-r(T-t)}$	$S < X$
虚值期权	欧式期权	$S < Xe^{-r(T-t)}$	$S > Xe^{-r(T-t)}$
	美式期权	$S < Xe^{-r(T-t)}$	$S > X$
平价期权	欧式期权	$S = Xe^{-r(T-t)}$	$S = Xe^{-r(T-t)}$
	美式期权	$S = Xe^{-r(T-t)}$	$S = X$

注：上述是资产无红利情况下的期权。

日期是指期权的执行的截止日或到期日，根据是否可以在到期日前执行，

[①] 列斯查特著．苗逸译．进行金融派生物交易的一种公式 [J]．国外社会科学，1998（4）：25—26.

将期权分为欧式期权与美式期权，只能够在到期日执行的期权称为欧式期权，而在到期日和到期日的任何一天均可以执行的期权称为美式期权。显然，美式期权较欧式期权对于购买方具有更大的灵活性。

（4）期权费。期权的买方支付给期权卖方的一定的费用，称为期权费或期权价格。期权费和期权交易的单向保险性质相联系，期权和期货不同，市场主体在运用期货进行保值时，直接根据合约需要进入合约的多头或空头，在他们把亏损的可能转移出去的同时，也把盈利的可能转移出去了，其最大优点在于获得了确定的市场价格，因而是一种双向保值，而期权不同，市场主体通过期权进行保值，一般会选择期权的多头，然后根据自己的需要选择看涨或看跌期权，在交易中，多头享有执行与否的主动权，显然只保留了风险的有利部分而转移了风险的不利部分，是一种单向保值，从市场的公平有效出发，多头方则必然要支付相应的成本，即期权费，这如同投保人向保险公司支付保险费的本质是一样的，都是为了规避风险而付出的代价，所以，期权费与保险费为同一单词——Premium。

5.4.2 期权的产生与发展

期权的应用要追溯到古希腊和古罗马时代，当时已出现了期权交易的雏形。到 18、19 世纪，美国和欧洲的农产品期权交易已经相当流行，19 世纪，以单一股票为标的资产的股票期权在美国诞生，1973 年以前的期权交易都是在非正式场外市场进行的，而 20 世纪之后，美国率先出现了有序的期权交易市场，即"看跌期权与看涨期权经纪商与自营商协会"，此协会负责对买卖进行撮合，但并未改变 OTC 的根本特征。1973 年芝加哥期货交易所创办了世界上第一个集中性的期权市场，即芝加哥期权交易所，标志着期权这一金融衍生品正式得到人们的重视并在经济领域发挥重大作用。与此同时，期权的相关理论也得到迅速发展，最早的期权定价模型是法国数学家 Louis Bachelier 于 1909 年在《投机理论》一文中提出的，该模型为现代期权理论奠定了基础。在 20 世纪 40 年代末 Kiyoshi Ito 发展了随机积分，成为后来金融领域中的基本数学工具。20 世纪 60 年代期权定价理论得到快速发展，主要的有：斯普里克尔的看涨期权价格模型、博内斯的最终期权定价模型、萨谬尔森的欧式看涨期权模型。1973 年，Fischer Black 和 Myron Scholes 在金融领域取得了一个重大的突破，他们利用 7 个假设条件推导出基于无红利支付股票的衍生证券的价格必须满足的微分方程，称为 Black-Scholes 微分方程。同一年，这一结果由 Merton 推广到基于支付连续红利股票的欧式期权定价。1976 年，John C Cox 和 Stephen Ross 将风险中性定价法引入期权定价分析，此后又创立了二叉树期权定价模型，开始研究对具有多个不确定因素和多个决策期的复杂期权定价问题。目前，欧式期权的定价研究已经较为完善。对于美式期权的定价，由于美式期权执行时刻的不确定性，相对而言，其定价比欧式期权定价要困难一些。利用平价公式，Fischer Black 和 Myron Scholes 得到了不付红利股票的美式看跌期权解，Mac millan，Barone Adesi 和 Whaley 提出了其解析近似解方法。

从期权的发展历史看来，尽管期权交易在古希腊和古罗马时代已存在其雏形，但其真正的形成和发展只有近 30 年的历史，即便如此，期权还是在风险管理中表现出巨大的潜力，成为重要的金融衍生产品。

5.4.3 期权的分类

经过近 30 年的发展，期权的种类得到了大大拓展，当然，这种拓展也是基于市场的需求，期权按买进或卖出的权利分为看涨期权（Call Option）和看涨期权外（Put Option），还可按交易日期的规定分为美式期权（American Option）和欧式期权（European Option），除此外，还有更多的分类[①]，如表 5-16：

表 5-16 期权分类表
Table 5-16 The sort of option

期权种类	分 类 标 准
期权购买方的权利	看涨期权与看跌期权
交易时限	美式期权与欧式期权
内在价值	实值、虚值和平价
标的资产的种类	股票、货币、指数、期货、利率、互换、复合和实物期权
产品结构	常规与奇异期权
期权卖方履约的保证	有担保与无担保期权
期权的交易场所	交易所期权与场外期权

---

① loch, Christoph H, Kerstin Bode-Greuel. Evaluating Growth Options as Sources of Value for Pharmaceutical Research Projects [J]. R&D Management, 2001, 31 (2)：231—248.

其中奇异期权（Exotic Option）是相对于标准期权或常规期权而言的，常规期权是标准化和常规化的，如欧式期权与美式期权。奇异期权更为复杂，如障碍期权（Barrier Option）、亚式期权（Asian Option）、回溯期权（Lookback Option）等。障碍期权以某个特定的价格水平作为"障碍"，也就是临界值，对于敲出障碍期权，当标的资产价格达到这一临界值时，期权作废，未得此水平，仍为一个常规期权，而敲入障碍期权恰恰相反，只有在标的资产价格得到这一临界值时，才有效，反之作废；亚式期权的到期损益则决定于其在一段时期的平均价格；回溯期权的收益则取决于一段时期的最大价格和最小价格。

5.4.4 期权的特点、作用及意义

期权交易具有 5 个显著的特点：

（1）期权合约向其持有者提供的是按协议价格购买或出售规定数量的某种资产的权利而不是义务，即期权合约的执行与否由期权购买者决定，他可在市场行情有利时执行，而在市场行情利空时放弃。

（2）期权具有非对称性，即指期权交易的潜在收益与风险的非对称性，期权购买者承受的最大风险就是确定的期权费，而其收益从理论上分析则是无限的，当然，事实上不可能无限，因为资产不可能无限地涨价和跌价；对于期权的出售方而言，其收益是事先确定的，即期权费，而风险则是无限的，由于同样的原因，这一结论也是只是在理论上成立。所以，期权具有非对称性。

（3）期权交易具有集中性、合约的标准化和流通性极好的二级市场，这决定了期权交易管理和价格信息、产品信息发布的有效性和期权合约的流动性。

（4）和期货一样，期权交易清算所的建立，解决了信用风险问题，这是场外交易所不具备的优势，也使期权的场内交易能够得到发展。

（5）现代信息技术的发展，使无纸化交易得到发展，也使得期权交易更富有效率，成本更低。

正是期权的上述特点，使得其在价格风险管理中具有重要的现实意义，表现为以下几点：

（1）期权合约为其购买者提供了一个做杠率交易的机会，且与基础资产的现货交易和期货交易相比，这种交易的风险较小。当然潜在回报也较少。期权交易的回报率用百分率表示，有时可达百分之几百甚至几千，但这种惊人的财务杠杆下的绝对值是很有限的，但它毕竟使其能在一个比现货头寸大得多的基

础上进行交易，且风险较小，特别是在市场价格大起大落的情况下，其规避风险的效果是比较好的。

（2）由于现货或期货的风险较大，所以，交易者一般只会持有期限短的头寸，而期权风险较小，其最大损失是已知的，所以，交易者可以敞开或接受期限较长的头寸。

（3）期权交易提供了一个低成本进入市场的机会，给不同规模的资产需求和供应者提供了交易的平台，有利于更好地反映供需关系，以准确的价格反映现实需求，实现资源优化配置。

（4）期权也是一种理想的套期保值工具，它使套期保值者在对不利行情进行抵补的同时，保留了在有利行情下获利的机会。

最后，一些公司可能通过签发期权来获取期权费收入，从而提高公司的收益。

5.5　基于期权的煤炭价格风险管理研究

5.5.1　期权对于煤炭价格风险管理的意义

正如前面章节所指出的，煤炭价格存在较大的波动性，这种波动性尽管是供需因素、政策因素等诸多因素的集中反映，但给煤炭企业及其下游企业的生产与经营都带来了不利的影响。价格不稳定对于煤炭企业而言，意味着销售收入的不稳定，而对于煤炭的下游产业，则意味着成本的不稳定，实质上最终也表现为收益或利润的波动性，这种由价格风险敞口导致的利润的波动性，给企业的经营带来极大影响，不仅影响了产品的定价和营销管理能力，而且导致企业现金流的不良波动，甚至在一定程度上可能因为财务筹划不当而导致财务危机，所以，这不能不引起企业决策层的重视。期权作为良好的风险管理工具，它对于煤炭企业及其下游企业进行风险管理具有重要的现实意义，无论是煤炭企业还是其下游产业都可以通过运用各种期权策略，如采用"价差期权""跨式期权""混合期权"及"带式期权"等各种期权组合，来锁定其成本或收益，对于煤炭企业来讲，可以避免将来价格的巨大波动对企业经营的负面冲击，可以集中力量搞生产，抓安全；而对于其下游企业，通过期权，可以锁定原料成本，这不仅使企业能够获得良好利润，也有利于以稳定的商品价格来与用户建立长期的合作关系，减少营销成本。期权市场的建立，可以使煤电矛盾得到一定的缓解，因为期权市场为双方都提供了规避价格风险的场所，煤炭企业及其下游子企业都可以通过期权市场来抵补风险和进行套期保值，从而减少价格风险敞口，同时，也使煤炭价格得以反映真实的供求关系，市场的"看不见的手"的作用得以发挥，有利于资源的合理配置。所以，发展煤炭期权交易是解决煤炭价格风险的有效途径。

5.5.2　发展煤炭期权的必要性与可行性

期权的发展只有近三十年的历史，但由于期权具有许多重要的特点：单身保险的性质、财务杠杆效应、场内交易和场外交易共存、标准化合约、具有信用保证的交易机制，使得期权成为最具有吸引力且应用最为广泛的风险管理工具①。

在国际上，许多企业都用期权来进行价格风险敞口的管理，如欧洲一些航空公司面临石油价格上涨对燃料成本的影响，就采用期权来锁定飞机燃料的成本；科莱克公司（美国最大的照相洗印加工企业）则用下限期权和上限期权对其生产经营的重要原料——银的价格加以锁定；派罗铁路公司（美）也运用期权对其每月必然要消耗的约 50 万加仑的燃料进行了价格锁定。这些措施不仅稳定了企业的经营成本，同时，也避免了由于生产原料价格的波动而导致的销售价格的波动对营销成本的影响及对客户关系的影响，甚至在一定程度上避免了因成本可能的突然增加导致现金流的不良波动所导致的财务危机。显然，期权在商品的价格风险管理方面得到了广泛的应用，也由于其具有期货和远期合约不可比拟的优越性，所以，成了成本风险管理中最为重要的工具。

国际上已存在许多期权产品，如股票期权、汇率期权、利率期权、指数期权、农产品期权、能源期权（石油期权），当然，尚没有出现煤炭期权，其原因是煤炭期货的发展并不太理想，一般思路是在煤炭期货的基础上发展煤炭期货期权，在煤炭期货的发展没有积累足够经验的基础上，不可能会推出煤炭期权。但煤炭期权对于煤炭价格风险的管理具有极为重要的意义，在一定阶段，

---

①　COX, J. C. Ross, S. A. RubinsteinandM. Optionpricing: simplifiedapproach［J］. Financial Economics, 1979 (13): 221—256.

发展煤炭期权具有必要性。

煤炭期权的发展具有必要性，因为从理论上讲，它对于煤炭企业及其下游企业锁定经营成本与销售收入，规避价格风险具有重要的意义，是一个理论上很具有优势的金融衍生产品，但发展煤炭期权和发展煤炭期货一样，在我国存在一定的技术和其他约束障碍，主要表现在以下三个方面：

（1）关于期权合约的标准化问题。显然，合约的标准化是实施煤炭期权的前提条件，如果不能制定标准化的合约，煤炭期权也好，煤炭期货也好，只能是理论上的一种风险管理产品，并不能真正运用于煤炭价格风险管理的实践。目前，一些学者即将此作为煤炭期货和期权不可推出的重要依据。其实，美国的期货证明，可以制定标准化的煤炭期货合约的，而期权与期货合约在产品本质上没有区别，甚至煤炭期货期权就是依托于煤炭期货的，所以能够制定标准化的煤炭期货合约，也必然能制定具有我国特色并与国际接轨的煤炭期权合约，从这个意义上讲，认为煤炭期权合约的标准化不易实现，不能称之为煤炭期权不可行的根据。

（2）要解决煤炭产品在验收时的质量或品质的确认问题，煤炭的质量检验在交割时是一个重要的环节，鉴于煤炭本身的特点，可能使煤炭的品质存在一定的差异，而煤炭供应商的行为，也可能会使煤炭的品质和合约要求不一致，所以，煤炭验收中的技术问题是煤炭期权能否实施的重要技术问题，如煤炭的含水量、灰分等指标的检验技术，对煤炭期权的实施很重要，只有解决了这些技术问题，煤炭期权方具有运用的条件；另一方面，煤炭储存中由于自然因素，必然存在一定的品质变异问题，这在检验规则中也要有清楚的说明及规定一定的误差，且这一误差须得到双方的认可，这也是煤炭期权实施须解决的技术问题。

（3）运输瓶颈问题和仓储问题。运输瓶颈问题所影响的就是期权的交割问题。尽管有许多合约在到期时达到对冲，真正交易的合约并不多，但煤炭生产企业和其下游产业是煤炭期权交易的主体，它们是真正的套期保值者，必然要进行交割，而从我国的现有交通运输条件看，运输问题显然制约着期权的运行，并不能保证煤炭产品运输的便捷；另一方面，我国至今没有一个集中的、满足交易双方的煤炭仓储场所，或者讲煤炭交易市场，以很好地实现煤炭期权或期货的交割，一些学者建议以秦皇岛为基地，还有的学者建议在全国建立几个大型煤炭交易市场，以实现将来煤炭期货与期权交割的便利化，但存在规划问题与管理问题，有待解决。

5.5.3 期权策略在煤炭价格风险管理中的运用

期权比之于期货和远期合约，其种类和头寸位置的差异，使其回报和盈亏分布具有多样性，因此，对不同的期权品种进行组合，就能形成众多的具有不同回报和盈亏分布特征的投资组合，所以，风险规避者与投机者可以根据其对煤炭价格走势的预测及自身的风险——收益偏好，选择与设计最适合自身的期权组合，形成相应的交易策略。下文将结合煤炭价格风险管理来介绍几种最常用的期权交易策略。

1. 有担保的看涨期权策略在煤炭价格风险管理中的运用[1][2][3][4]

即煤炭资产多头与看涨期权空头组合。看涨期权的空头指煤炭企业卖出看涨期权，这意味着煤炭企业在市场价高于执行价时，煤炭企业要以执行价卖出煤炭，而在市场价低于执行价时，买方将放弃期权的执行权利，而煤炭企业将获取一笔期权费。煤炭资产多头与看涨期权空头的盈亏图分别如图 5-8 和图 5-9 所示。

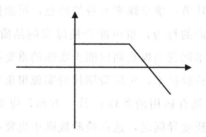

图 5-8 看涨期权空头的盈亏图

Fig. 5-8 The profit and loss chart about call seller

根据期权的合成原理，看涨期权的空头可以用（0，−1）表示，而资产的多头可用（+1，+1）表示，则有：（0，−1）+（+1，+1）=（+1，0），相当于

① Trigeorgis, L. Real Option in Option in Capital Investment Models, Strategies and Applications [M]. Edited by Lenos Trigeorgis, Praeger, London, 1995, 55.

② Smith, J. F. and R. F. Nau. Valuing risky project: Option pricing theory and decision analysis [J], Management Science, 1995 (41): 795—816.

③ Luehrman, Timothy A. Strategyas a portfolio of Real Options []]. Harvard Business Review, 1998 (9/10): 87—90.

④ Paddock, James L., Siegel, Daniel R., Smith, James L., Option Valuation of Clams on real Assets: the case of Offshore Petroleum Leases [J], Quarterly Journal of Economics, 1988 (103): 479—508.

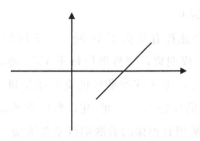

图 5-9　煤炭资产多头的盈亏图

Fig. 5-9　The profit and loss chart about buyer

一个看跌期权的空头，即合成的盈亏图，如图 5-10 所示。

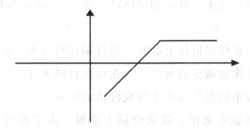

图 5-10　煤炭期权看跌期权的空头盈亏图

Fig. 5-10　The profit and loss chart about put seller

需要注意的是期权费是用每单位基础资产的费率是多少的形式来报价的，即每项期权合约的期权费或市场价格由期权标价乘以合约规模得出，而一笔期权合约其盈亏平衡的条件必为：

$$S_T = X + C \tag{5-13}$$

式中：S_T、X、C 分别代表煤炭将来的价格、期权的执行价及期权费。

从式（5-13）可以看到，只卖出看涨期权，煤炭企业可以获得一笔期权费，但在煤炭价格上涨时，企业将会面临非常大的风险，这种期权策略也称为裸露看涨期权，也称为无担保的看涨期权，因为它要求企业在价格不利的情况下出售资产。而完全不运用期权进行风险管理，企业的风险将完全裸露，这意味着企业将承担着无限的风险和无限的收益。而持有一定比例的煤炭资产并卖出相应的看涨期权，虽然并不能完全消除风险，却比单纯卖出看涨期权的风险要小看多，它相当于卖出看跌期权，显然，这种期权策略在获得一笔期权费时，锁定了企业的销售收入，但在煤炭价格下降时，面临的风险受到期权费的抵补，有所减弱。

我们用算例来加以说明：

算例1：设某煤炭企业拥有煤炭1550吨——美国纽约商业交易所推出了中部阿巴拉契（CAPP）煤期货，交易单位每手1550吨，故以1550吨作为计量单位，执行期为6个月的欧式煤炭期权的交易单位每手1550吨，执行价格为320元/吨，6个月后的价格为350元/吨，每吨煤炭的期权费为20元，则对于煤炭企业来讲，如采用有担保的看涨期权空头策略，其收益为：

$$R_{COAL} = (C + X - S_T) \times Q$$
$$= (20 + 320 - 350) \times 1550$$
$$= -15500 \tag{5-14}$$

而如果煤炭价格在将来下跌，如价格降为300元/吨，则其收益为：

$$R_{COAL} = 20 \times 1550 = 31000 \tag{5-15}$$

显然，这种策略在煤炭价格上涨时，通过期权费收入，抵补了煤炭企业由于以合约价格卖出煤炭而减少的利润，而在煤炭价格下降时，则因期权费而弥补了因价格下跌所带来的损失减小了煤炭价格的风险。

而对于煤炭下游企业来讲，煤炭价格上涨时，由于进行了期权的保值措施，其收益为：

$$R_{down} = (-C - X + S_T) \times Q$$
$$= (-20 - 320 + 350) \times 1550$$
$$= 15500 \tag{5-16}$$

显然，企业获得利益，而在价格下跌时，企业的损失仅为期权费。可见，这种策略在一定程度上减小了两者的风险，而这究竟哪一方获利更多，则取决于双方对煤炭价格发展趋势的判断。但毫无疑问，它有利于稳定煤炭企业及其下游企业的现金流，对于二者的经营有益无害。

2. 资产多头与看跌期权多头组合在煤炭价格风险管理中的运用

煤炭资产的多头与看跌期权的多头组合，也是煤炭企业可以采用的风险管理策略，适用于煤炭价格处于熊市状态下。看跌期权的多头的盈亏如图5-11所示。显然，根据期权组合原理，有：（-1，0）+（+1，+1）=（0，+1），此为看涨期权的多头，如图5-12所示。

显然，这种期权组合策略，锁定了煤炭企业在价格下降时的风险，而在价格上涨时，企业可获得无限的利润。当然，这种收益是在付出期权费的基础上获取的。

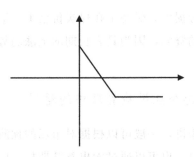

图 5-11   看跌期权多头的盈亏较图

Fig. 5-11   The profit and loss chart about seller

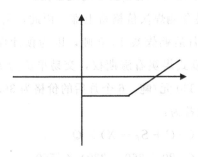

图 5-12   看涨期权多头的盈亏较图

Fig. 5-12   The profit and loss chart about buyer

算例 2：设某煤炭企业拥有煤炭 1550 吨，执行期为 6 个月的欧式煤炭期权的交易单位每手 1550 吨，当前价格为 320 元/吨，执行价格为 320 元/吨，6 个月后的价格为 300 元/吨，每吨煤炭的期权费为 20 元，以有担保的看跌期权即煤炭资产多头与看跌期权的多头组合进行风险管理，则煤炭企业的收益为：

$$R_{COAL} = (-C + X - S_T) \times Q$$
$$= (-20 + 320 - 300) \times 1550$$
$$= 0 \tag{5-17}$$

即：煤炭企业没有因为煤炭价格的下跌而受到损失。而当煤炭价格上涨时，6 个月后的煤炭价格为 350 元/吨，则煤炭企业的收益为：

$$R_{COAL} = (-C + S_T - S_0) \times Q$$
$$= (-20 + 350 - 320) \times 1550$$
$$= 15500 \tag{5-18}$$

显然，煤炭企业因为煤炭价格上涨得到了额外的收益。

可见，这种策略在牛市中对煤炭企业是有利的，而即使在熊市的情况下，也抵补了煤炭企业的部分损失，保持了在煤炭价格上涨情况下的获利机会，对于诸如煤炭这些稀缺性的资源，因为具有长期的上涨趋势，所以，是一种有利的风险管理策略。

3. 期权在煤炭下游企业风险管理中的运用

对于煤炭消费企业来讲，一般可以根据对市场的预测，买进看涨期权，以锁定价格上涨的风险敞口，也可以通过卖出看跌期权，以期权费来抵补价格下跌时不得不以执行价格购买煤炭的价格风险，但同时，在价格上涨时，可以获得价值上等于期权费的净收入，增加企业的现金流。

算例 3：某下游企业预测煤炭价格将上涨，因此，买进看涨期权。设下游煤炭消费企业欲在 6 个月后购煤炭 1550 吨，因为预计煤炭价格上涨，所以，买进执行期为 6 个月的欧式煤炭看涨期权，交易单位为 1550 吨，当前价格为 320 元/吨，执行价格为 330 元/吨，6 个月后的价格为 360 元/吨，每吨煤炭的期权费为 20 元。则其收益为：

$$\begin{aligned} R_{down} &= (-C + S_T - X) \times Q \\ &= (-20 + 360 - 330) \times 1550 \\ &= 15500 \end{aligned} \tag{5-19}$$

显然，通过买入看涨期权，下游企业不仅完全规避了价格风险，并获益 15500 元，当然，如果到期煤炭价格只涨到 350 元，则其额外收益为零，即指购买与不购买看涨期权对企业收益并无影响。

算例 4：某下游企业预测煤炭价格将下跌，则可以卖出看跌期权。设下游煤炭消费企业欲在 6 个月后购煤炭 1550 吨，因为预计煤炭价格下跌，所以，卖出执行期为 6 个月的欧式煤炭看跌期权，交易单位为 1550 吨，当前价格为 320 元/吨，执行价格为 310 元/吨，6 个月后的价格为 300 元/吨，每吨煤炭的期权费为 20 元。则其收益为：

$$\begin{aligned} R_{down} &= (C + S_T - X) \times Q \\ &= (20 + 300 - 310) \times 1550 \\ &= 1550 \end{aligned} \tag{5-20}$$

可见，下游企业通过卖出看跌期权得到额外收益 15500 元，显然，此时的期权交易对其是极为有效的。但如果煤炭价格下跌到 300 元/吨以下，它则会承相应的损失，比如，未来煤炭价格落到 280 元/吨，它将承担 15500 元的损失而不是收益，而价格下跌的幅度愈大，其损失愈大，但在价格下跌幅度较小，比如为 310 元/吨时，它则赚取了期权费收入，当然高于执行价，由于权利一方放弃执行权，所以，它所得额外收益仍为期权费收入。这种期权策略似乎存在较大的风险，一般下游企业并不运用于进行风险管理，更多的是运用于赚取期权费的收入，以提高企业的经济效益，但仅适于一些有经验的风险管理者——他们对价格趋势的判断较为准确，所以可以获益。

除上述常用期权策略，还有更多的一些期权策略，下面主要介绍差价组合和期差组合对煤炭价格风险管理的借鉴。

5.5.4　差价组合在煤炭价格风险管理中的运用

实务中，可以用差价组合来进行风险控制。差价（Spreads）组合是指由相同期限、不同协议价格的两个或多个同种期权头寸构造而成的组合（需要注意的是这里的同种期权指的是均为看涨期权或看跌期权，并非指持有的头寸亦相同，头寸可以是多头与空头的组合），分为牛市差价组合、熊市差价组合及蝶式差价组合。显然，此种方式可以构造出更多的不同组合，体现了期权与远期、期货不可相比的灵活性[①]。

1. 牛市差价组合 (Bbullish Vertical Spread with Calls)

所谓牛市差价组合即由一个看涨期权多头与看涨期权的空头组成，其特征是买进看涨期权的执行价格较低，付出期权费多，而卖出的看涨期权的执行价格高，故收取的期权费较少，所以，最初的启动成本是借差（Net Debit）。其盈亏图组合如图5-13所示。

其收益的数学计算公式为：

$$R = -C_1, if\ S_T < X_1 \tag{5-21}$$

$$R = S_T - X_1 - C_1 + C_2, if\ X_1 < S_T < X_2 \tag{5-22}$$

$$R = C_2 - C_1 + X_2 - X_1, if\ S_T > X_2 \tag{5-23}$$

式中：$C_2 > C_1, X_2 > X_1$。R、C_2、C_1、X_2、X_1 分别表示差价组合的收益、卖出看涨期权的期权费、买进看涨期权的期权费、卖出看涨期权的执行价、买进看涨期权的执行价。

显然，这种组合一方面由于卖出和买进期权，所以在期权费的支出上，比

---

① 钱立. 期权定价理论及其应用的主要发展. [D]. 北京：北京大学，2000，83—86.

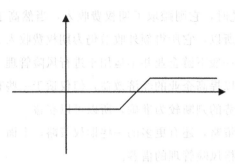

图 5-13　牛市差价组合盈亏图

Fig. 5-13　Bullish vertical spread with puts

单一的买进期权启动的资金较小，另一方面，它不仅锁定了企业价格上涨的风险，也锁定了企业价格下跌的风险，对于稳定企业的现金流，减少价格风险对其经营的冲击极有意义。这种策略在市场行情看涨的情况下，对于持有者有利，所以称为牛市差价组合。

牛市差价组合还有一种，称为看跌期权牛市差价（Vertical Spread with Puts），指买进看跌期权的同时卖出看跌期权，买进的看跌期权执行价格较低，付出的期权费较少，而卖出的看跌期权的执行价格较高，收取的期权费较多，因而最初的启动成本为负[①]。正是因为买卖的收取和支付的期权费不同，收取的期权费大于支付的期权费，所以，可以从期权费中有所收益。其盈亏图如图 5-13 所示。

看跌期权的组合与看涨期权的牛市组合在本质上是一样的，而单纯的某种组合适用于投机者、煤炭消费方与煤炭的供应方。在运用时，要结合煤炭资产的头寸，对于资产多头，可以用看跌期权组合，总体要保持看跌期权的多头，这样，就类似于有担保的看跌期权，但由于煤炭价格处于上升趋势，所以，通过组合增加未来收益，可以抵补因价格可能的下降带来的风险，而价格上涨，显然对于其是极为有利的。对于煤炭消费企业，可以运用看涨期权的组合，由于在价格上涨时，可以通过期权组合的收益来抵补现货交易的损失，从而在一定程度上锁定价格。

① Jone C. Cox, S. A. Ross, Mark Rubinstein. Option Pricing: Simplified Approach [J] . Financial Economics, 1979 (7): 229—264.

2. 熊市差价组合（Bear Spreads）

熊市差价组合与牛市差价组合恰恰相反，它分为熊市看涨期权组合与看跌期权组合。

所谓熊市看涨期权组合是指由一份看涨期权多头和一份相同期限的、协议价格较低看涨期权的空头组成。其盈亏图如图 5-14 所示：

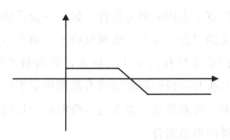

图 5-14　熊市看涨期权组合盈亏图

Fig. 5-14　The profit and loss chart about bearish vertical spread

计算公式为：

$$R = C_2, if\ S_T < X_2 \tag{5-24}$$

$$R = S_T - X_2 - C_1 + C_2, if\ X_2 < S_T < X_1 \tag{5-25}$$

$$R = C_2 - C_1 + X_2 - X_1, if\ S_T > X_1 \tag{5-26}$$

式中：$C_2 > C_1, X_1 > X_2$。$R、C_2、C_1、X_2、X_1$ 分别表示差价组合的收益、卖出看涨期权的期权费、买进看涨期权的期权费、卖出看涨期权的执行价、买进看涨期权的执行价。

同样，熊市看跌期权组合的盈亏图和熊市看涨期权的盈亏图是一致的。之所以称为熊市差价组合，是因为在价格下跌时，即市场行情不佳时，此组合可以得到较好的收益。所以，在实务中煤炭企业可采用此组合，以在期权市场获取收益，抵补现货市场的亏损，当然，预测判断准确时，可以持有看跌期权的多头，以规避价格风险。以此组合再增加与持有煤炭数量相匹配的看跌期权的头寸。可形成有担保的复合型看跌期权组合。煤炭消费企业可采用熊市看涨期权组合，即可获利。当然，市场预测不一定准确，所以，如果再加一份与将来购买煤炭数量相等的看涨期权的多头，则有利于防范煤炭价格逆转所带来的风险，付出的只是较小的期权费。

当然常用差价组合不止这些，还有蝶式差价组合、对角差价、鹰状差价组合、盒式差价组合及比率差价组合等，不再赘述。

5.5.5 期差组合（Calendar Spreads）在煤炭价格风险管理中的运用

不同执行价格的期权合约构成了丰富的期权组合，适应了不同风险承受能力的生产与消费者的需要，而除价格不同构成期权差价组合，到期日不同的同种期权的不同头寸也构成了不同的期差组合。如：一份看涨期权多头与一份期限较短的看涨期权空头的组合，称为看涨期权的正向期差组合；一份看涨期权多头与一份期限较长的看涨期权的空头的组合，称为看涨期权的反向期差组合；一份看跌期权的多头与一份期限较短的看跌期权空头的组合，称为看跌期权的正向期差组合，而一份看跌期权多头与一份期限较长的看跌期权的空头的组合，称看跌期权的反向期差组合。

期差组合对于煤炭价格风险管理也极有借鉴价值，下面以看涨期权的正向期差组合为例加以说明。假设一煤炭需求企业以看涨期权的正向期差组合来管理价格风险，它买进一份看涨期权的多头，同时卖出一份期限较短的看涨期权的空头，设 $C1$、C_2、X_1、X_2、S_T 分别表示看涨期权多头的期权费、空头的期权费、多头的执行价、空头的执行价及煤炭看涨期权空头的到期价格。V_t 表示期限长的看涨期权的时间价值，分析其盈亏状况。

显然，如果 $S_T > X_1, S_T > X_2$，空头到期，其收益为：$X_2 + C_2 - S_T$，此时多头尚未到期，由于 S_T 远高于执行价，所以，其盈利趋近于：$-X_1 - C_1 + S_T$；如 $S_T = X_2$，空头到期，其收益为：C_2，多头未到期，其收益为：$V_t - C_1$；如果 $S_T \to 0$，则空头收益为：C_2，多头收益为：$-C_1$。

显然，期限长的期权费一般会高于期限短的期权的期权费，所以有：$C_1 > C_2$，总体而言，看涨期权的正向期差组合的收益变动范围如下式：

$$R = C_2 - C_1, if\ S_T \to \infty \tag{5-27}$$

$$R = V_t - C_1 + C_2, if\ S_T = X_2 \tag{5-28}$$

$$R = C_2 - C_1, if\ S_T \to 0 \tag{5-29}$$

其盈亏图如图 5-15 所示。

可见这种组合能将风险锁定在两种期权费的差额的范围内，而收益则取决于较长期权合约的时间价值，所以，如果能够较好地运用它，则可以在期权交易中获取收益，以抵补现货交易中可能出现的价格风险敞口。

以上介绍的只是一些比较重要的、常用的对煤炭价格风险管理较有借鉴价

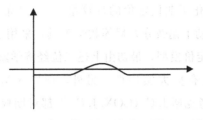

图 5-15　看涨期权的盈亏图

Fig. 5-15　The profit and loss chart about calls

值的期权策略，事实上，由于期权具有很好的灵活性，可以通过多种组合形成更为复杂的、适应不同风险承担能力及风险管理要求的期权组合策略，但总体来讲，期权煤炭价格风险管理的效果是立足于对煤炭价格趋势的把握的，如果不能很好地把握煤炭价格的发展趋势，则不会有较好的风险管理效果，进一步讲，并不是每一个风险管理者都能很好地预测煤炭价格发展趋势，有人预测正确，采用了正确的期权策略，因而受益，而必然也有人因预测错误而采用了错误的期权策略而承受损失，从这个意义上来讲，期权和期货及其他金融衍生产品一样，是一把双刃剑。但期权具有不对称性，所以，对于权利一方而言，其损失是有限的，这也正是期权之所以在风险管理中受到人们青睐的原因。

5.6　基于二项式期权定价模型的煤炭期权定价

煤炭期权的定价是期权在煤炭风险管理中的重要环节和重要内容。对煤炭期权的定价将会对实施煤炭期权起到理论指导作用，显然具有重要的理论价值。

关于期权定价，最著名及使用最广泛的模型有两种：一是二项式期权定价模型（The Binomial Option Pricing Model），始于约翰·考克斯、罗斯及马克·鲁宾斯泰因于 1979 年的一篇论文[①]；而 1985 年鲁宾斯大林泰因则在此基础上提出了更为精细的范式，即在推导二项式过程中，假设 $u = \dfrac{1}{d}$，因 $q = \dfrac{e^{r\Delta t} - d1}{u - d}$，故有：

$$u = e^{\sigma\sqrt{\Delta t}} \,,\, d = e^{-\sigma\sqrt{\Delta t}} \tag{5-30}$$

---

① June C. Cox, Mark Rubinstein, Option Markets [M], Prentice Hall Inc. 1985，125.

　　显然，这一结论简化了期权定价的计算量[①]；二是布莱克—斯科尔斯的期权定价模型，此模型借助了偏微分方程等数学工具，采用了数理统计方法定价，是一个欧式看涨期权的定价模型，最初由上述二位经济学家提出，后经过许多学者的改进，使该模型具有更大实用性。另外，萨宾·W.F.（Sharp.W.F)[②]、莫蒂格利安和米勒[③]、考克斯J.C（COX.J.C)[④]都对期权的定价作过比较系统的研究。本节以二项式模型为研究方法，主要是基于二项式定价模型具有较大的直观性、灵活性，对基础资产的价格运动的分布没有局限，从条件上更宽泛，而布莱尔—斯科尔斯模型则要求基础资产的价格服从对数正态分布。另外二项式定价模型不论对美式期权还是欧式期权均能很好地适用，甚至对于不同收益特征的资产的价格变化也能很好地在模型中反映出来。从本章的研究思路来讲，以二项式定价模型对煤炭期权定价进行研究，也是基于煤炭期权以二项式定价的研究对于日后指导实践更具有现实意义。事实上，交易期权的价格不仅受商品本身价格波动的影响，还受到其他因素的影响，如该商品生产企业的股票价格、利率的波动等。如阿尔贝特的研究表明：美国的期权价格受股票价格的利率的影响，并应用所谓的事先风险控制方法研究了期权的解析价格，通过初评研究，表明这一公式对期权的定价是便捷的、相对准确的。

5.6.1　基于二项式定价模型的单期煤炭期权的基本定价

1. 模型假设说明

　　模型研究默认二项式定价的原有假设，即市场运行是有效的，不涉及交易成本，不存在税收及投资者可以无限制地以无风险利率借入资金。其实，这些假设在一定程度上是不满足的。比如煤炭市场就不是一个完全竞争市场，从卖方角度看，过去的一段时期是过度竞争，而非完全竞争，而目前经过了行政宏观调控，竞争有所下降，可以说接近于完全竞争，但又有差距；从买方角度

① Albert. J. Menkveld, Ton Vorst. A Pricing Model for American Options with Gaussian Interest Rate［R］. Annals of Options Research, 2001 (100)：211—226.

② Sharp W. F. Capital asset pricing：a theory of market equilibrium under condition of risk［J］. Journal of Finance, 1964 (19)：425—442.

③ Modigliani, F, M. H. Miller. The cost of capital, corporation finance and the theory of investment［J］, American economic review, 1958 (06)：43—48.

④ COX, J. C. Ross, S. A. RubinsteinandM. Optionpricing：simplifiedapproach［J］. Financial Economics, 1979 (13)：221—256.

看，60％的市场由电力企业决定，所以，一定程度上也不是完全竞争市场，但随着国内外市场的接轨，应该是接近完全竞争市场的。但交易是有税收及其他交易费的，为了研究方便起见，此时，也遵循其基本假设。

2. 建立无风险或保值型的资产组合（Hedged Portfolio）

设目前为零期，作为期权合约的基础资产（某一煤炭品种）的现行市场价格为 S_0，其价格的上涨幅度为 u，下跌的幅度为 d（u 即 up，d 即 down，分别表示上涨与下跌），下一期煤炭看涨期权合约的执行价为 X，下一期与目前的时期间隔单位为月，设为 T，设无风险报酬率为 r，操作为买进 δ 单位的某种煤炭同时卖出一份看涨煤炭期权，其目前成本与未来价值见表 5-17。

表 5-17　资产组合的目前成本与未来价值计算表

Table5-17 The present cost and future value
about the assert combination

资产组合	目前价值	到期价值 $S_0 u > X$	到期价值 $S_0 d < X$
买进 δ 单位的某种煤炭	$-S_0\delta$	$S_0 u\delta$	$S_0 d\delta$
卖出一份看涨煤炭期权	C	$-(S_0 u - X)$	0
合　计	$C - S_0\delta$	$S_0 u\delta - (S_0 u - X)$	$S_0 d\delta$

需要注意的是，煤炭期权费指单位煤炭交易数量的煤炭期权费，我们研究的是单位期权需要多少单位煤炭进行抵补，实际相当于有抵补的看涨期权。

3. 公式的推导

假如不存在无风险的套购利润，在期权到期日，不管煤炭价格上涨还是下跌，这两种情况下资产组合的价值是一样的，即有：

$$S_0 u\delta - (S_0 u - X) = S_0 d\delta \tag{5-31}$$

整理有：

$$\delta = \frac{S_0 u - X}{S_0 (u - d)} \tag{5-32}$$

式（5-32）称为保值比，即无风险资产组合应以 δ 单位的煤炭和一份看涨期权构筑，此时，人们只能赚得无风险利率。

资产组合的目前价值与其将来价值的现值，即折现值应相等，其折现值为

（以复利计息）：

$$V_0 = S_0 d\delta e^{rT/12} \tag{5-33}$$

或：

$$V_0 = [S_0 u\delta - (S_0 u - X)]e^{rT/12} \tag{5-34}$$

因为有：

$$C - S_0\delta = V_0 = S_0 d\delta e^{rT/12}$$

$$= V_0 = [S_0 u\delta - (S_0 u - X)]e^{rT/12} \tag{5-35}$$

所以，可以推导出欧式煤炭看涨期权的定价公式如下：

$$C = \frac{u - X}{u - d}(S_0 - de^{rT/12}) \tag{5-36}$$

显然，只要知道了期权的执行价、执行期，并对煤炭的价格走势有自己的把握，任何一个投资者或套期保值者都可以用上式快捷地对当前的期权价值进行计算。以对自己的投资行为或保值行为进行决策。在二项式通用公式中：

$$\delta = \frac{C_u - C_d}{S_u - S_d} \tag{5-37}$$

而将 $C_u = Mar(S_0 u - X, 0) = S_0 u - X$，$C_d = Mar(S_0 d - X, 0) = 0$，$S_u = S_0 u$，$S_d = S_0 d$ 代入上式，则有：

$$\delta = \frac{S_0 u - X}{S_0(u - d)} \tag{5-38}$$

所以，此结论和二项式期权定价的通用公式是一致的，其差别在于本章假设煤炭价格下跌的幅度低于合约的执行价，而通过公式则适于所有情况，即不管煤炭价格和执行价格呈怎样的状态，均可适用。如煤炭价格的下限高于执行价，本节的公式则不适用，但如果煤炭价格下跌之后的价格也高于执行价，则意味着买进看涨期权一定是可以获利的，如果市场是有效率的，则这一确定性的结果必然导致没有人卖出看涨期权。所以，本节研究的是更一般的、更符合市场实际的煤炭期权定价的公式。

5.6.2 含交易费的单期煤炭期权的定价模型

1. 煤炭价格中交易费的影响

前面研究的是单期的，即交易次数为一次的煤炭期权的定价模型，并且假设是不含交易费用和税赋的，但事实上，煤炭交易是存在数额较大的交易费的。据统计，中间环节的费用一度在出矿价的 50％以上。张帆在名为《煤炭中间食利环节知多少》一文中指出，在煤炭的出矿价与煤炭用户的结算价之间，存在着大量的中间环节[①]。煤炭价格正是涨在了这些中间环节，也就是运销过程中。据调查，在这一环节中存在的涨价因素主要包括涉煤收费部门和单位违反规定擅自设立的各种收费项目，如向煤炭相关企业收取的地方煤矿开发基金、地方煤炭统管费、地方煤炭附加费、生产开发基金、教育附加费、煤炭管理费、进出境费以及运输过程中的乱罚款、乱收费等，涉及煤炭管理、环保、交通、公安等十几个部门和企业。从运输过程来看，从山西大同到上海港的煤炭价格，流通费用占煤炭到港价的 52％，煤炭运销部门的收费，就包括运销服务费、运销管理费、公路煤价差和量差、上站煤管理费、上站煤合同工本费、上站煤合同交易费等。这部分收费若均摊在每吨煤上，则通过铁路运输出省平均在 6 元左右，通过公路出省平均在 10 元左右。即便是规范的市场交易，也存在着不同的交易费，如沈阳煤炭交易市场规定，沈阳煤炭交易中心要征收按交易额分档计收的市场交易服务费、储煤场地租赁费、市场席位租赁费、煤炭混配加工费、煤炭计量检斤费、煤炭质量检验费、场地喷淋设施使用费则依据电表、水表计量收费[②]。可见，中间环节的费用，即交易费用，对煤炭价格的影响是很大的，所以，对期权定价时，不得不考虑交易费用，这样就可以很好地将出矿价和市场价结合起来，从而确定比较吻合实际的煤炭期权的定价模型。

2. 考虑交易费的煤炭看涨期权的定价模型推导

如前，仍设目前为零期，作为期权合约的基础资产（某一煤炭品种）的现行市场价格为 S_0，其价格的上涨幅度为 u，下跌的幅度为 d（u 即 up，d 即 down，分别表示上涨与下跌）下一期煤炭看涨期权合约的执行价为 X，下一期与目前的时期间隔单位为月，设为 T，设无风险报酬率为 r。再设煤炭的交易费占其出矿价的比例为 f。则，下一期的煤炭价格要在其市场价的基础上上浮一个 f，即为：$S_T(1+f)$，在上述条件下，无风险或保值的资产组合的收益见表 5-18。

---

① 张帆. 煤炭中间食利环节知多少？http：//www.stock2000.com.cn，2004.08.25.
② 关于沈阳煤炭交易市场交易服务费等收费标准的批复. 沈价发〔2006〕70 号，2006.06.15.

表 5-18　无风险或保值的资产组合的收益状况

Table5-18 The profit and loss of assert combination without risk

资产组合	目前价值	到期价值 $S_0u(1+f) > X$	到期价值 $S_0d(1+f) < X$
买进 δ 单位的某种煤炭	$-S_0\delta$	$S_0(1+f)u\delta$	$S_0(1+f)d\delta$
卖出一份看涨煤炭期权	C	$-(S_0(1+f)u-X)$	0
合计	$C-S_0\delta$	$S_0(1+f)u\delta -$ $(S_0(1+f)u-X)$	$S_0(1+f)d\delta$

3. 期权定价公式的推导

显然，考虑交易费用的无风险收益状况和不考虑交易费用的收益状况的差异在于在未来的价格，这里指市场价格上，除受供需因素有一个波动外，还有购成市场煤炭价格的交易费用的影响。其期权定价公式推导结果如下：

因为：$C-S_0\delta = V_0 = S_0(1+f)d\delta e^{rT/12}$，故而有：

$$C = S_0\delta + S_0(1+f)d\delta e^{rT/12} \tag{5-39}$$

此即为考虑交易费用的情况下煤炭期权的定价公式。这一公式在实践运用中较有意义，因为煤炭价格有出矿价和市场价两种，出矿价即出厂价，即煤炭企业规定的煤炭的出厂价，它由煤炭企业根据自己的煤炭质量及市场状况而制定，其二是市场价，它由市场的供求因素确定，二者之间在组成部分上的差别在于后者含交易费而前者不含，然而，市场价不仅仅确定于出矿价和交易费，还确定于市场的其他因素。所以，在对煤炭的出矿价、市场的波动状况及交易费率有一个比较准确把握的情况下，煤炭交易的双方是能够比较准确地根据上式得到煤炭期权的价格的。为一公式不仅符合实际的要求，而且具有运算简捷的特点。所以具有一定的实用价值。

5.7　煤炭互换

5.7.1　互换对于规避煤炭价格风险的意义

互换（Swap）是指交易双方按预先规定的条件就未来交换债务或现金流

（Cash Flow）的交易所达成的协议；也有将互换译为 Financial Swaps，定义为两个或两个以上的当事人按照商定的条件，在约定的时间内，交换一系列现金流的合约，其交换的现金流可以是用不同货币定值的，也可以是用相同货币定值的。

互换市场起源于 20 世纪 70 年代末，其理论基础贸易领域的"比较优势"原理[①]。作为一种金融衍生产品，互换要求具有两种条件：①双方对对方的资产或负债均有需求；②双方在两种资产或负债上具有比较优势。

起初货币交易商为了逃避英国的外汇管理而开发货币互换；而 1981 年 IBM 与世界银行之间签署的利率互换协议则是世界上第一份利率互换协议。从此，互换市场发展迅速，利率互换和货币互换名义本金金额迅速增长，从 1987 年的 8656 亿美元增加到 2002 年的 823828.4 亿美元，15 年增长了近 100 倍。据了解，世界财富 500 强中，有 320 家企业利用互换进行风险管理，越是经济暴露的企业，越可能应用货币互换进行风险管理[②]。互换品种也从货币互换、利率互换扩展到货币息票互换、基准利率互换、资产互换、商品互换与股权互换等。

商品互换（Commodity Swap）意指特定数量的某种商品的固定价格所形成的现金流与相同数量的同一种商品的市场价格（或商品价格指数）所形成的现金流相交换。购入商品互换协议是指支付固定价格政策，收取市场价格；出售商品互换协议则相反，即支付市场价格，收取固定价格。由于商品期货交易尽管能对冲商品的价格风险，但在交易所里进行的商品期货买卖的期限一般不超过 9 个月，而且只有最近几个月份的合约才具有较强的流动性，因此，选择余地不大，在这种情况下，场外交易的商品互换应运而生，填补了这个空白。商品互换适宜于抵补中长期（1—5 年）的商品价格风险，具有较强的流动性。初级的互换市场是产品的最终用户直接进行交易，但这种交易显然具有很大的局限性，解决这一问题的办法就是做市商（Make Market）或互换交易商

①　比较优势原理是英国著名经济学家大卫·李嘉图（David Ricardo）提出的，他认为在两国都能生产两种产品，且一国在这两种产品的生产上均处于有利地位，而另一国均处于不利地位的条件下，如果前者专门生产优势较大的产品，后者专门生产劣势较小的产品，那么通过专业分工和国际贸易，双方均能从中获益.

②　见 Why do global firms use currency swap? J of Multi. Fin. Manag. 14 (2004) 315—334. 作者为美国的 Gautam Goswami. 作者认为全球化降低了资本市场的障碍，导致了强烈的国际竞争，而经济的暴露，则可能使企业利用货币互换来降低风险，而实证研究也证明了这一点，世界财富 500 强中，有 320 家企业利用互换进行风险管理，越是经济暴露的企业，越可能应用货币互换进行风险管理.

(Swap Dealer)。做市商的出现，使互换交易更具有效率[①]，当前，互换在煤炭市场上已经成为一种颇受关注的风险管理工具，不仅在欧洲被广泛运用，并取得了很好的风险管理效果，而且现在美国也很受关注，如斯蒂文·南希曾撰文指出，由于东方日益增长的运输问题及煤炭价格继续低于历史水平，迫切需要在美国推出金融互换以使煤炭市场的交易者能投机及对冲价格风险[②]。所以，互换对于煤炭生产企业及其下游企业管理煤炭价格风险具有一定的应用价值。

互换的一般结构图如图 5-16 所示。

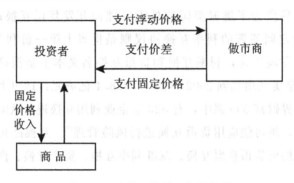

图 5-16　商品互换的一般结构图

Fig. 5-16　Ordinary structure about commodity swaps

5.7.2　互换在煤炭价格风险管理中的应用

煤炭互换，是在两个没有直接关系的煤炭生产企业、供应商和煤炭消费企业之间的一种合约安排。当然，也可以是煤炭生产企业与生产企业之间、消费企业与消费企业（煤炭生产的下游企业）之间的一种合约安排，通过这种安排，双方在一个规定的时间范围内针对一定数量的煤炭产品，定期地用固定的价格付款来交换浮动价格（市场价格）或依据价格指数来付款[③]。煤炭互换的典型结构图如图 5-17 所示。

---

　　① 商品与投资者的关系是投资者为商品的购买者或消费者，而投资者指的是互换协议的卖方，所以其支付浮动价格，而做市商作为互换协议的买方，其支付固定价格。这样，当市场价格高于固定价格时，投资者以市场价格进行交易，而市场价格高于固定价格的部分，即价差由投资者支付与做市商，而市场价格低于固定价格时，由做市商将价差支付于投资者，这里的投资者事实上指商品的生产者。对于商品的消费者，其行为是购买商品，所以，恰恰相反，在固定价格低于市场价格时，由消费者向做市商支付价差，反之，由做市商向消费者支付价差。图 5-16 中，投资者与商品的双箭线即表示购买与出售关系。

　　② Stephen. Nesis. U. S. Coal Swaps are here [J]. Energy Industry Environment，2004（4）.

　　③ 宁云才，鞠耀绩. 矿业投资风险分析与管理 [M]. 北京：石油工业出版社，2003；2—5.

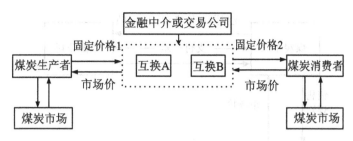

图 5-17　煤炭互换典型结构图

Fig. 5-17　The representative structure about coal swaps

　　显然，煤炭互换对煤炭生产商及其下游企业者起到了降低风险的作用，在互换 A 中，煤炭生产企业将销售价格锁定在价格 1，这样就避免了煤炭企业因为价格下降所导致的财务风险，当然，从另一个方面讲，其也失去了价格上涨获得收益的权利。对于煤炭消费者或煤炭的下游产业讲来，其将煤炭的采购成本锁定在价格 1，这样，有利于其集中精力搞生产，采购成本也相应固定下来，避免了成本上升的风险，但同时也失去了因市场价格下降而生产成本下降进而利润增加了机会。当然，互换本身没有特殊的模式，只要存在需求，包含了双方定期现金流的互换，满足于交易双方的目的，存在比较优势即可采用互换的方式进行风险管理。从合同标准看，互换协议的买方总是支付固定价格的一方，而卖方则是支付浮动价格的一方。我们用以下算例来说明。

　　假设某煤炭企业鉴于煤炭市场的固定投资的增大，预计煤炭价格将可能存在一定程度下降，而该企业具有较多的流动性负债，如果没有稳定的现金流可能产生财务危机，影响到企业的生存，为了避免这种危机，经过测算，只要以 300 元/吨来销售将来的煤炭产品，即可规避这种风险，且能维持企业的可持续发展。基于此，该企业与一做市商或金融公司达成了一个互换协议，协议规定该煤炭企业以 300 元/吨来销售煤炭，为期一年，煤炭的市场价格以秦皇岛的当月的同种煤炭产品的平均价为标准，每月结算一次。这样一个协议就保证了无论市场价格如何波动，煤炭企业都可以销售每吨煤炭得到 300 元的现金流。规避了市场价格下跌可能导致的风险。比如，在第一个月末，如果当月的平均价为 320/吨元，则煤炭企业销售产品后，要将价差，即 20 元支付给金融公司；反之，如果价格跌到 260 元/吨，则金融公司要支付每吨价差 40 元给煤炭企业，这样保证了煤炭企业有稳定的每吨 300 元的收入。具体的交易如图5-18所示。

　　对于煤炭消费企业，即煤炭的下游产业来讲，尤其是电力、化肥、建材行

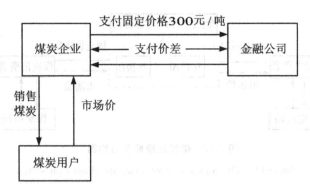

图 5-18　煤炭企业互换示意图

Fig. 5-18　The chart about coal enterprise swaps

业，从当前的煤炭市场形势与生产形势讲，煤炭价格上扬导致的价格风险更为紧迫，而以煤电联动来减轻电力企业因煤炭价格上涨导致的成本上涨，则是机械地将市场价格波动因素推向电力的最终消费者，并不利于电力企业主动地利用市场机制管理价格风险，主动地加强精细化管理，增加科技创新，厉行节约，缩减成本，而利用互换不失为一种更为灵活、富有效率的风险管理办法。我们以如下例子说明。

如果一家电力企业担心因煤炭价格上涨，导致自己的经营成本增加，从而产生财务危机，所以决定采用互换作为风险管理的工具。经过测算，只要以不高于 350 元/吨的价格购买煤炭，即可以锁定生产成本，保证经营的正常运行，为此，与一家金融公司签订了互换协议，为期一年，每月结算一次，规定以购买的固定价格为 350 元/吨，市场价格同样以秦皇岛煤炭市场的当月同品种煤炭的平均价为依据的互换协议，每月末支付二者的价差。示意图如图 5-19 所示。

显然，通过这一互换协议，电力企业就可以锁定生产成本，从而很好地规避可能的价格风险。

5.8　本章小结

金融衍生品在价格风险管理上具有广泛的用途，本章对主要的三个金融衍生品：期货、期权及互换在煤炭价格风险管理上的应用进行了研究。煤炭期货是人们最为熟悉的金融衍生品，而对于是否以煤炭期货来管理煤炭价格风险，尽管在我国已有实践的经历，国外（美国）也正在应用之，但学术界和实业界

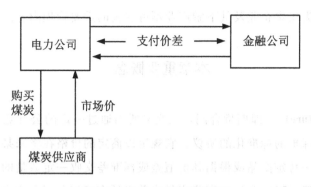

图 5-19　电力企业互换示意图

Fig. 5-19　The chart about the dynamic enterprise swaps

仍在争论不休，本章在回顾国内煤炭期货的发展状态下，对我国煤炭期货发展的困难与可行性进行了分析，并提出了实施煤炭期货规避煤炭价格风险包括要进一步完善和规范期货的管理措施、规范煤炭价格的形成机制、解决运输问题等在内的决策建议，认为实施煤炭期货仍不失为我国管理煤炭价格风险的有益措施。煤炭期权市场是煤炭市场的完善，有助于价格发现，有助于资源的优化配置，但由于我国现有的煤炭价格存在诸多问题，如外在成本没有内化问题、中间费用过高问题、成本核算不规范问题、税赋不合理等等，使煤炭价格与价值背离很严重，所以，我国的煤炭价格形成机制对煤炭期权的运作具有制约作用。因此，要真正使期权起到价格发现的功能，必须规范煤炭价格的形成机制，使煤炭的坑口价真实地反映其成本，使中间费用合理规范，使税赋公平合理，在成本合理、真实的基础上，期权才能真正得到价格发现的功能，才能真正成为煤炭价格风险管理的重要工具。所以，要实施或借助于煤炭期权对煤炭价格风险进行管理，必然要解决煤炭价格形成机制问题，进一步实行煤炭价格的市场化改革。

互换作为一种灵活的金融衍生品，对于煤炭价格风险管理也有积极的意义，在目前的市场环境下，煤炭价格长期呈涨长的趋势，所以，对于煤炭企业来讲，基本没有风险管理的需要，而对于煤炭的下游产业来讲，风险尽管存在，但风险管理的意识和需求仍没有受到关注和重视，主要原因是国家产业改革政策的影响，如电力行业，由于国家的煤电联动，基本上使电力行业因煤炭价格波动的风险直接转嫁给了消费者，失去了进行风险管理的基础。但煤炭价格本身的波动是客观事实，随着煤炭价格的市场化，煤炭价格风险将不可忽视，因此，无论是期权还是互换，都对于煤炭价格风险管理具有积极的意义。

风险管理将成为煤炭企业及其下游产业不可忽视的重要管理内容。

本章重要概念

期货（Future） 即期货合同，在交易所内通过一定的公开竞价形式达成的受相应法律保护的标准化的协议。它规定以商定的价格在将来某一特定地点和时间交收某一特定商品或根据其价值差或标准差交收一定数量的货币。

保证金制度（Margin） 期货交易之前必须在经纪公司开立专门的保证金账户，并存入一定数量的初始保证金，一般而言，初始保证金为 5％～10％（各个交易所根据某一期货合约持仓的不同数量和上市运行的不同阶段规定不一，在每天交易结束时，保证金账户会根据期货价格进行调整，以反映交易者的盈亏。

逐日盯市制度（Market to Market） 期货交易是每天进行结算的，而不是到期一次性进行的。当天的结算价高于昨天结算价格时，高出部分就是多头的盈利或空头的损失，这些浮动的盈利的损失就在当天晚上分别从多头和空头的保证金账户上予以增加或扣除。保证金账户余额高于初始保证金时，交易者可以提取现金或用于新开仓，但交易者提取的资金额不得使保证金账户余额低于初始保证金，而当保证金账户低于维持保证金时，经纪公司会通知交易者限期补足保证金，否则就会被强制平仓。

清算所制度（Clearing Law） 清算所是确保期货合约可以顺利进行交易的一个不可缺少的组成部分，可以是交易所的一个附属部门，也可以是一家独立的公司，往往是大型的金融机构，要求有充足的资本金作为保证。清算所充当所有买者的卖者和所有卖方的买者，同时拥有完全匹配的多头和空头，可以讲是完全套期限保值的，是期货交易的中间人，所以风险极小，它克服了远期交易中存在的信息不对称和违约风险的缺陷。清算所的功能主要是撮合、处理、登记、确认、结算、协调和提供担保。期货的制度特性决定了这一金融衍生工具在价格风险管理中具有重要的作用。

套期保值（Hedging） 以回避现货价格风险为目的的期货交易行为。期货市场的基本功能之一就是其价格风险的规避机制，而要达到此目的最常用的手段就是套期保值，它是指经营者同时在现货市场和期货市场进行方向相反的交易，用一个市场的盈利弥补另一个市场的亏损，从而在两个市场建立对冲机制，以规避现货市场价格波动带来的风险。

期权（Option）　一种具有全新特征的契约形式，它赋予期权的持有人一种权利，使其能在规定的时期内或在将来的某个特定的日期，根据自己的意愿决定是否按合约规定的执行价格或协定价格买进或出售规定数量的某种金融资产或实物商品。

差价组合（Spreads）　由相同期限、不同协议价格的两个或多个同种期权头寸构造而成的组合（需要注意的是这里的同种期权指的是均为看涨期权或看跌期权，并非指持有的头寸亦相同，头寸可以是多头与空头的组合），分为牛市差价组合、熊市差价组合及蝶式差价组合。

看跌期权牛市差价（Vertical Spread with Puts）　买进看跌期权的同时卖出看跌期权，而买进的看跌期权执行价格较低，付出的期权费较少，而卖出的看跌期权的执行价格较高，收取的期权费较多，因而最初的启动成本为负[①]。也就是因为买卖的收取和支付的期权费不同，收取的期权费大于支付的期权费，所以，可以从期权费中有所收益。

熊市价差组合（Bear Spreads）　与牛市差价组合恰恰相反，熊市价差组合分为熊市看涨期权组合与看跌期权组合。所谓熊市看涨期权组合是指由一份看涨期权多头和一份相同期限的、协议价格较低看涨期权的空头组成。

---

① Jone C. Cox, S. A. Ross, Mark Rubinstein. Option Pricing; Simplified Approach [J]. Financial Economics, 1979 (7)：229～264.

第6章　煤炭价格指数的
理论设计与应用

煤炭价格风险是指由于市场价格的不确定性，对煤炭生产企业持有煤炭产品及消费煤炭产品的企业所带来的损失，具体可分为直接商品价格风险和间接商品价格风险。所谓直接价格风险就是当企业的资产、负债中存在煤炭商品时，这些商品的市场价格的任何变动直接对企业的资产价值产生影响，由此产生的商品价格风险；间接价格风险是指相当部分企业并不直接生产和消费煤炭商品，甚至并不拥有煤炭商品，但它们同样因煤炭价格的非确定性波动而对企业形成风险收益或损失。

正如前面的章节研究所述，引发煤炭价格风险的是诸多因素，可能是供给性风险（即由于可供应市场的商品数量的变化导致价格的波动）、需求性风险（即由市场需求的异常波动对价格变动产生的不确定性）、宏观性价格风险（指宏观经济因素的变动对企业所购买或出售商品价格的影响）、政治性价格风险（指国际国内政治局势、国际性政治事件引起的国际关系格局的变化、各种国际商业组织的建立及有关商业协议的签订、政府干预经济所采取的各种政策和措施、政党的更迭等各种政治因素对价格的影响），也可能是政策性风险、季节性价格风险或突发性价格风险。对于价格风险，目前已开发出许多很有运用价值并在许多领域运用得相对成功的金融衍生产品，如远期、期货、期权、互换等，但基于煤炭价格风险的金融衍生产品目前还处于研究阶段，近年来远期合约的数量在减少。煤炭价格指数对于煤炭期货、互换及期权都具有更为重要的意义，如美国的斯蒂文·南希经过对欧洲煤炭市场与美国煤炭市场的比较研究后指出，建立可信的、持续的煤炭价格指数，是欧洲的煤炭互换市场活跃的主要原因，美国如果要建立活跃的互换市场，为煤炭期货、期权提供发展的基础，就必须首先建立煤炭价格指数[①]。显然，对于我国的煤炭市场，如果能够

---

① 见 Stephen. Nesis 的《U. S. coal swaps are here》一文，发表于《Energy Industry Environment》2004 年第 4 期，作者在文中对美国 2004 年的煤炭市场进行了分析，指出美国东部的运输问题及煤炭价格持续低于历史水平，使得煤炭交易承受很大的风险，因此，美国急需发展一个活跃的互换市场，以使交易者对冲价格风险，投机者进行投机，而发展煤炭互换，则必须以欧洲煤炭市场的经验为指导，首先建立持续、可信的煤炭价格指数。

建立煤炭价格指数，以其来反映煤炭价格的真实波动情况，不仅可以使生产与消费企业通过计算煤炭价格的变动，进行预测，以规避风险，也可使政府部门以之为根据分析煤炭价格波动对国民经济的影响，进而采用宏观调控手段控制煤炭价格。从风险管理的角度看，则可以其为基础，开发煤炭价格指数期货、煤炭价格指数期权，发展煤炭互换，以之作为煤炭价格风险规避的工具。所以，进行煤炭价格指数的研究具有重要的现实意义。

6.1　价格指数（Price Indices）的基本理论

6.1.1　价格指数的定义及意义

所谓指数（Index Number）即诸有关变数，于不同场合、综合大小的比较数学，所谓诸有关变数，即指诸有关统计群体的变量[①]。指数是用于比较的数字，是综合的数字，是不同场合变化的数字，是平均数字，当然也是代表性的数字。国内外关于指数的定义有这样几种：指数主要反映商品、工资或其他经济变量在不同时期的价格变动[②]；指数是一种动态相对数[③]；指数是一种相对数，可用于经济现象在时间、空间上的对比[④]；指数最简单的形式仅仅是指若干组相互关联数值的加权平均数[⑤]。而价格指数则是用来反映商品价格总水平在一定期间内变动趋势及幅度的相对数，它通常是用报告期（用来比较的时期）与基期（用来对比的时期）相比而得，源于18世纪的欧洲，最初以物价指数的形式出现[⑥]。1986年开始在美国纽约期货交易所进行交易，是最古老的商品指数。

价格指数是用来反映不同时期商品价格变动程度的相对数，是用来反映一定时期内商品或服务价格总水平变动趋势和程度的相对数，通过价格指数的编制，可以反映物价的变动程度和趋势。对价格指数进行分析；能够找出物价变动的原因及对国民经济和人民生活的影响。国家据此制订相应的经济政策，稳

---

① 杨曾武，傅春生等. 统计学原理资料汇编［M］. 北京：中央广播电视大学出版社，1983；300—310.

② James T，Mcclave，P. George Benson. Statistic for Business and Economics［M］. Third Edition，Dellen Publishing Company，1985，27—29.

③ 孙学范，易丹辉，高敏雪. 工业统计学［M］. 北京：中国人民大学出版社，1995；45—78.

④ David M. Levine，Mark L. Berenson，David Stephan. Statistics for Managers Prentice—Hall，Inc，1997.

⑤ ［英］哈蒙德. 赫尔. 统计学入门［M］. 北京：知识出版社，1983；23—56.

⑥ 国内外房地产价格指数的编制方法比较赛娜. www. value. org. cn.

定经济。企业据此及时调整经济策略，保证企业在市场经济中立于不败之地。也就是说，价格指数在国家管理和企业管理中的地位，在社会生活中的地位越来越重要，它影响着人类活动[①]，而指数分析法是经济领域中经常应用的一种方法。在我国社会主义市场经济条件下，通过编制价格指数反映价格变动程度和发展趋势，是政府监督价格政策法令的实施，自觉地运用价值规律，加强国家经济管理的重要措施。

6.1.2 价格指数的分类

（1）根据目的不同的分类。编制价格指数的根本目的是为政府正确分析经济形势，制定工资政策、宏观经济调控政策服务。据此，我国编制的价格指数可分为：固定资产投资价格指数、居民消费价格指数、商品零售价格指数、农业生产资料价格指数、农产品收购价格指数、城市居民基本生活费用价格指数、工业品出厂价格指数、原材料、燃料、动力购进价格指数等。

零售价格指数是反映城乡商品零售价格变动趋势的一种经济指数。零售物价的调整变动直接影响到城乡居民的生活支出和国家的财政收入，影响居民购买力和市场供需平衡，影响消费与积累的比例。因此，计算零售价格指数，可以从一个侧面对上述经济活动进行观察和分析。

居民消费价格指数是反映一定时期内城乡居民所购买的生活消费品价格和服务项目价格变动趋势和程度的相对数，是综合了城市居民消费价格指数和农民消费价格指数计算取得的。利用居民消费价格指数，可以观察和分析消费品的零售价格和服务价格变动对城乡居民实际生活费支出的影响程度。

城市居民消费价格指数是反映城市居民家庭所购买的生活消费品和服务项目价格变动趋势及其程度的相对数。编制城市居民消费价格指数，可以观察和分析消费的零售价格和服务项目价格变动对职工货币工资的影响，作为研究城市居民生活和确定工资政策的依据。

农村居民消费价格指数是反映农村居民家庭所购买的生活消费品的价格和服务项目变动趋势和程度的相对数。用它可以观察农村消费品的零售价格和服务项目价格变动对农村居民生活消费支出的影响，直接反映农民生活水平的实际变化情况，为分析和研究农村居民生活问题提供依据。

① 王丽娟，高丽君．浅谈价格指数编制系统化 [J]．辽宁商专学报，1996（1）．

农产品收购价格指数是反映各种经济类型的商业企业和有关部门收购农产品价格的变动趋势和程度的相对数。农产品收购价格指数可以观察和研究农产品收购价格总水平的变化情况，以及对农民货币收入的影响，作为制订和检查农产品价格政策的依据。

农村工业品零售价格指数是反映农村市场工业品零售价格水平变动趋势和程度的相对数。通过农村工业品零售价格指数，可以观察工业品零售价格变动对农民货币支出的影响。

工业品出厂价格指数是反映全部工业产品出厂价格总水平的变动趋势和程度的相对数，其中除包括工业企业售给商业、外贸、物资部门的产品外，还包括售给工业和其他部门的生产资料以及直接售给居民的生活消费品。通过工业生产价格指数能观察出厂价格变动对工业总产值的影响。

固定资产投资价格指数是反映固定资产投资价格变动趋势和程度的相对数。固定资产投资额是由建筑安装工程投资完成额、设备、工器具购置投资完成额和其他费用投资完成额三部分组成的。编制固定资产投资价格指数应首先分别编制上述三部分投资的价格指数，然后采用加权算术平均法求出固定资产投资价格总指数。

（2）根据对象范围不同，可以分为个体价格指数和总体价格指数，个体价格指数反映的是某一商品报告期与基期的数值之比，而总体价格指数指的是同类商品的报告期与基期的数值之比。

（3）根据比较期的不同可以分为定基价格指数与环比价格指数。所谓定基就在于是研究指数时，以某一固定的时期作为共同基期，它表示价格在某一段时期内变动的总体情况；而环比则是都以前一期作为基期而计算的价格指数。它表示价格逐年变动的情况。

综合价格指数的定期价格指数计算公式为：

$$index_{p1} = \frac{\sum p_1 q_1}{\sum p_0 q_1} \tag{6-1}$$

$$index_{p2} = \frac{\sum p_2 q_2}{\sum p_0 q_2} \tag{6-2}$$

$$\dots$$

$$index_{pn} = \frac{\sum p_n q_n}{\sum p_0 q_n} \tag{6-3}$$

环比价格指数的一般计算公式为：

$$index_{p1} = \frac{\sum p_1 q_1}{\sum p_0 q_1} \qquad (6-4)$$

$$index_{p2} = \frac{\sum p_2 q_2}{\sum p_1 q_2} \qquad (6-5)$$

$$\cdots$$

$$index_{pm} = \frac{\sum p_n q_n}{\sum p_{n-1} q_n} \qquad (6-6)$$

对于简单价格指数而言，定期与环比价格指数的计算是比较简单的，在此就不再赘述。

（4）根据计算方法不同，可以分为加权价格指数（Weighted Price Index Numbers）和简单指数或不加权价格指数（Simple Price Index Numbers），不加权指数即为所有样本均平等对待，均不加权数。加权指数，即根据重要性及影响力，以权数乘之，使其影响力与重要性平衡。具体分为：

①简单总合法。即以基年各价格之总数与报告期各价格总数之比，作为报告期年的价格指数。计算公式为：

$$index_{p0n} = \frac{\sum p_n}{\sum p_0} \times 100\% \qquad (6-7)$$

②简单算术平均法。计算公式为：

$$index_{p0n} = \frac{1}{n} \frac{\sum p_n}{\sum p_0} \times 100\% \qquad (6-8)$$

式中：n——为项目的个数。

③简单几何平均法，其计算公式为：

$$index_{p0n} = \sqrt[n]{\prod \frac{p_n}{p_1}} \, 100\% \qquad (6-9)$$

④简单调和平均法，计算公式为：

$$index_{p0n} = \frac{1}{\sum \dfrac{p_n}{p_0}} \, 100\% \qquad (6-10)$$

⑤综合价格指数。上述四者为不加权或简单价格指数，它不能真实地反映价格变动的趋势，不能反映不同交易量对价格的影响力。但事实上，社会现象

之间有些复杂的总体是由很多不同性质的事物组成的，它们之间没有一个共同的衡量尺度，因而不能用一个总量来表示。为了把这些不同事物的个别发展变化情况正确地加以综合衡量，就需根据现象之间的内部联系，找出能够将所研究全部事物综合在一起的因素，利用这种因素把许多不同性质的事物变成一个综合的数值，然后观察其发展程度，而综合价格指数解决了这一问题。

根据综合指数法所算出的指数即为综合指数，它分为质量指数和数量指数。价格指数为质量指数，其计算公式有拉氏和帕氏两种。拉氏指数是德国学者拉斯尔斯（Laspeyres）提出的用基期数量加权计算的价格指数，其公式为：

$$index_{p01} = \frac{\sum p_1 q_0}{\sum p_0 q_0} \tag{6-11}$$

帕氏指数[①]是德国学者帕煦（Paasche）提出的用报告期数量加权计算的价格指数，其公式为：

$$index_{p01} = \frac{\sum p_1 q_1}{\sum p_0 q_1} \tag{6-12}$$

拉氏指数的优点是用基期数量作权数可以消除权数变动对指数的影响，从而使不同时期的价格指数具有可比性。但其也有明显的缺陷，它是假定销售量不变的情况下报告期价格的变动水平，其尽管可以单纯反映价格的变动水平，却不能反映数量的变动，特别是不能反映数量结构的变动。而帕氏指数由于以报告期数量加权，不能消除权数变动对指数的影响，因而不同时期的指数缺乏可比性，但帕氏指数可以同时反映出价格和数量及其结构的变化。孙慧钧研究表明，帕氏指数度量经济现象各要素的变化好于拉氏指数的经济环境有两种：一种是物价、物量轮番上涨这种过热的经济环境。例如，国际市场上的粮食、石油的价格与销售量之间的关系就是这样。常常出现随着需求量的上升导致物价上涨，而物价上涨又进一步促使销售量激增的现象，价格与销售量的增长速度逐年增加，价格和销售量呈正相关关系。另一种经济环境是经济的复苏阶段。由于经济环境的好转，人们购买力的提高，价格和销售量都在逐步提高，从而又促进了生产的发展，而生产的发展又进一步提高了社会购买力，经济环境转向正常，进而带动价格和销售量的增长速度或发展速度同时加快或同时具有加快的趋势[②]。另一方面，拉氏指数度量经济现象各要素的变化好于帕氏指

---

① 帕氏也作派氏，这是翻译的不同，本书统一采用为帕氏。

② 孙慧钧. 指数理论研究［M］. 大连：东北财经大学出版社，1998：123.

数的经济环境也有两种：一种是正常的经济环境，这时物价和物量由供需关系所决定。这种情况比较典型的是消费品市场。一般来说，如果物价越高，物量就越低；物价越低，物量就会越高。另一种经济环境是经济滑坡时期。因为在这一阶段，物价和物量都在逐步降低。随着物价的降低，社会购买力也逐渐降低，甚至购买力下降的速度之快，往往超过人们的预期程度。但是物价的下跌受到成本制约，它不可能下跌到远远低于成本的价格水平。一般情况下成本是出售时的最低价格，价格的下降范围只是经营单位的盈利多少问题，企业不可能只为了销售而任意降低价格。而物量则不是这样，它取决于社会购买力的大小，故在经济滑坡时价格的下降速度是缓慢的，即速度递减，其下降速度呈现逐渐降低的趋势；而购买力的下降势头是迅速的，即加速度快速递增，其下降速度呈现不断加快的趋势。

通过上述的讨论，可以发现，在物价、物量轮番上涨和经济复苏的经济环境下，即在供求关系中需求方占主导地位时，应该选用帕氏指数公式来反映经济各要素的变动情况；而在经济滑坡和正常的经济环境下，即在供求关系中供给方占主导地位时，应该选用拉氏指数公式反映各经济要素的变化程度。当然，从计算价格指数的实际意义来看，我们更关心的是在报告期数量条件下的意义，所以，在实际运用中，帕氏指数运用广泛一些。

⑥平均价格指数。平均价格指数也是综合价格指数，它是在原始资料受到限制，只有个体价格资料及总的销售额时，采用的一种计算方法。个体指数的计算公式为：

$$i = \frac{p_1}{p_0} \tag{6-13}$$

这样，代入综合价格指数公式有：

$$index_p = \frac{\sum p_1 q_1}{\sum p_0 q_1} = \frac{\sum p_1 q_1}{\sum \frac{1}{i} p_1 q_1} \tag{6-14}$$

⑦固定加权算术平均法。其计算公式为：

$$index_p = \frac{\sum iw}{\sum w} \tag{6-15}$$

式中：i, w ——分别指个体价格指数和各种商品销售额占总销售额的比重。

因为商品的权数经确定后，在一段时期内是固定不变的，所以是一种不变权数，固称为固定权数加权算术平均公式。其计算比综合价格指数要简单。这也是我国统计实践常用的公式。

6.1.3　价格指数的编制原则

价格指数的构造，不仅要考虑资料问题，即资料与数据的采集问题，还要考虑基期问题，即比较期的选择问题、加权问题和计算公式问题。要符合以下原则：

（1）时间互换测验（Time Reversal Test）原则。所谓时间互换测验，即将报告期对基年的价格指数与基年对报告期的价格指数相乘，其乘积应为 1。用数学公式表示即为：

$$index_{p01} \times index_{p1o} = 1 \qquad (6\text{-}16)$$

如果二者乘积不为 1，则说明这种价格指数计算方法存在型偏误（Type Bias），此偏误（Bruce D. mudgett）用 E_1 表示，即：

$$E_1 = index_{p01} \times index_{p1o} - 1 \qquad (6\text{-}17)$$

显然，E_1 为零，表示互换测验正确，E_1 大于零，表明有上型偏误，即价格指数具有上偏性；而 E_1 小于零，表示有下型偏误，即价格指数具有下偏性。

（2）因子互换测验（Factor Reversal Test）原则。所谓因子互换测验，即价格指数的因子价格与交易量互换，可转变为数量指数，而价值为价格与数量之积，故原来的价格指数与转换成的数量指数相乘，应等于其原有价值之比，若不符合这一条件，则为存在偏误。

以拉氏指数为例，其价格指数为：$index_{p01} = \dfrac{\sum p_1 q_0}{\sum p_0 q_0}$

把价格与数量互换有：$index_{q01} = \dfrac{\sum q_1 p_0}{\sum q_0 p_0}$

而因子互换则要求下式成立：

$$\frac{\sum q_1 p_0}{\sum q_0 p_0} \cdot \frac{\sum p_1 q_0}{\sum p_0 q_0} = \frac{\sum p_1 q_1}{\sum p_0 q_0} \qquad (6\text{-}18)$$

显然，绝大多数指数均不符合这一条件，但可以通过这一测验来选择偏误更小的价格指数计算模型。其偏误计算公式为：

$$E_2 = (index_{p01} \cdot index_{q01}) / \frac{\sum p_1 q_1}{\sum p_0 q_0} - 1 \qquad (6\text{-}19)$$

$E_2 > 0$，表示存在上偏误，反之，存在下偏误。

（3）循环测验（Circular Test）原则。所谓循环测验就是定基指数等于环比指数之积，其测验公式为：

$$index_{p01} \cdot index_{p1o} \cdot \cdots index_{pn0} = 1 \qquad (6\text{-}20)$$

显然，凡符合循环测验者必符合时间互换测验。

6.1.4 价格指数的编制步骤

各种物价指数都是采用世界上比较通用的抽样调查的方法编制的，即在全国选择有代表性的地区、商品作为样本进行价格调查，以样本推断总体，一般而言，其步骤为：

（1）确定代表商品和代表规格品。首先确定商品类别，然后在大类中分中类，中类中分小类，最后在各小类中选定那些与社会生产和人民生活密切相关、销售金额大、市场供应稳定、价格变动趋势与幅度有代表性的商品作为调查商品。各地可以根据选定代表商品的原则，结合本地的实际，适量地增加一些调查商品。

（2）选择调查地区和调查企业。一般采用分层抽样的方法确定。

（3）调查收集价格资料。计价要求真实准确。

（4）确定权重和价格指数计算公式。

权重是权衡各种商品轻重之数，不同的价格指数有着不同的权重。如商品零售价格指数的权重是根据社会商品零售额计算的各种类商品零售额之间的数量构成关系，而居民消费价格指数的权重则是根据居民消费支出金额计算的居民消费构成数量关系。

6.2 煤炭价格指数发展与研究状况

6.2.1 国际煤炭价格指数的发展态势

国际煤炭市场大致可分为亚澳、南非与欧洲、南、北美洲三个区域市场。现阶段，这三个区域市场都已经各自建立起了系列煤炭价格指数体系。介绍如下[①]：

---

① 严国荣. 亟待建立我国的煤炭价格指数体系 [J]. 煤炭经济研究，2004 (1).

1. 亚澳市场的煤炭价格指数

亚澳市场建立了巴洛金克指数（BJI）、新南威尔士亚洲指数（NAI）、ACR 亚洲指数、麦克洛斯基（McCl0skey）亚洲动力煤指数、环球煤炭（Globalcoal 价格指数（NEWC）和传统财务公司（TFS）价格指数。

巴洛金克指数是亚洲市场动力煤现货价格指数，它反映了煤炭买卖双方对现货动力煤的合同价，发货港是澳大利亚纽卡斯特港，目的港不定，每周发布一次。煤炭买卖合同是规定了质量指标等要素的标准合同。它现在已经成为指导日澳煤炭价格谈判和现货谈判的重要参考价格依据。

新南威尔士亚洲指数（NAI）。新南威尔士亚洲指数反映从澳大利亚新南威尔士州出口的动力煤，目的地为日本、韩国和我国台湾地区的加权平均离岸出口价，价格来源为国家统计局提供的已经发货的实际发运价格，包括现货和长协价格。价格指数每月发布一次，当月发布前第三个月的价格。

ACR 亚洲指数。ACR 亚洲指数与 NAI 大致相同，但有两点重要差别：一是出口地区不限于新南威尔士州，而是整个澳大利亚；二是进口国家地区还包括我国香港。

麦克洛斯基（McCl0skey）亚洲动力煤指数。麦克洛斯基出版集团每月为亚洲国家编辑一份亚洲国家到货煤炭价格指数。

环球煤炭价格指数（Global coal NEWC）。在 2001 年 4 月，许多重要的煤炭生产商和电厂建立了一个煤炭电子交易市场——环球煤炭公司。该公司为澳大利亚新南威尔士州纽卡斯特港设计了出口动力煤价格指数，该指数把本周实际发生的交易价格和买卖双方当时对远期期望的煤炭价格加权综合起来考虑。该指数以离岸价、标准煤炭合同为计算基础，发表周期为周指数和月指数。

传统财务公司（TFS）价格指数。传统财务公司是一个柜台交易市场和衍生产品市场经纪人。它创建了一系列煤炭互惠交易产品供煤炭买卖双方交易，以减小煤炭价格波动带来的风险损失。

2. 南非与欧洲煤炭市场的煤炭价格指数

南非现货煤炭价格指数（SACR）。《南非煤炭报告》编辑的南非出口、并经鹿特丹港由驳船转运至欧洲内陆的驳船离岸煤炭价格。

环球指数（RB、ARA_1、ARA_2）。环球公司设计了南非里查德港口远期合同离岸价煤炭价格指数。成交条件是：煤炭在三个月之内发运，价格是实际成交价和期望价格的加权平均值，每周和月度发布价格指数，合同是标准煤炭合同。RB 又分为互惠交易 RB 月度价格指数和实物交割 RB1、RB2 月度价格指数。环球公司还设计了阿姆斯特丹、鹿特丹和安特卫普三个港口（以下简称"ARA"）驳船离岸价格指数（AR_1 和 ARA_2）。其设计原理同 RB 价格指数。

麦克洛斯基煤炭信息服务公司价格指数（MCIS）。西北欧动力煤基准价格（NEW），该价格指数在 1991 年就已经推出，由当初的月度指数发展到现在的周指数。以西北欧洲港口到岸价，发热量 6000kcal/kg（NAR）的煤炭为基础。该公司向许多主要的煤炭买方、卖方、中间商和经纪人收集价格资料，价格是加权平均现货价。煤炭主要是 90 天内发运的动力煤。

欧洲联盟电厂煤炭价格指数。该指数统计欧盟境内电厂的到厂煤炭价格。指标每季度发表一次。缺点是时间较慢。

奥古斯国际能源指数。美国的《煤炭日报》1998 年推出国际指数以反映发运到西北欧的煤炭价格，以 90 天内发运、发热量为 6000kcal/kg，到货口岸为阿姆斯特丹、鹿特丹和安特卫普三个港口的煤炭到岸价格为基础。价格主要从煤炭买卖双方、中间商和经纪人中获得。该价格指数既反映了直接成交价也反映了买卖双方期望价格。

传统财务公司（TFS）指数（AP♯1 和 AP♯2）。AP♯1 和 AP♯2 都是以 ARA 三个港口到货煤炭价格为基础，价格来源于发表在《煤炭周刊》《南非煤炭报告》《国际煤炭报告》上的价格，每周和每月都发表价格指数。合同是标准煤炭合同。

WEFA 月度现货煤炭价格。WEFA 能源公司是在美国和英国经营的一家能源咨询和服务公司，它向其顾客提供从南非、哥伦比亚和澳大利亚出口到欧洲的动力煤离岸价格指数。煤炭是三个月之内发货的现货价。该公司还同时发布海运费价格指数。WEFA 除了给上述三个国家分别发布煤炭价格指数，还同时发布这三个国家的综合煤炭价格指数。WEFA 月度价格指数现已成为实物煤炭合同和煤炭衍生品合同煤炭价格的一个基准价。

标准欧洲煤炭协议（SECA）。SECA 于 1999 年推出，现在可信度和应用范围与日俱增。它是一种对煤质、数量、付款等都有严格标准的合同，同时是以欧洲应用的平均动力煤等级为煤炭级别标准，并以 ARA 三港驳船离岸价为条件。这种合同既被实物交割市场应用，也被煤炭衍生品市场采用；既可以作现货合约，也可以作远期合约的标准合同。

德国联邦经济局煤炭价格指数（BAW）。所有在德国境内的电厂都有义务每月向德国联邦经济局报告进口煤炭的边境交货价。如果不报送资料，电厂将会被处以数额巨大的罚金。煤炭折算成 7000kcal/kg 的标准煤。价格包括长协煤价和市场现货煤炭价格。

3. 南、北美洲市场的煤炭价格指数

纽约商品交易所煤炭期货价格指数（NYMEX）。纽约商品交易所于 2001 年在世界上率先推出煤炭期货交易，交易煤炭产地为美国的阿帕拉契亚中部地区，发热量为 1.2 万 Btu/磅，每手 1550 吨，合约期为 24～26 个月，合约到期时，既可以在俄亥俄河上某一确定的卖方装煤点装上买方指定驳船，或在大桑迪河某一确定的河段进行类似实物煤炭交割，也可以将合约卖给交易所。期货价格也反映了煤炭中长期走势。

普拉茨煤炭价格估价。普拉茨公司 4 种出版物发布煤炭价格估价和指数信息，它们是《煤炭展望》《普拉茨国际煤炭报告》周刊、《普拉茨煤炭贸易商》和《普拉茨国际煤炭贸易商》日报。《普拉茨煤炭贸易商》公布每日美国"柜台煤炭交易市场"煤炭估价，这种估价对即期现货煤炭、三个远期季度和一年远期煤炭价格进行估计，煤炭质量是预先选定的标准煤炭，估计可用来指导套期保值和实物交割市场。《煤炭展望》每周对美国主要产煤区各季度远期和一年远期实物煤炭交割合同的煤炭价格进行估计，同时也对上一周的美国"煤炭柜台交易市场"的煤炭价格进行估价并公布"套期保值"交易价格。《普拉茨国际煤炭报告》每周公布全球主要煤炭发运地 180 天内发货的动力煤现货价格评价值，同时还公布 180 天远期交易的炼焦煤价格和 3 个发运点 90 天远期交货的焦炭价格。《国际煤炭报告》和《国际煤炭贸易商》每周还联合公布 5 个重要发货点的 3 个月远期和季度远期的重要动力煤价格估计和 8 个主要发货点 90 天内发货的现货实物交割价格。普拉茨公司与 4 个主要煤炭经纪公司合作，还同时公布美国"柜台交易"煤炭价格指数、美国不同种类能源产品间价格比较表、欧洲不同能源产品种类价格比较表、运费价格指标或指数和美国国家煤炭价格指数。

奥古斯（Augus）煤炭价格。奥古斯能源公司的《煤炭日报》公布美国境内五个主要产煤区有代表性的煤种在一年之内交货的现货合同价格，交货一般以离岸价为基础，同时列出最高价、最低价和加权平均价。奥古斯《国际煤炭日报》公布世界主要煤炭出口国和进口国港口一年内交货的煤炭合同价格、指数，其中包括我国秦皇岛 6000kcal/kg 煤炭的离岸价，同时也公布远期合约价、运费率、各种燃料发电成本等指标。

6.2.2 国内煤炭价格指数的研究状态

国内近期进行价格指数主要有：李琛琛针对样本的"异质性"，用特征价格法，即 Hedonic 函数对价格指数进行质量调整的方法进行的研究[①]；姜铁军对成本股价格指数编制的模型的实证研究[②]；徐林对房地产的价格指数的研究[③]；申晓峰、蒋馥对商业银行编制住房价格指数进行的研究[④]；田皓对建筑产品指数提出了以一定时期的预算价格作为基期进行计算的研究[⑤]；陈仁恩对外汇的价格指数编制进行的研究[⑥]；王晓红对我国交通运输价格指数编制的研究[⑦]；李南、李忠华对我国水运价格指数的研究[⑧]等。可以说国内对价格指数的研究已涉及各行各业，但由于煤炭市场化改革只是近几年的事，煤炭价格波动历时不长，煤炭价格波动性的风险也刚引起人们的关注，所以，对煤炭价格指数的研究文献并不多，主要有严国荣先生对煤炭价格指数对理顺我国能源流通体制的重要的影响及对煤炭价格形成机制具有积极作用的分析[⑨]，及其对国外一些煤炭价格指数的介绍[⑩]，刘满平则对我国煤炭价格指数的编制进行了比较具体的理论模型设计[⑪]，但这些研究没有对煤炭价格指数的理论进行较为深入的探讨。当然，作者的目的也只是为了引起专家和学者们对煤炭价格指数的关注，所以，煤炭价格指数的理论研究仍需更进一步。

6.3 煤炭价格指数设计的理论

6.3.1 创立煤炭价格指数的必要性和意义

创立煤炭价格指数具有多方面的意义：

---

① 李琛琛．价格指数与质量调整．[D]．沈阳：东北财经大学，2004，16．
② 姜铁军．成本股价格指数编制模型的实证分析．[D]．北京：北方工业大学，2004，25．
③ 徐林．房地产价格研究及价格指数模型设计．[D]．南京：东南大学，2003，23—28．
④ 申晓峰，蒋馥．对商业银行编制住房价格指数的思考[J]．价格理论与实践，2003 (8)：5—9．
⑤ 田皓．建筑产品价格指数编制方法研究[J]．统计与决策，2001 (7)：10—12．
⑥ 陈仁恩．外汇价格指数编制方法探析[J]．统计与决策．2001 (12)：4—6．
⑦ 王晓红．我国交通运输价格指数编制方法研究[J]．统计研究，2005 (2)．
⑧ 李南，李忠华．我国水运价格指数的编制方法与经济功能[J]．中国物价，2006 (1)．
⑨ 严国荣．创建我国煤炭价格指数之我见[J]．煤炭经济研究，2003 (4)：10—14．
⑩ 严国荣．亟待建立我国煤炭价格指数体系[J]．煤炭经济研究，2004 (1)：12—15．
⑪ 刘满平．建立我国煤炭价格指数的理论设计与探讨[J]．中国能源，2005 (6)．

首先，创建煤炭价格指数是煤炭价格内在的波动特征的必然要求。在商品自由市场中，有多种因素影响煤炭价格。一年四季，煤炭价格经常是变化的，在冬季和春季，由于供暖和铁路运输紧张，煤炭价格会高一些；在夏天，由于水力发电增加，对煤炭需求下降，煤炭价格可能会下降一些。但从供给方面来看，在相应季节煤矿生产能力正好相反。因此产需双方要求的价格消涨方向不一致，影响价格稳定。另外，世界煤炭贸易市场的趋势是长期合同减少，现货合同增加。我国煤炭订货会煤电双方达不成一年期的长期合同其实也客观反映了这种趋势。现货合同增加，意味着煤炭价格要更加随时反映供求关系，因此，煤炭价格波动性也会增加。此外，我国电力体制改革要求电力竞价上网，占电力成本比重较大的煤炭价格无疑对电力价格高低有很大影响。电力市场化后，电力价格的波动也会要求煤炭价格作相应的波动。由此可见，煤炭价格与生俱来具有波动性。在国际上，对波动率较大和波动比较频繁的大宗商品交易，交易价格一般以商品价格指数为基础确定。我国现行的煤炭价格指数，由于收集方法比较简单、透明度不高、信息不对称、计算方法不科学等原因，与世界上其他煤炭价格指数相比，应当不算是一种煤炭价格指数，只是一种成交价格的历史记录，其对煤炭价格市场走势没有指导意义。科学的煤炭价格指数既能反映价格现状，也能反映煤炭供需双方对价格的期望。因此，创建新的煤炭价格指数对促进煤炭需求双方达成价格一致很有帮助，也是市场发展的必然要求。

其次，创建煤炭价格指数是煤炭商品市场化发展的必然要求。20 世纪 70 年代，欧美等国放松了对电力等能源产品的管理，能源产品陆续走向市场进行自由交易。现在电力、天然气、石油等能源产品在商品市场上交易非常活跃，交易制度也相当成熟。煤炭产品在 20 世纪 90 年代中期开始出现在柜台交易市场（OTC），2001 年纽约商品交易所开始进行煤炭期货交易。现在世界煤炭市场已发展为由传统煤炭市场、柜台交易市场（OTC）、期货市场三种市场形式并存的市场体系。煤炭柜台交易是煤炭传统市场发展的一种趋势，而创建煤炭价格指数使煤炭柜台交易变成可能，以煤炭价格指数为基础，煤炭生产商、用户、中间交易商可以采取对冲贸易、浮动实物交易、地区价差和时间价差保值交易等形式进行柜台交易，以煤炭价格指数为基础的柜台交易，对于煤炭生产企业和电力企业管理煤炭价格风险敞口具有极为重要的现实意义。

再次，煤炭订货交易会的低效率使煤炭价格指数推出具有现实意义。从历年的全国煤炭订货交易看（尤其 2003 年始），占全国煤炭消费量半壁江山的电力行业与煤炭行业在全年煤炭买卖合同谈判中没有就电煤价格达成一致，致使大部分重点电煤供货合同没有签订。事实上，从 2002 年我国放开所有煤炭价格后，连续两次全国煤炭订货会由于产需双方对价格分歧太大，重点电煤合同价格迫不得已还一直沿用政府协调价。全国有关煤炭生产、消费企业每年要为订货会花费约 5 亿元以上，如果买卖双方因为价格谈不拢而签不成合同，不仅造成煤炭交易各方人、财、物的巨大浪费，而且严重影响产、运、需各方的正常生产。其原因就是没有一个科学的双方均认可的合理价格基础，而创建我国煤炭价格指数无疑是解决这个问题的重要手段。

第四，创建煤炭价格指数可以反映煤炭市场运行状况，它是政府实行煤电联动政策的基础，也是政府对煤炭、电力行业进行宏观管理的重要手段。为解决煤炭和电力价格矛盾，2005 年 5 月，我国开始正式实行"煤电价格联动"政策，其核心是电价随着煤价波动而进行调整。要实施好这一措施，首先必须有一套煤电双方共同认可的、科学、公正、准确、权威的机制来及时地反映电煤价格变动情况，而建立我国煤炭价格指数显然有助于解决这一问题。

第五，创建煤炭价格指数，有助于生产企业和消费企业以之指导煤炭实物交易价格，以引导生产和消费者避开煤炭市场风险，防止煤炭市场大幅度的波动。建立煤炭价格指数后，煤炭实物交货价格既可以直接以煤炭价格指数为价格基准，也可以把它作为参照系，采用适当方式对价格作修正，以适应具体煤炭实物交易情况。另外，由于在煤炭市场上，煤炭价格风险可以说是无处不在，煤炭交易参与者可以利用煤炭价格指数来反映煤炭现货市场历史价格和预测未来价格，促进煤炭的正常流通。并利用预测理论进行煤炭价格的预测，以合理组织生产，实际利润最大化。

第六，创建煤炭价格指数，有利于建立统一和公平的多品种能源市场和国际国内市场。煤炭价格指数把煤炭与电力、天然气、石油等能源产品价格有机联系起来。通过这些产品价格指数的比较，经营者能够做出正确经营和投资决策。通过比较我国煤炭、电力等能源产品商品价格指数与国际能源市场相应价格指数关系，还能推测出我国替代能源产品之间的价格关系是否与国际市场一致和合理。有助于企业根据煤炭与电力、天然气、石油等能源产品价格的有机联系，采用组织风险管理技术，降低价格风险，实际利润最大化，价格风险管理通过合同对冲的方式实现，如安然公司就是通过与一家燃气用户签订一个浮动价格的长期供气合同，处在空头地位，又与另一家电力公司签订了一个浮动价格的长期购电合同，处在多头地位，由于天然气价格与电力价格是高度相关的，当天然气价格上升时，电力价格也趋于上升，这样，因安然公司同时处在空头和多头地位，价格波动风险就大致可以相互冲抵掉。由于安然公司进行大量的天然气、电力等产品的交易，并根据客户的需要提供多种价格的选择，因而自身就持有大量可以相互冲抵从而抵消风险的合同，显然，创建煤炭价格指数后，煤炭企业和其下游企业就可以根据不同商品间的价格关联性，经过精心计算和组合，就能有效地降低风险①。

第七，创建煤炭价格指数，有利于确定我国在国际煤炭市场上的定价发言权。煤炭在我国一次能源的比重高达 70% 左右，在国民经济发展和国家能源安全保障方面都有十分重要的战略作用和地位。尽管国家发展和改革委员会价格监测中心已推出了与我国国计民生密切相关、国内目前需大量进口的石、橡胶、铁矿石、棉花、大豆等产品的国际市场商品价格指数。但迄今，我国还没有一套系统、科学的煤炭价格指数，从而造成国内煤炭市场价格混乱，且在国际市场上对煤炭价格没有定价发言权。

总之，煤炭价格指数在指导我国煤炭市场价格和改革煤炭订货会等方面具有重大的意义，它能指导煤炭实物交易价格。而煤炭实物交货价格既可以直接以煤炭价格指数为价格基准，也可以把它作为参照系，采用适当升水、贴水方式对价格作修正以适应煤炭实物交易情况。煤炭价格指数还能反映历史价格和预测未来价格。它有助于改革我国煤炭订货会，使煤炭柜台交易变成可能。它把煤炭与电力、天然气、石油等能源产品价格有机联系起来。通过这些产品价格指数的比较，经营者能够做出正确经营和投资决策。如追踪电力价格指数，就能够分析出煤炭价格的走势，同样，追踪煤炭价格指数，天然气行业也能大致确定天然气价格，反之亦然。通过比较我国煤炭、电力等能源产品商品价格指数与国际能源市场相应价格指数的关系，还能推测出我国替代能源产品之间的价格关系是否与国际市场一致和合理。它对于理顺我国能源流通体制产生重大影响，对促进煤炭、电力、冶金、城市燃气、化工等行业早日对煤炭价格形成机制达成共识发挥积极的作用，对调整目前煤炭交易双方之间大量存在的不符合我国法律规定的"有量无价"合同关系为正常经济合同关系有重大推动作用，对于国家调整经济增长速度，实现经济增长的转型都具有良好的作用。

---

① 什么是安然公司采用过的价格风险管理形式 http://www.petroecon.com.cn, 2006.6.11.

6.3.2 创建煤炭价格指数的难点

国际煤炭价格指数已发展了近30年（始于20世纪80年代，最初是煤炭价格历史记录的原始反映形式）。至今有将近十家公司发布煤炭价格指数，西方主要煤炭生产国和消费国都有相应的产地和港口煤炭价格指数。从国外煤炭价格指数及我国的实际情况看，创建煤炭价格指数存在以下几个难点：

其一，标准合同与指数的形式问题①。煤炭产品的分类与标准难以确定。煤炭品种较多，且难以细分，如何合理地对其进行分类，对制定科学的分类标准，对于建立煤炭价格指数具有前提性的意义。只有根据交易的实际需要对煤炭产品加以合理的分类并设立相应的既科学又便于实际操作的标准，才能为创建煤炭价格指数建立良好的基础。要建立标准合同，每个煤炭价格指数都与其固定的标准合同和成立条件相对应，这些条件主要包括：产地和交货口岸、煤质指标（发热量、灰分、硫分等），交货时间（1个月、90天、2个季度等）、付款时间和条件等。只有标准合同建立之后，才能较好地做好原始资料的统计工作。煤炭价格种类繁多，究竟创立什么样的煤炭价格指数，也需慎重研究，国际上的煤炭价格指数根据煤炭市场的应用可分为三类：一是供实物煤炭交割用的现货价格指数，如BJI；二是供"柜台交易"市场用的指数，如环球公司的互惠交易指数 RB_1 和普拉茨公司远期合约价格指数（Forward）；三是期货市场的价格指数，如纽约商品交易所煤炭期货价格指标。我国应创建怎样的价格指数需要根据煤炭交易的实际来决定。

其二，原始数据的采集问题。国际煤炭指数的原始数据来自三个方面：第一类，官方的统计数据，这是实际发货价格历史记录，一般比较真实，但时间滞后；第二类，对煤炭买卖双方、中间贸易商和经纪人的调查数据，调查可以通过电话、传真等形式获得；第三类，交易平台即时实际采集到的成交数据，如环球公司根据其电子平台记录的实际成交合同价和买卖竞价未成交部分，并用加权平均方法处理得到有关煤炭价格指数。从我国来看，由于市场集中度不高，所以，采集数据存在一定的难度，另外，从交易方来讲，也希望交易价格具有保密性，以维护其商业利益，所以，如何实现煤炭价格指数的真实性、可信度、独立性、标准化和透明化，就具有相当的难度，所以，如何收集数据或

---

① 严国荣. 创建我国煤炭价格指数之我见 [J]. 煤炭经济研究，2003 (4)：10—14.

建立什么样的机构来收集数据并进行计算，就是建立煤炭价格指数的一个关键问题。

其三，煤炭价格指数的设计问题。事实上，更合理科学地选择和编制价格指数使其更能真实地全面地反映市场的瞬时变动是非常重要的。我国现有的上证综合指数、深证综合指数、上证 30 指数和深证成分股指数在反映股票市场总体股价走势方面起着十分重要的作用，且各具特色，但它们在作为期货标的物方面有不尽合理之处。如将不断上市的新股逐一计入指数计算范围，影响了指数的前后可比性和内部结构的稳定性；采用总股本作为权重不能十分确切地反映流通市场股价的动态演变；把亏损股记入指数计算范围会把亏损股股价的非理性波动带入指数波动中去，不利于用该指数作为指数期货标的物实现套期保值的功能；行业代表性在逐渐降低；个别股票的权重过大，容易被操纵。上述缺陷对于我们创立煤炭价格指数具有一定借鉴意义，要创立能反映真实市场供需的煤炭价格指数，并以之建立煤炭价格指数期货等以分解风险或管理风险，就必须在创立煤炭价格指数时，很好地解决品种和权重的问题。根据 Thiripalraju（1997 年）在分析印度开展股票指数期货交易之时，提出标的物指数应当具备如下特征：

（1）指数应当能够方便地（Facilitate）实现期货市场和现货市场之间的套利（Arbitrage），以使期货价格可以正确反映基础资产的真实状况。

（2）指数应当使用算术平均和即时报价（Current Quotation）来计算，而不是几何平均和交易价格。

（3）指数应当包括交易活跃的样本股，以在识别出错误定价（Mispricing）时可以方便地实现套利。

（4）指数应当包含具有大部分市值（Market Capitalization）的合理多样的样本股，以防止价格操纵（Price Manipulation）。

（5）指数应当能够快速地计算出来。

在创设煤炭价格指数时，必须借鉴以上经验，注意计算公式的便利性，准确性及应用之进行套利的可行性，以便为日后的指数期权、期货的运行提供较好的支撑。

其四，交易系统的设立问题。交易系统的设立是一个技术性问题，随着电子商务的发展，这一问题肯定会迎刃而解，但就目前来讲，还没有系统性的交易系统，不能够比较严谨地规范煤炭交易行为，使煤炭的交易价格能真实地反映市场供需状况，所以，交易系统的设立及其软件的开发，也将是一个难点。

因为它影响了煤炭价格指数的真实性问题，所以，不可不谓关键。

其五，煤炭运输等中间环节的确定问题及中间费用的规范问题。

其六，发布机构的确立问题。创立煤炭价格指数涉及煤炭、电力、冶金、化工、城市供热等许多部门和行业，涉及面广，如不慎重为之，则可能起不到风险管理的作用，其对于减缓市场经济造成的自发的经济周期的作用也会大打折扣，为此，需要有一套科学的理论和方法以及专门的机构来完成。国际上创建商品价格指数的机构有五种形式：交易各方共同出资组成一个独立机构，如环球煤炭公司；专门指数服务机构，如道琼斯公司；出版发行商，如路透有限公司；煤炭信息咨询和服务公司，如巴洛金克公司和普拉茨公司；直接从事煤炭贸易的经纪公司或贸易商，如传统财务公司。政府部门，如德国联邦经济局发布的进口煤炭价格指数。如何确实一个具有效率且公正的煤炭价格指数的发布机构是创建煤炭价格指数的关键之一。

6.3.3 煤炭价格指数编制的理论设计与方法

1. 我国煤炭价格指数体系的设计

目前，我国已经具备了编制煤炭价格指数的条件。首先是最近几年，我国煤炭市场规模日益扩大，2003 年我国煤炭产、销量分别超过 16.5 亿吨和 15.5 亿吨，我国煤炭市场化程度不断提高，煤炭生产和消费商更加趋于理性、国内国际煤炭市场联系更加紧密，电子煤炭商务正在发展，这些在客观上为煤炭价格指数的推出准备了条件。其次，通过关停并转等一系列措施，我国的煤炭市场的规模和成熟度已经大为提高，表现为煤炭行业的集中度得到了很大提高。再次，煤炭价格指数在西方主要煤炭市场出现已有近 20 年的历史。在发展过程中，煤炭价格指数编制办法、统计方式、区域分布、发布体系、价格发现功能都越来越完善，这使我国创建煤炭价格指数有丰富的国际经验可资借鉴。此外，现代通信手段和市场结构优化也使煤炭价格数据的采集成本大幅降低，所以，推出煤炭价格指数具有极大的可行性。

适合不同的需要，煤炭价格指数分为不同的类别，严国荣认为煤炭价格指数可以来源于三个方面：国家统计的或者公司自己记录的历史发货价格数据或者合同价格数据；市场参与者对近期煤炭价格的预期；市场参与者在交易场所或交易平台成立的远期或期货合约价格或实际货物交货价。所以，根据这三个来源的不同组合，现在国际煤炭价格指数大致有四种构成模式：一是实际发货价或当期合同价或两者的组合。二是历史交货价、合同成交价和预期价格（或政府指导价等）的加权平均价。三是远期合约价格。包括一年之内交货的现货合约和更长一段时间的合同价格。四是期货合约价格。期货的报价是煤炭市场专业人士对煤炭市场的一种预期，随着交割月份的逼近，煤炭期货的价格收敛于煤炭的现货价格。

国家发展和改革委员会价格监测中心的刘满平先生则认为煤炭价格指数分为八种，即：反映市场总体变化趋势的综合加权平均指数；反映我国煤炭产业参与国际分工和相互影响程度的进出口价格变化指数；反映煤矿生产价格变化情况的出矿价格变化指数；反映运输中转需求变化情况的煤炭主要中转地区、港口价格指数；反映消费代表地区情况的主要消费市场价格指数；反映不同煤种供需关系变化情况、主要代表煤种、品种的价格指数；反映不同行业消费需求变化的主要行业消费价格指数；反映对市场发展预测的预期价格指数，包括生产者预期、中转预期指数、消费预期指数等[①]。笔者认为，我国的煤炭价格指数应重点包如图 6-1 所示的几种。从我国的实际情况看，目前急需编制的是进出口价格指数、国内交易的总体价格指数、主要港口主要品种的煤炭价格指数（秦皇岛）、主要消费行业的消费价格指数（如电力、水泥、建材）及出矿价格指数。

2. 煤炭价格指数的计算理论分析

根据前面所述，价格指数的编制，要求其符合三个测验要求，但研究表明，符合三个测验要求的指数几乎是不可能的。Irving. Fish 经过对指数计算的分析，发现在多达 134 种的指数计算中，只有 13 种能符合时间与因子互换测验，而这 13 种中，只有一种可称为理想公式（Idea Formula），其计算公式如下[②]：

$$I_{p01} = \sqrt{L \cdot P} = \sqrt{\frac{\sum p_1 q_0}{\sum p_0 q_0} \cdot \frac{\sum p_1 q_1}{\sum p_0 q_1}} \tag{6-21}$$

由于 $I_{p01} \cdot I_{P01} = 1$，且当 $q_{01} = \sqrt{\dfrac{\sum q_1 p_0}{\sum q_0 p_0} \cdot \dfrac{\sum q_1 p_1}{\sum q_0 p_1}}$ 时，有：

① 刘满平. 建立我国煤炭价格指数的理论设计与探讨 [J]. 中国能源，2005 (6).

② 西北农学院主编. 统计学原理 [M]. 北京：农业出版社. 1981，4：149—167.

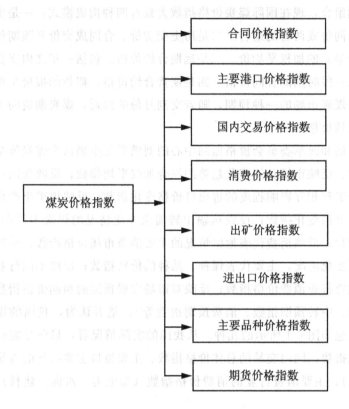

图 6-1 煤炭价格指数体系图

Fig. 6-1 The coal price index system chart

$$I_{p01} \cdot q_{01} = \frac{\sum p_1 q_1}{\sum p_0 q_0} \tag{6-22}$$

然而,这一计算原理不符合循环测验,在应用上存在着较大的障碍。而指数的计算,是把能通过循环测验作为第一个条件的。根据指数法的原理,编制物价指数,要用数量指标作权数,并把数量指标固定在报告期。但是在实际工作中,报告期销售量资料不易取得,所以往往采用以基期的数量指标作为权数,正是基于这个原因,无论是我国,还是美国和欧洲的物价指数的计算均以基数的数量作为固定权数来计算。

我国的物价指数的计算公式为:

$$I_{n.0} = \sum I_{n.0} \cdot \frac{w}{\sum w} \tag{6-23}$$

式中：I_p —— 为各种代表规格品的个体指数；

　　　w —— 为权数。

在计算中，无论是总指数、还是类指数，都采用固定加权平均数的形式。

美国计算物价指数的公式为：

$$I_{1,0} = \sum \frac{p_1}{p_0} \cdot \frac{p_0 q_0}{\sum p_0 q_0} \tag{6-24}$$

其对于权数也采用了固定权数，每十年调整一次。

而欧洲对于物价指数的计算公式为：

$$I_{1,0} = \sum \frac{p_1}{p_0} \cdot \frac{w_0}{\sum w_0} \tag{6-25}$$

其对于权数也采用固定权数，只不过是每五年调整一次[①]。

因此，在计算各种煤炭价格指数时，可以借鉴上述原理，采用某一时期的销售或交易额作为固定权数进行煤炭价格指数的计算，以使之符合循环测验的要求。下面我们对单一品种的煤炭交易价格指数、国内交易价格指数、煤炭的出矿价格指数及主要消费价格指数的计算原理进行介绍。

（1）单一品种煤炭交易价格指数的计算。对于某一品种煤炭的价格指数，其计算可分为三步：

第一步，计算各地区的交易价格指数，公式为：

$$I_{pi} = \frac{p_1}{p_0} \tag{6-26}$$

第二步，计算权重，权重借鉴物价指数计算的原理，选取某一交易稳定的时期的交易额为权重，计算公式为：

$$w_i = \frac{p_{i0} q_{i0}}{\sum p_0 q_0} \tag{6-27}$$

第三步，计算其定基或环比价格指数，定基煤炭价格指数的计算公式为：

$$I_{n,0} = \sum \frac{p_n}{p_0} \cdot \frac{w}{\sum w} \tag{6-28}$$

环比的价格指数的计算公式为：

$$I_{n,n-1} = \sum \frac{p_n}{p_{n-1}} \cdot \frac{w}{\sum w} \tag{6-29}$$

① 杨曾武，傅春生，徐前. 统计学原理资料汇编 [M]. 北京：中央广播电视大学出版社，1983：324—356.

（2）国内交易价格指数的计算原理。国内一定时期的交易价和其交易形式相关联，可分为现货交易、远期交易与短期合同交易等形式，它反映了市场供需关系的长期变化趋势及状况，可以反映一定时期国内煤炭价格的总体走势，对于交易者预测煤炭价格发展态势有着很重要的作用，是一个较为重要的指数。计算公式如下：

$$I_t = \frac{\sum p_1^{ki} q_0^{ki}}{\sum p_0^{ki} q_0^{ki}} = \sum \frac{p_1^{ki}}{p_0^{ki}} \cdot \frac{p_0^k q_0^{ki}}{\sum p_0^{ki} q_0^{ki}} \qquad (6\text{-}30)$$

式中：p_1^{ki}, q_1^{ki} ——分别表示报告期 K 种煤炭第 i 种交易方式的交易价格与交易量；

p_0^{ki}, q_0^{ki} ——分别表示基期 K 种煤炭第 i 种交易方式的交易价格与交易量。

（3）出矿价格指数的计算原理。由于煤炭市场化的改革，煤炭价格形成必然受供求关系的影响，因此，煤炭的出矿价对于需求方而言，可以通过预测技术来进行供方价格的简单判断，从而对未来的价格风险进行测定，采用适当的手段规避之。出矿价格指数的确定比较复杂：其一在于国内煤炭价格经常进行整合，而煤矿又具有一定的寿命周期，所以确定样本存在困难，经常需要进行样本的更替；其二，同一煤矿出产的不可能仅是一种煤炭，所以，在计算时，首先要进行其加权平均价格的计算；其三，煤炭的产量也是经常变化的，价格的变化意味着其在总体中贡献率的改变，所以，固定权数不能很好地反映真实的价格水平。根据前面所述，在物价、物量轮番上涨和经济复苏的经济环境下，即在供求关系中需求方占主导地位时，应该选用帕氏指数公式来反映经济各要素的变动情况。我们以帕氏指数来计算出矿价格指数，计算步骤为：

第一，计算各矿的加权平均价格，公式为：

$$p_{i0} = p_{i0}^k \frac{q_{i0}^k}{\sum q_{i0}^k} \qquad (6\text{-}31)$$

式中：p_{i0} ——为第 i 矿基期的平均价格；

p_{i0}^k ——为第 i 矿第 k 种煤炭产品的出口价；

q_{i0}^k ——为基期第 i 矿第 k 种煤炭产品供给量。

第二，报告期平均价格的计算，公式为：

$$p_{i1} = p_{i1}^k \frac{q_{i1}^k}{\sum q_{i1}^k} \qquad (6\text{-}32)$$

式中：p_{i1} ——为第 i 矿报告期的平均也矿价；

　　　p_{i1}^k ——为第 i 矿第 k 种煤炭产品的出矿价；

　　　q_{i1}^k ——为报告期第 i 矿第 k 种煤炭产品供给量。

第三，计算总指数，公式为：

$$I_{1.0} = \frac{\sum p_{i1} q_{i1}}{\sum p_{i0} q_{i0}} \tag{6-33}$$

显然，出矿价格指数不符合循环测验，但符合时间测验，它反映在结构和数量均发生变化下的价格波动。这一点尤其要注意。

（4）主要消费价格指数的计算。煤炭的主要消费价格指数主要用来衡量电力、建材等主要煤炭消费产业购买煤炭的价格水平的发展状态，其可以作为煤炭生产企业定价的依据之一，因为这些产业的煤炭购买价格水平，不仅反映了供求关系，也反映了这些行业的技术创新、煤炭消费政策对煤炭价格的影响，实际上反映的是这个市场的煤炭的真实交易价，所以，对于煤炭生产企业及消费企业来讲，都具有很好的参考价值。其计算公式也不适宜采用固定权重，而应以实际交易量作为权重，以帕氏指数作为其计算原理，公式为：

$$I_{1.0} = \frac{\sum p_{k1} q_{k1}}{\sum p_{k0} q_{k0}} \tag{6-34}$$

式中：p_{k1} ——为第 k 企业报告期的平均购买格；

　　　q_{k1} ——为第 k 企业报告期的购买量；

　　　p_{k0} ——为第 k 企业基期的平均购买格；

　　　q_{k0} ——为第 k 企业基期的购买量。

6.3.4　煤炭价格指数的编制的建议

煤炭价格指数的编制涉及许多技术性的问题，同时也面临着一些组织问题，主要表现在以下几个方面：

（1）对于煤炭交易系列产品进行定义和标准分类的建议。在实际煤炭贸易中由于煤炭合同价格不具可比性，给确定煤炭价格指数带来不便。因此，要对煤炭交易系列产品进行定义和标准分类。首先，要结合我国煤种标准分类特征确定主要产煤地区和出口煤炭典型煤质特点、电力和冶金等行业耗煤主要煤种煤质特点，并以这些煤种作为相应地区、市场、用户的标准煤种，规定相应标准质量指标，即规定发热量、挥发分、全水分、灰分、硫分、尺寸等指标的标准值；其次，要结合铁路运输设备和船舶设备特征确定标准合同数量；还要确定标准的交货期限；最后，要建立一种标准的交易撮合系统。这样就以标准煤炭质量指标和标准交货条件为基础确定了标准煤炭贸易合同，煤炭价格是以标准合同的标准煤炭为基础，其他与此标准有差异的煤炭合同要根据事先确定的合同价格调整办法进行价格调整。通过煤炭交易系列产品标准化工作，使实际煤炭贸易中因煤质和交货条件组合不同而产生的千万种合同统一到标准煤炭和标准合同上来，使不同合同之间的价格具有可比性。

（2）关于数据采集的建议。从我国煤炭工业的实际情况来看，编制煤炭价格指数在原始资料的采集上存在一定的难度，因为我国煤炭行业历来集中度不高，近年来经过资源整合，有所提高，但统计的基础工作不健全，尤其在市场经济的条件下，企业更多的力量集中于提高利润，加强生产管理，对于向统计机构提供数据的工作不重视，以致数据不真实、不详实，另外，我国的小煤矿和小电厂也多，而且多在偏远地区，这就加大了煤炭统计工作的难度，这为编制准确的煤炭价格指数增加了不少难度，所以，在实际应用中，一方面局限于目前的情况，只能以国有重点煤矿和大型的电力企业作为统计对象，但要努力增加和扩大统计范围，以求指数的准确性和代表性，要在今后的工作中大力推动中小煤炭企业的电子商务建设，实现数据采集的电子化，便捷化。

（3）基期确定的建议。对于定基价格指数来讲，基期是极为重要的，确定合理的基期是编制价格指数的重要内容之一。为保证价格指数的可比性，使其能准确反映煤炭价格的变动趋势，指数应有一个相对固定的基期，而且所选基期应具备稳定性和可比性的要求。基于以上考虑，结合我国煤炭市场的变化情况及其价格改革的历史与现状，笔者建议，以 2005 年 1 月作为月价格指数的基期，而 2005 年 1 月 1 日作为周价格指数的基期，即将此时的价格指数定为 100[①]。

（4）权数的确定。编制煤炭价格指数显然要以全国的实际煤炭成交量作权数。然而，就目前的统计状况而言，尚无法及时取得各市场实际成交量方面的数据资料。此时，有的学者建议用某些方法进行推算和估计，以期得到与各品种实际销量比重尽可能一致的一组权数。笔者建议，由于推断必然存在一定的

---

① 荆全忠，张健．GM（1，1）模型在煤炭需求预测中的应用［J］．中国煤炭，2004（1）．

误差，为了更真实地反映煤炭价格的变动趋势，建议以实际可统计到的交易为权重，而不加以推断，但在公布指数时加以说明，这样，有助于交易双方对价格做出自己较为合理的判断，以助于进行风险管理。

（5）关于品种的确定。煤炭品种较多，如果全部纳入考察范围，显然工作量很大，而且在实务中也存在很大的难度，不可能实现，那么如何确定煤炭品种，并以之为对象计算煤炭价格指数呢？笔者建议以交易量的大小作为根据。

（6）关于价格的建议。编制不同的煤炭价格指数，需要对价格作一界定，如进出口价格指数，可以借鉴国际棉花指数（International Cotton Indices）的经验，以亚洲主要港口 CNF 价（即成本加运费，不包括关税、增值税和港口费用）来确定，而国内的出矿价，则以不含运输的出矿价为依据。由于价格水平不一，一般采用中位数、算术平均价、加权平均价等，建议以加权平均价作为计价依据。

（7）关于发布机构的建议。为了保持价格指数的公正性、准确性和保密性，要解决好由谁发布价格指数的问题，从国际经验看，不外乎五种方式：交易各方共同出资组成一个独立机构，如环球煤炭公司；专门指数服务机构，如道琼斯公司；出版发行商，如路透有限公司；煤炭信息、咨询和服务公司，例如巴洛金克公司和普拉茨公司；直接从事煤炭贸易的经纪公司或贸易商，如传统财务公司。政府部门，如德国联邦经济局发布的进口煤炭价格指数[①]。笔者认为，我国目前也已存在一定数量的从事煤炭信息研究的机构和网站，但缺乏权威性和准确性，很难保持指数的公正、准确，所以，基于目前的情况，统计工作的实际情况，笔者建议由国家发改委、国家煤炭安全监督局、国家统计局和电力工业部共同筹建一个煤炭价格指数的发布机构，这样，既有利于数据的采集，又具有权威性、可行性。

6.4　本章小结

煤炭价格指数在西方主要煤炭市场出现已有近 20 年的历史。在发展过程中，煤炭价格指数编制办法、统计方式、区域分布、发布体系、价格发现功能都越来越完善，这使我国创建煤炭价格指数有丰富的国际经验可资借鉴，而随

---

① 邹忠，李学刚.2004 年煤炭市场预测供需总量平衡供求矛盾难免价格继续上涨［J］.中国煤炭，2004（1）.

着我国煤炭市场化程度不断提高、煤炭生产和消费商更加趋于理性、国内国际煤炭市场联系更加紧密、电子煤炭商务正在发展，这些在客观上为煤炭价格指数的推出准备了条件。另外，通过关停并转等一系列措施，我国的煤炭市场的规模和成熟度已经大为提高，煤炭行业的集中度得到了很大提高。煤炭价格指数是在其他金融衍生产品中的应用中居于重要的前提地位，是煤炭指数期货、煤炭指数期权实施的前提，本章对煤炭价格指数进行了理论研究与模型设计，提出了煤炭价格指数的基本理论与数学模型，并通过了相应的检验，相信对推出我国的煤炭价格指数将具有一定的指导价值。

本章重要概念

指数（Index） 反映商品、工资或其他经济变量在不同时期的价格变动，是一种动态相对数数，可用于经济现象在时间、空间上的对比。指数最简单的形式仅仅是指若干组相互关联数值的加权平均数。

价格指数（Price Index） 用来反映商品价格总水平在一定期间内变动趋势及幅度的相对数，它通常是用报告期（用来比较的时期）与基期（用来对比的时期）相比而得。源于 18 世纪的欧洲，最初以物价指数的形式出现。1986 年开始在美国纽约期货交易所进行交易，是最古老的商品指数。

零售价格指数（Retail Price Index） 是反映城乡商品零售价格变动趋势的一种经济指数。零售物价的调整变动直接影响到城乡居民的生活支出和国家的财政收入，影响居民购买力和市场供需平衡，影响消费与积累的比例。因此，计算零售价格指数，可以从一个侧面对上述经济活动进行观察和分析。

居民消费价格指数（Consumer Price Index） 反映一定时期内城乡居民所购买的生活消费品价格和服务项目价格变动趋势和程度的相对数。是综合了城市居民消费价格指数和农民消费价格指数计算取得的。利用居民消费价格指数，可以观察和分析消费品的零售价格和服务价格变动对城乡居民实际生活费支出的影响程度。

拉氏指数（L 氏指数） 德国经济学家拉斯贝尔（Laspeyre）于 1864 年首先提出的。他主张无论是数量指标指数还是质量指标指数，都采用基期同度量因素（权数）的指数。其公式为：

$$index_{p01} = \frac{\sum p_1 q_0}{\sum p_0 q_0}$$

其优点是用基期数量作权数可以消除权数变动对指数的影响，从而使不同时期的价格指数具有可比性。但这指数也有明显的缺陷，它是假定销售量不变的情况下报告期价格的变动水平，这一指数尽管可以单纯反映价格的变动水平，但不能反映数量的变动，特别是不能反映数量结构的变动。

帕氏指数（P 氏指数）　德国学者帕煦（Paasche）提出的用报告期数量加权计算的价格指数，其公式为：

$$index_{p01} = \frac{\sum p_1 q_1}{\sum p_0 q_1}$$

帕氏指数由于以报告期数量加权，不能消除权数变动对指数的影响，因而不同时期的指数缺乏可比性，但帕氏指数可以同时反映出价格和数量及其结构的变化。

第7章 预测理论在煤炭
价格管理中的应用

煤炭价格风险的管理，最终是一个决策问题，煤炭企业及其下游企业能否很好地规避其价格风险，不仅取决于有没有较好的金融风险产品，还取决于其对煤炭的供需状况、替代与互补产品的价格、供求情况、煤炭的进出口政策、汇率等诸因素对煤炭价格的影响，而使之表现出来的未来价格走势的把握，只有把握准其价格走势，才可能做出正确的决策，从而不仅规避价格风险，甚至从中获益。从这个意义上讲，预测技术在煤炭价格风险管理中显然具有更为积极的意义。尽管预测技术不可能完全把握好事物发展的趋势，甚至在一定程度上使人们对预测技术的作用产生了怀疑，但毋庸置疑，人类的许多决策均是在未知情况下做出的，均是通过一定的预测技术对事物未来的趋势做出判断并以之为根据做出的，预测越和未来的现实接近，交易决策获利就愈多，而预测和未来的现实愈不相符，则损失愈大，所以，准确的预测仍是人类苛求的目标。

7.1 预测的定义、原则及其分类

7.1.1 预测的定义

预测的界定，基本有以下几种：预测是指人们根据所获得的信息，对某种情况在特定条件下将会发生什么变化所作的推断[1]；预测是事先对某一事例进行的计量和推测，也就是根据已知，根据过去和现在预测未来[2]；预测是根据金融经济变量的过去和现在的发展规律，借助计量模型，对其未来的发展趋势和状况进行描述与分析，形成科学的假设和判断[3]。比较而言，李宝仁和杜本

---

① 李宝仁. 经济预测理论、方法及应用 [M]. 北京：经济管理出版社，2005：45—89.
② 杜本峰等. 市场调查与预测 [M] 北京：机械工业出版社，2004：58.
③ 赵晓菊，柳永明. 金融计量学 [M]. 上海：上海财经大学出版社，2005：49.

峰的界定更为宽泛些，而赵晓菊因为研究对象是金融数据，所以，其概念就更多局限于计量或定量的预测手段。其实预测所需要的信息分为定性的事实（非数据形式的信息）和定量的数据（数据形式的信息），金融预测也不例外。所以，预测不唯依据定量技术，还要借助定性及定量与定性相结合的手段（半定量预测法）。

7.1.2　预测的原则

预测技术是基于经济、社会或自然现象的内在规律性，这些基本的规律性表现为预测的基本原则，预测技术也正是以这些基本原则为基础的。

（1）连续性原则。亦称一惯性原则，即指事物的发展与演变富有连续性。表现为不仅时间上有连续性，而且经济系统结构的也具有连续性。时间的连续性是时间序列分析法进行趋势外推的基本假设，经济系统结构的连续性是利用因果关系建立结构模型进行预测的依据。

（2）类推原则。指事物之间具有类似性。表现为不同事物之间在结构、模式、发展趋势方面的近似性。

（3）相关原则。指事物之间相互依存、相关联系的特性，如互补关系、代替关系性等，回归预测模型就是建立在这一原则之上的。

（4）概率性原则。即用概率论与数理统计的方法求出随机事件各种状态的概率，以之为基础推测、预测事物的未来发展趋势。

7.1.3　预测方法的分类

预测从时间角度一般分为即期预测（一个月以下）、短期预测（1～3 个月）、中期预测（3 个月～2 年）和长期预测（2 年以上）。

预测技术从公元 5 世纪就开始出现，如《史记》中所述的"论其存余不足，则知贵贱，贵上极则反贱，贱下极则反贵[①]"就是依据供需规律对商品价格所做的简单的定性预测。西方从 19 世纪始，预测技术得到迅速发展，目前已形成基本原理、适用范围、复杂程度、精度和费用差异很大的诸多方法，从预测者判断的依据和数据信息的类型可分为三大类：即定量预测法、定性预测

[①] 《史记》，司马迁著，北京：中央民族大学出版社，2005：10.

法和半定量预测法。所谓定量预测法指根据数据和规范的程度来对未来的情况进行预测，如回归法、经济计量模型法、时间序列法等；定性预测法是利用非数据信息进行预测的非规范方法，其特点是不同的预测者会有不同的结论，如德尔菲法、历史类推法、关系树法等；半定量预测法介于上述两者之间，既依靠定量的计算又要求通过主观判断加以修正，如情景预测技术，目前主要用于经济周期的预测。预测技术的基本分类见表7-1：

表 7-1 预测技术分类表

Table. 7-1 The sort of prediction technology

一级分类	二级分类	具体预测方法
定量预测技术	平滑法	朴素法
		平均法
		简单移动平均法
		简单指数平均法
		线性指数平滑法
		线性指数平均法
	分解法	传统分解法
		人口普查第二分解法
		福兰法
	控制法	自适应过滤法
		博克斯詹金斯法
	回归法	一元回归法
		多元回归法
		经济计量模型
	灰色预测法	GM（1，1）等
	人工神经网络技术	
定性预测		S曲线法
		历史类推法
		关系树法
		系统分析法
组合预测法	各种预测技术的综合，也称综合预测法	

　　上述方法各具特点，对数据的要求也有所不同，如博克斯詹金斯法的不适于长期预测，要求数据是自相关的，准确性也较高，但费用也较高；一元回归法适用于中期预测，数据要求是非自相关的趋势型数据，最低要求 30 个数据，费用较低，准确性居中；德尔菲法适于长期预测，属于因果型预测，基本上没有什么费用，而适用性也较低。所以，在具体预测中，要根据数据的类型、预测的时期及精度来选择预测方法，并通过具体准确性的比较，才可能得到较理想的预测效果。从目前的理论研究看，始于 1969 年的组合预测借鉴了诸多方法的研究成果，是实际预测工作者最为推崇的方法[①]。

7.1.4　煤炭价格预测的文献

　　预测理论在实践中得到了广泛的运用，如胡坤、刘思峰运用灰色预测技术进行了科技实力的预测[②]；徐家湛也运用灰色预测模型对社会消费进行预测[③]，刘云忠、宣慧玉研究了混沌时间序列并用它对 1978—2000 年的 GDP 进行了预测[④]；许清海研究了混沌时间序列的相关性并应用之对深市、沪市股价进行预测[⑤]等。关于能源预测的也很多，如周总瑛、张抗则运和石油消费弹性法、能源指数法及石油消费比较率对石油的需求进行预测，发现三种相互验证，具有极好的吻合性[⑥]；赵声振对传统的预测方法进行了比较，认为以三种前提，即以其稀缺性作为预测的前提，以其需求对价格具有重要影响作用为前提及以科技进步对油价具有重要影响作用为前提进行预测，第一、二类前提在以往的预测中是不准确的，而情景预测法也存在许多不可解释的现实，所以，在预测中要将石油当作一般商品，以一般商品所共面临的市场规律、竞争规律和价值规律来对其价格预测[⑦]。

　　在国外，挪威的奥兰·格巴格（Ole Gjolbedrga）研究了石油及其精炼油的价格，表明二者存在长期的均衡关系，并证明，根据长期价格的估计差偏度

---

　　①　贝茨 J. M. Bates，格兰 C. W. JCrong. 组合预测 [J]. 运筹学季刊，1969 (8)：30.

　　②　胡坤，刘思峰. 灰色关联预测模型（GRM）及其应用研究 [J]. 现代管理科学，2004 (8)：11—13.

　　③　徐家湛. 灰色预测模型在经济数列预测中的应用 [J]. 北京统计，2004 (6)：13—14.

　　④　刘云忠，宣慧玉. 混沌时间序列及其在我国 GDP（1978—2000）预测中的应用 [J]. 管理工程学报，2004 (2)：13—14.

　　⑤　许清海. 混沌时间序列的相关性及其应用 [J]. 泉州师范学院学报（自然科学），2000 (11)：21—22.

　　⑥　周总瑛，张抗. 21 世纪初中国石油需求预测 [J]. 中国地质，2000 (8)：9—11.

　　⑦　赵声振. 对国际油价预测的反思 [J]. 国际石油经济，1999 (3)：6—8.

可以进行短期价格的预测[1]。关于煤炭方面的预测更多集中于需求与供给，如荆全忠和张健以实际数据为基础，建立了我国煤炭需求量的数列预测模型 GM（1，1），并对煤炭需求进行了预测，仿真结果与实际值接近，预测误差较小，模型精度好，认为该模型可用于对我国煤炭需求总量的预测[2]。邬忠和李学刚在定性分析了煤炭消费大户——电力、建材等行业的需求状况及煤炭资源的生产与运输状况后，认为我国煤炭市场供求总量平衡矛盾难免，价格上扬。这是完全主观预测法或定性预测法的体现[3]。张雅丽以均衡理论对煤炭市场的进行分析，用图形来说明其波动趋势，属于定性方法的运用[4]。王立杰、孙继湖用灰色系统理论对煤炭需求建立了模型并进行了预测[5]。张麟、舒良友、以定性的方法及能源消费弹性对煤炭需求和供给进行预测分析[6]。宁云才运用小波神经网模型对煤炭需求进行预测[7]，等等。关于煤炭价格的预测见之于公开刊物的并不多，目前只有李诚祥从国民经济增长率、出口量等四个因素对短期全国煤炭价格的分析[8]。孙继湖、彭建萍运用 B—J 法或 ARMA 法对煤炭价格进行预测[9]。罗敏、徐莉运用一元回归分析法对国内煤价与 GDP 的关系及国际煤炭价格和其他能源价格进行回归方程研究[10]。

总之，由于煤炭价格改革及煤炭价格波动为时不长，所以，进行价格研究和预测方面的文献并不多。

7.2 基于 Box-Jenkins 法的煤炭价格预测

煤炭价格的短期波动，对于生产和经营具有重要的意义。煤炭价格由于煤炭的不可再生性，其长期趋势表现为总体上涨，但短期趋势并不如此，表现出频繁的有升有降，这不仅增加了生产与经营的风险，同时，也使短期价格走势的预测显得比长期预测更具有现实意义，戴维·卡本多（J. David Cabedo，

① Ole Goldberg (Naway). Risk management in the oil industry [J]. Energy Economics, 1999 (21): 517—527.
② 荆全忠，张健. GM（1，1）模型在煤炭需求预测中的应用 [J]. 中国煤炭，2004 (1).
③ 邬忠，李学刚. 2004 年煤炭市场预测供需总量平衡供求矛盾难免价格继续上涨 [J]. 中国煤炭，2004 (1).
④ 张雅丽. 从微观经济学看煤炭市场的供求变化 [J]. 内蒙古煤炭经济，2004 (1)：5—7.
⑤ 王立杰，孙继湖. 基于灰色系统理论的煤炭需求预测模型 [J]. 煤炭学报，2002 (6).
⑥ 张麟，舒良友. 我国能源与煤炭供需分析与预测 [J]. 郑州煤炭管理干部学院学报，1999 (6)：11—13.
⑦ 宁云才，鞠耀绩. 矿业投资风险分析与管理 [M]. 北京：石油工业出版社，2003：2—5.
⑧ 李诚祥. 对今年煤炭价格走势的基本判断 [J]. 价格月刊，2002 (3)：16—18.
⑨ 孙继湖，彭建萍. 时间序列分析技术在煤炭价格预测中的应用 [J]. 地质技术经济管理，2000 (6)：5—7.
⑩ 罗敏，徐莉. 我国能源供需结构及价格变异性分析 [J]. 煤炭经济研究，2002 (3).

Spain）应用 Var 技术，利用三种不同的方法，即基于历史模拟的 ARMA 模型（HSAF）、自回归异方差模型及历史模拟法对原油的价格进行了预测[1]，实证研究表明，HSAF 能较好地拟合价格波动，能够对价格风险进行比较精确的度量[2]。意大利的克劳德・玛瑞那（Claudio Morana）则认为石油价格的异方差性可以用 GARCH 模型来进行其短期价格预测。实证研究表明。此模型不仅可以用于国外价格的预测，也可用于国内价格的预测[3]。本节即以著名的 Box-Jenkins 法对煤炭价格的短期发展趋势进行研究，以期对煤炭价格的风险管理提供可靠的决策依据。

7.2.1　Box-Jenkins 的基本思想和预测模型

1968 年美国学者 George Box 和英国统计学家 Gwilyn Jenkins 提出 Box-Jenkins 法（简称为 B-J 方法），并于 1970 年在《Time series Analysis—Forecasting and Control》一书中对之作了系统的研究和运用。它主要试图解决两个问题：一是时间序列的平稳性、随机性和季节性；二是在对时间序列分析的基础上，选择适当的模型进行预测。其基本思想是：假设时间序列是在某个随机过程产生的，然后用时间序列的原始数据去建立估计描述这一随机过程的模型，再运用所建立的模型，在已知过去和现在时间序列观测值的情况下，对未来的时间序列加以预测。

B-J 预测模型分为五种，即自回归（AR）模型、移动平均（MA）模型、自回归—移动平均模型（ARMA）、线性非平稳模型及季节模型，B-J 预测模型主要包括以下几个工作，即了解随机过程的理论特性，根据时间序列的原始数据构造模型，根据构造出的模型做出最佳预测。

在运用 B-J 理论建模时，要求作为预测对象的时间序列是一个零均值的平稳的随机序列，平稳性的统计特性不随时间的推移而变化。直观地说，平稳随机序列的折线图无明显的上升或下降趋势。但是，大量的社会经济现象随着

　　① J. David Cabedo, Ishmael Maya (Spain). Estimating oil price Value at Risk using the historical simulation approach [J]. Energy Economics, 2003 (25)：239—253.

　　② 戴维对石油价格的预测，见能源经济 2005 年 23 期，其研究目的并非是预测，而是为了应对能源价格危机，这里主要指石油的价格危机进行计量研究。而 Var，即是根据石油价格的最大改变价格与其最可能价格的偏差来衡量其价格风险的。偏差越大，则风险就越大。关于 Var 的基本理论，在前面章节有详细介绍。

　　③ Claudio Marana (Italy). A semi parametric approaches to short-term oil price forecasting [J]. Energy Economics, 2001 (23)：325—338.

时间的推移，总表现出某种上升或下降的趋势，构成非平稳的时间序列。对此的解决方法是建模之前，对时间序列先进行零均值和差分平稳化处理。所谓零均值化处理，是指对于均值不为零的时间序列的第一项都减去该序列的平均数，构成一个均值为零的新的时间序列；差分平稳化处理，是指对于均值为零的非平稳的时间序列进行差分，使之为平稳时间序列。下面我们研究 Box-Jenkins 法在煤炭价格预测中的应用。

7.2.2 Box-Jenkins 预测模型在煤炭价格预测中的应用

1. 模型的识别

我们以 2005 年至 2006 年 8 月 30 日期间的秦皇岛的山西混优价格进行分析，以 Eviews5.0 作为计算工具。首先我们研究山西混优价格时序的特征，做出其价格变化趋势，如图 7-1 所示：

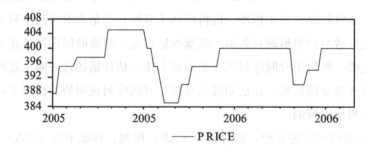

图 7-1 煤炭价格短期走势

Fig. 7-1 The trend of coal price in short term

显然，山西优混的价格是波动的，没有表现出明显的上升或下降趋势，这表明就短期而言，煤炭价格的波动与长期是有区别的，长期趋势是逐渐增加了，而短期是有升和降。

进一步分析其特征，我们研究其自相关函数及偏自相关函数如下图 7-2 所示，最大滞后项取 N/10（根据易丹辉《数据分析与 EVIEWS 应用》），即取 22 (87/4)[①]。

可见，自相关是拖尾的，是不平稳的，而偏自相关具有截尾性，对其进行

---

① 易丹辉. 数据分析与 EVIEWS 应用 [M]. 北京：中国统计出版社，2005：113.

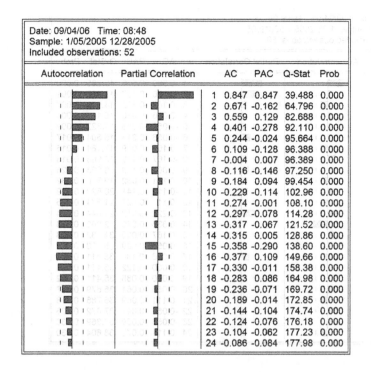

Date: 09/04/06　Time: 08:48
Sample: 1/05/2005 12/28/2005
Included observations: 52

Autocorrelation	Partial Correlation		AC	PAC	Q-Stat	Prob
		1	0.847	0.847	39.488	0.000
		2	0.671	-0.162	64.796	0.000
		3	0.559	0.129	82.688	0.000
		4	0.401	-0.278	92.110	0.000
		5	0.244	-0.024	95.664	0.000
		6	0.109	-0.128	96.388	0.000
		7	-0.004	0.007	96.389	0.000
		8	-0.116	-0.146	97.250	0.000
		9	-0.184	0.094	99.454	0.000
		10	-0.229	-0.114	102.96	0.000
		11	-0.274	-0.001	108.10	0.000
		12	-0.297	-0.078	114.28	0.000
		13	-0.317	-0.067	121.52	0.000
		14	-0.315	0.005	128.86	0.000
		15	-0.358	-0.290	138.60	0.000
		16	-0.377	0.109	149.66	0.000
		17	-0.330	-0.011	158.38	0.000
		18	-0.283	0.086	164.98	0.000
		19	-0.236	-0.071	169.72	0.000
		20	-0.189	-0.014	172.85	0.000
		21	-0.144	-0.104	174.74	0.000
		22	-0.124	-0.076	176.18	0.000
		23	-0.104	-0.062	177.23	0.000
		24	-0.086	-0.084	177.98	0.000

图 7-2　山西优混价格的自相关与偏相关图

Fig. 7-2　The autocorrelation and partial

correlation on Shanxi Mixed coal

二阶差分，自相关图如图 7-3 所示。

　　显然，此时序列是平稳的，所以，取模型的阶数为 D＝2，而自相关系数在 K＝1 后即显然为零，而偏相关系数在 K＝2 后即显著为零，所以，可建立 ARIMA（2 2 1）或 ARIM（1 2 1）模型。

　　2. 参数的估计

　　模型阶数在 P、Q 确定的情况下，我们以 EVIEWS5.0 为工具进行参数估计，结果如下：

　　ARMA（1 2 1）模型为：

$$\nabla^2 p_t = 0.064181 \nabla^2 p_{t-1} + u_t - 0.9974 u_{t-1} \qquad (7-1)$$

$$(2.05) \qquad\qquad (4.76)$$

$$R^2 = 0.50434 \qquad F = 52.175$$

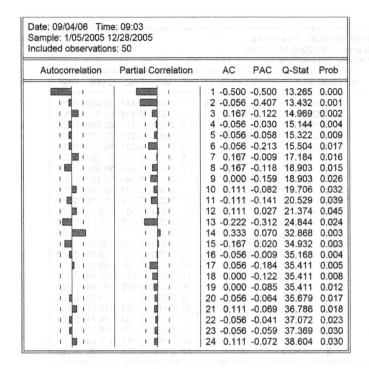

Date: 09/04/06   Time: 09:03
Sample: 1/05/2005 12/28/2005
Included observations: 50

Autocorrelation	Partial Correlation		AC	PAC	Q-Stat	Prob
		1	-0.500	-0.500	13.265	0.000
		2	-0.056	-0.407	13.432	0.001
		3	0.167	-0.122	14.969	0.002
		4	-0.056	-0.030	15.144	0.004
		5	-0.056	-0.058	15.322	0.009
		6	-0.056	-0.213	15.504	0.017
		7	0.167	-0.009	17.184	0.016
		8	-0.167	-0.118	18.903	0.015
		9	0.000	-0.159	18.903	0.026
		10	0.111	-0.082	19.706	0.032
		11	-0.111	-0.141	20.529	0.039
		12	0.111	0.027	21.374	0.045
		13	-0.222	-0.312	24.844	0.024
		14	0.333	0.070	32.868	0.003
		15	-0.167	0.020	34.932	0.003
		16	-0.056	-0.009	35.168	0.004
		17	0.056	-0.184	35.411	0.005
		18	0.000	-0.122	35.411	0.008
		19	0.000	-0.085	35.411	0.012
		20	-0.056	-0.064	35.679	0.017
		21	0.111	-0.069	36.786	0.018
		22	-0.056	-0.041	37.072	0.023
		23	-0.056	-0.059	37.369	0.030
		24	0.111	-0.072	38.604	0.030

图 7-3　山西优混价格的二阶差分自相关与偏相关图

Fig. 7-3　The autocorrelation and partial correlation on SMC（2）

注：此处以"SMC（2）"代表山西优混的二阶差分时序。

ARMA（2 2 1）模型的为：

$$\nabla^2 p_t = 0.05532 \nabla^2 p_{t-1} + 0.109718 \nabla^2 p_t + u_t - 0.9974 u_{t-1} \qquad (7-2)$$

$$(3.0631) \qquad\qquad (2.0317) \qquad\qquad (4.143)$$

$$R^2 = 0.47390 \qquad\qquad F = 34.2803$$

3. 模型的拟合检验

运用 ARIMA 模型，对参数 T 检验显著性水平的要求并不像回归方程那么严格，更多考虑的是模型整体拟合效果。调整后的可决系数、AIC 和 SC 准则都是选择模型的重要标准。上述模型中滞后多项式倒数的根都落在单位圆内，满足平稳性的要求，而其残差经过检验也是平稳性的。所以，可以认为二个模型均通过检验。但模型一的调整后的可决系数大于模型二的可决系数，所以，我们认为前者，即 ARMA（1 2 1）模型更合适，其拟合效果如图 7-4 所示。

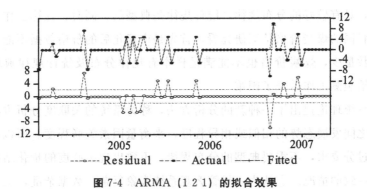

图 7-4 ARMA（1 2 1）的拟合效果

Fig. 7-4 Simulation chart about ARMA（1 2 1）

4. 模型的应用

由于是对二阶差分的预测方程，而我们需要预测的是原序列，所以，通过差分的逆运算，可得下式：

$$p_t = \nabla^2 p_t + 2p_{t-1} - p_{t-2} \tag{7-3}$$

所以，只要预测出其二阶差分序列，则原序列即可依据上式而预测出，二阶差分序列的值则可以通过前面的 ARMA 模型得到。我们应用此模型对 2006 年 8 月 30 日到 9 月 27 日共 5 周的山西优混的价格进行预测（已知 2006 年 8 月 30 日、8 月 23 日及 8 月 16 日的山西优混价格均为 400 元/吨），预测结果见表 7-2。

表 7-2 ARMA（1 2 1）模型的预测结果

Table. 7-2 The predication result of ARMA（1 2 1）

日　期	8/30/06	9/06/06	9/13/06	9/20/06	9/27/06
二阶差分的预测值	0.048	0.003	0.000	0.000	0.000
价格预测值	400.048	400.009	399.97	399.93	399.89

7.3 灰色系统理论在煤炭价格走势中的应用

Box-Jenkins 法属于时间序列法，除此，还有许多预测方法，如类比法、外推法和因果法，其中外推法和因果法应用更广泛一些。当然，这些方法要求大样本量，具有较好的分布规律，统计规律是典型的，同时，计算工作量也比较大。从我国的煤炭价格预测研究看，首先是市场化后的价格数据不能满足其要求，即数量少，煤炭价格也不能满足样本有规律分布及统计规律典型的要求，这就给预测工作带来了困难。

灰色系统理论提出了一种新的分析方法，称为系统的关联度分析方法，即根据因素之间发展态势的相似或相异程度，来衡量因素关联程度。所以，对样本量没有过分要求，不需要典型的分布规律，不致出现关联度的量化结果与定性分析不一致的情况。它认为，尽管客观系统表象复杂，数据杂乱，但它总是有整体功能的，总是有序的，必然存在某种内在的规律。因此，将许多原始数据作累加处理后生成新的数据，就可能具有明显的规律。因此，灰色系统理论在一定程度上满足了煤炭价格时序的要求，而王立杰、刘志东的研究也表明，运用灰色系统理论进行煤炭价格的预测具有较好的精度[①]。所以，可以将灰色理论作为煤炭价格预测的工具，为煤炭生产企业及下游企业的经营决策提供参考，以利于管理价格风险。

7.3.1 灰色系统理论

灰色系统的概念及灰色系统理论是由我国学者邓聚龙教授于 1982 年首先提出并建立的。根据人们对信息系统的知晓程度，通常可以将信息系统分为三类，即白色系统、灰色系统和黑色系统，当一种信息系统完全未知的时候，就称其为黑色系统，反之，当一种系统是完全确知时，就称其为白色系统，而介于两者之间的，就叫灰色系统，即部分信息已知，部分信息未知的系统，如社会系统、经济系统、生态系统等。所谓灰色系统理论，就是研究灰色系统的有关建模、控模、预测、决策、优化等问题的理论。该理论认为系统的行为现象尽管是朦胧的，数据是复杂的，但它毕竟是有序的，是有整体功能的[②]。灰色系统理论建立伊始，即引起了国内外很多学者、科技人员的重视并得到了较深入地研究，在众多方面获得了成功的应用。其预测模型分为数列预测（对某个事物发展变化的大小与时间所作的预测）、灾变预测（异常值的预测）、季节灾变预测（发生在一年中某个季节或是某个特定时区内的预测）、拓扑预测（波

---

① 王立杰，刘志东. 经济时间序列分析技术在煤炭价格预测中的应用 [J]. 煤炭学报，2001（2）.
② 邓聚龙. 灰色系统理论及其应用 [M]. 北京：科学技术文献出版社，1992：10—17.

形预测，被广泛地应用于各领域的预测研究）等。

7.3.2　GM（1，1）预测模型的建模原理

GM（1，1）灰色微分预测模型是基于随机的原始时间序列，经按时间累加后所形成的新的时间序列呈现的规律可用一阶线性微分方程的解来逼近。经证明，经一阶线性微分方程的解逼近所揭示的原始时间数列呈指数变化规律[①]。因此，当原始时间序列隐含着指数变化规律时，灰色模型 GM（1，1）的预测将是非常成功的。GM（1，1）建模步骤如下：

第一，设有原始数列 $X^{(0)}$，共有 N 个观察值：

$$X^{(0)}(1)、X^{(0)}(2)、\cdots X^{(0)}(N) \tag{7-4}$$

第二，进行累加生成新的数列。一般经济数列都是非负数列，累加生成能使任意非负数列、摆动的与非摆动的，转化为非减的、递增的。对 $X^{(0)}$ 作 1—AGO（Accumulated Generating Operation），得到新的数列 $X^{(1)}$，其中：

$$X^{(1)} = (X^{(1)}(k)\,|\,k = 1,2,\cdots,n)$$
$$= X^{(1)}(1),X^{(1)}(2),\cdots X^{(1)}(n) \tag{7-5}$$

$$X^{(1)}(k) = \sum_{m=1}^{k} X^{(0)}(m) \tag{7-6}$$

第三，对于数列 $X^{(1)}$，建立预测模型的白化形式微分方程 GM（1，1）：

$$\frac{dX^{(1)}}{dt} + \alpha X^{(1)} = u \tag{7-7}$$

式中：α, u 均为待估参数，其中 α 为发展灰数，u 为内生控制灰数。记参数列为 $\hat{a} = [au]$。

第四，按最小二乘法解，求 $\hat{a}$，计算公式如下：

$$\hat{a} = (B^T B)^{-1} B^T y_N \tag{7-8}$$

式中：$B = \begin{cases} -\dfrac{1}{2}[x_1^{(1)}(1) + x_1^{(1)}(2)] & \\ -\dfrac{1}{2}[x_1^{(1)}(2) + x_1^{(1)}(3)] & 1 \\ \cdots & 1 \\ -\dfrac{1}{2}[x_1^{(1)}(n-1) + x_1^{(1)}(n)] & 1 \end{cases}$

---

① 邓聚龙．灰色系统基本方法［M］．华中理工大学出版社，2005：8—64．

$$y_N = [X^{(0)}(2), X^{(0)}(3) \cdots X^{(0)}(n)]^T$$

第五，解白化形式微分方程，并进行预测。白化形式微分方程的解如下：

$$\hat{X}^{(1)}(k+1) = [X^{(0)}(1) - \frac{u}{a}]e^{ak} + \frac{u}{a} \tag{7-9}$$

根据 $\hat{X}^{(0)}(k) = \hat{X}^{(1)}(k) - \hat{X}^{(1)}(k-1)$ 即得到模型的预测值。

第六，计算误差，衡量预测的精度并进行后验差检验。

7.3.3　实证研究

1. 数据来源及预处理

以 2005 年 7 月 20 日至 8 月 17 日五周的秦皇岛的山西省优混价格作为原始数据[①]，进行累加处理，结果见表 7-5：

表 7-3　秦皇岛港山西优混价格时序

Table. 7-3　The serial of Qinhuangdao Shanxi Mixed coal

单位：元/吨

序号	1	2	3	4	5
时间	7/20/05	7/27/05	8/03/05	8/10/05	8/17/05
$X^{(0)}$	400	395	395	390	385
$X^{(1)}$	400	795	1190	1580	1965

2. 建模

首先，建立数据矩阵 B，Y_N，由（7-6）、（7-7）式得：

$$B = \begin{Bmatrix} -597.5 & 1 \\ -992.5 & 1 \\ -1385 & 1 \\ -1772.5 & 1 \end{Bmatrix} \tag{7-10}$$

$$y_N = [395, 395, 390, 380]^T \tag{7-11}$$

其次，求发展灰度和内生控制灰度的值并建立模型。由(7-5)式得：

---

① 资料来源于 2005 年各期《煤炭信息周刊》。

$$\hat{a} = \left\{ \begin{matrix} 0.0127 \\ 405.1191 \end{matrix} \right\} \tag{7-12}$$

即：$a = 0.0127$，$u = 405.1191$

设时间响应函数为：

$$X^{(1)}(1) = X^{(0)}(1) = 400 \tag{7-13}$$

则预测公式为：

$$\hat{X}^{(1)}(k+1) = \left(400 - \frac{405.1191}{0.0127} \right) e^{0.0127k} + \frac{405.1191}{0.0127} \tag{7-14}$$

3. 拟合度检验及后验差检验

拟合度的检验，即检验真实值与预测值的差异或误差，误差小，则表明模型预测效果佳，反之，则认为效果不理想；后验差检验则是对预测值及真实值的方差比的检验。我们以（7-15）、（7-16）两式来计算相对误差与绝对误差：

$$e(i) = x_1^{(0)}(i) - \hat{x}_1^{(1)}(i) \tag{7-15}$$

$$e' = \frac{e(i)}{x_1^{(0)}(i)} \times 100\% \tag{7-16}$$

结果见表 7-4：

表 7-4　误差计算表

Table. 7-4　The table about error's calculation

预　测　值	真　实　值	误　差
400	400	0%
289.5	395	26.7%
385.41	395	2.4%
364	390	6.6%
360.5	385	6.3%

计算后验差比值及小误差概率的公式分别为：$c = S_2/S_1$ 及 $p = P\{|e(k) - \bar{e}| < 0.6745 S_1\}$ = 满足上述条件的基本事件数/N。其中 S_1^2，S_2^2 分别为原始数列及残差数列。经计算，预测结果的后验差检验满足：$p = P\{|e(k) - \bar{e}| < 0.6745 S_1\}$ = 0.73，且 C=0.61，根据精度分类表 7-5：

表 7-5　精度分类表

Table. 7-5　The precision's sort

模型精度等级	P	C
1 级　好	$0.95 \leqslant P$	$C \leqslant 0.35$
2 级　合格	$0.80 \leqslant P < 0.95$	$0.35 < C \leqslant 0.5$
3 级　勉强	$0.70 \leqslant P < 0.80$	$0.5 < C \leqslant 0.65$
4 级　不合格	$P < 0.70$	$0.65 < C$

说明：该模型在精度分类上属于 3 级，是勉强合格的。用之进行煤炭价格的预测存在一定的局限性，在实践中要加以注意。事实上，尽管 GM (1, 1) 模型拥有要求数据较少、原理简单、、计算量适中、结果精度较高等诸多优点，但也有一定的适用条件，只能作为短期预测工具，不能用于长期的预测，否则会产生较大的误差，这是由灰色模型的原理所决定的。另外，它是一种微分拟合，要求数据要具有连续性，如果经常性地出现突变，此时不宜采用灰色模型，而我国的煤炭价格恰恰会出现突变，如 1998 实施"双控制"后，煤炭价格急剧上升；冬季来临时，由于需求猛增，价格一般也会突然上涨；国家对煤炭资源收取资源补偿费后，煤炭价格也迅速上涨。所以，现阶段的宏观政策的不稳定性和煤炭运输环节的瓶颈效应导致的季节性波动，可能是运用灰色系统理论进行煤炭价格预测不够准确的原因。

7.4　本章小结

预测方法很多，每一种方法均有其适用条件，究竟哪一种预测方法最适用煤炭价格的预测，能够为煤炭价格风险管理提供有价值的决策参考，尚是一个有待研究的课题。就本章及前面的研究而言，基于联立方程的煤炭价格形成机制研究模型对煤炭价格的长期趋势预测较为准确，而对于煤炭价格的短期走势预测，Box-Jenkins 法显然是优于灰色系统理论的，当然，主要原因可能在于我国煤炭价格短期波动的非平稳性不适合运用灰色系统理论进行煤炭价格的短期预测。

本章重要概念

预测（Predict）　人们根据所获得的信息，对某种情况在特定条件下将会发生什么变化所作的推断。

灰色系统理论（The Grey System Theory）　我国学者邓聚龙教授于 1982 年首先提出并建立。根据人们对信息系统的知晓程度，通常可以将信息系统分为三类，即白色系统、灰色系统和黑色系统，当一种信息系统完全未知的时候，就称其为黑色系统，反之，当一种系统是完全确知时，就称其为白色系统，而介于两者之间的，就叫灰色系统，即部分信息已知，部分信息未知的系统，如社会系统、经济系统、生态系统等。所谓灰色系统理论，就是研究灰色系统的有关建模、控模、预测、决策、优化等问题的理论。该理论认为系统的行为现象尽管是朦胧的，数据是复杂的，但它毕竟是有序的，是有整体功能的。

博克金斯法（Box-Jenkins 法）　1968 年美国学者 George Box 和英国统计学家 Gwilyn Jenkins 提出（简称为 B－J 方法），并于 1970 年在《Time series Analysis-Forecasting and Control》一书中对之作了系统的研究和运用。它主要试图解决两个问题：一是时间序列的平稳性、随机性和季节性；二是在对时间序列分析的基础上，选择适当的模型进行预测。其基本思想是：假设时间序列是由某个随机过程产生的，然后用时间序列的原始数据去建立估计描述这一随机过程的模型，尔后运用所建立的模型，在已知过去和现在时间序列观测值的情况下，对未来的时间序列加以预测。B－J 预测模型分为五种，即自回归（AR）模型、移动平均（MA）模型、自回归—移动平均模型（ARMA）、线性非平稳模型及季节模型。B－J 预测模型主要包括以下几个工作，即了解随机过程的理论特性，根据时间序列的原始数据构造模型，根据构造出的模型做出最佳预测。

GM（1，1）灰色微分预测模型　基于随机的原始时间序列，经按时间累加后所形成的新的时间序列呈现的规律可用一阶线性微分方程的解来逼近。经证明，经一阶线性微分方程的解逼近所揭示的原始时间数列呈指数变化规律。因此，当原始时间序列隐含着指数变化规律时，灰色模型 GM（1，1）的预测将是非常成功的。

第8章 结论与展望

随着国内外煤炭市场的接轨，我国煤炭价格的改革及煤炭资源由于其本身的属性，波动与计划经济时代将大为不同，其价格的波动也必然会导致煤炭企业及其下游企业的价格风险增加，从而可能诱发下游企业的财务危机。因此，进行煤炭价格风险管理理论与方法的研究具有重要的现实意义。本书运用经济学、金融工程理论、金融计量经济学、系统科学等理论对煤炭价格的风险管理进行了系统的研究，对煤炭价格的风险因素及其形成机制作了定性的分析与计量的研究：

（1）本书研究了煤炭价格的形成机制，建立了基于联立方程的煤炭价格形成机制的数学模型，预测的实证表明，其拟合度是比较满意的，为宏观调控中政策变量的把握及价格与成本的管理提供了可资借鉴的参考工具。

（2）对煤炭价格时序的统计特征进行了分析，计量研究表明：煤炭价格的长期发展呈现上涨的态势，从长期看（即年度数据）煤炭价格序列不是对称分布的，有一个长的右尾，相对于正态分布是平峰，不是正态分布，所以，在进行煤炭价格的风险计量时，不能假设其为正态分布；从短期看，煤炭价格存在着较为频繁的波动，有涨有落，但波动的最大价差为 19 元/吨，其方差为 5.270953，小于长期的方差，波动的幅度小于长期；短期煤炭价格偏度为一 0.638718，所以，不是对称分布，有一个长的左尾，而峰度为 2.932126，略小于 3，说明峰和正态分布相类似，JB 值为 5.932135，说明短期煤炭价格序列也不是正态分布。另外，煤炭价格指数的自相关系数直到滞后 6 阶都不为零，所以具有强烈的自相关性，因为违背了线性回归方程的古典假设，所以，在建立煤炭价格预测模型时要充分考虑。统计也表明，无论煤炭价格指数还是短期的煤炭价格序列，均不平稳，是二阶单整序列。由于时间序列研究对象必须是平稳的时间序列，所以，对煤炭价格进行研究时必须对其进行二次差分，以使之具有稳定的统计特征，以增强数据分析的科学性，不能直接运用时间序列分析方法对煤炭价格进行研究。另外，煤炭价格序列不具有异方差性，所以，在研究其风险计量时，不能应用 ARCH 一族的模型。

（3）对风险度量的理论和方法进行了概述，并运用国际金融理论界最为前沿的 Var 技术对我国的煤炭价格风险进行了度量，以 Risk Metrics 模型作为度量煤炭价格风险的实证研究模型的研究结果及可靠性检验表明，该模型具有较好的可靠性。

（4）对我国实行煤炭期货规避煤炭价格风险的可行性、难点及解决措施进行了研究，提出了建立规范价格形成机制、解决运输问题、完善期货管理办法等发展我国煤炭价格期货的基本思路。

（5）对期权与互换理论在煤炭价格风险管理中的应用进行了深入的研究，提出了运用煤炭期权管理煤炭价格风险的基本策略和煤炭企业及其下游企业运用煤炭期权规避价格的几种基本技术；对煤炭期权的定价理论进行了研究。关于煤炭互换的原理、方法，本书以实例的方法进行了研究，提出鉴于煤炭互换在欧洲煤炭市场的风险管理中的成功运用，我国可以考虑以煤炭互换作为规避煤炭价格风险的主要金融衍生产品。

（6）由于价格指数在应用金融衍生产品进行风险管理中具有重要地位，它是发展其他金融衍生产品的重要前提条件，本书对我国的煤炭价格指数进行理论上的设计，并提出了相关的具有实践应用价值的数学模型。

最后，鉴于价格预测是煤炭企业及其下游企业进行经营决策的重要依据，也是其能否实现持续经营、合理规避价格风险甚至是套利的重要参考，本书对预测理论进行了梳理，在实证研究的基础上，提出对于煤炭价格的短期走势预测，Box－Jenkins 法是优于灰色系统理论的结论。

本书的创新点如下：

（1）运用协整理论分析了煤炭价格和相关因素的关系，系统研究了煤炭价格形成机制，建立了煤炭价格形成的数学模型。

（2）较为完整地梳理了风险管理的理论与方法的研究成果，并利用现有的风险计量模型（即 VAR 技术）对煤炭价格风险进行了实证分析与度量，并提出了规避煤炭价格风险的各个途径及措施。

（3）建立了煤炭价格指数的体系和煤炭价格指数的数学模型。煤炭价格风险管理工具，如煤炭期货、期权在国外已经得到运用，并积累了一定的经验，而煤炭互换在欧洲市场也有广泛的运用，所以，这些金融工具在我国运用应该有一定的可资借鉴的经验。本书对相关方面，如煤炭价格风险的度量、煤炭期货、期权及互换的运用都进行详细的理论研究，但仍然存在不少的问题和不足之处，尚待更深入地研究和探讨，如煤炭期货的管理机制、监控机制，煤炭期权市场的运行监控、互换的中介机构的设立、煤炭交割地点确定、价格指数发布机构的组建等非常具体的问题。鉴于目前的工作及研究条件，仍不能有比较满意的成果，作者深以为憾。当然，我们将会继续通过深入的研究，通过与不同学者的交流与沟通，加强对以上问题的研究，希望最终能得到一个比较让人满意的成果，从而真正对我国的煤炭价格风险管理提供可资参考的理论与方法。

索 引

期货 一种合约，一种将来必须履行的合约，它不是具体的货物，合约的内容（标的物）是统一的、标准化的，只有合约的价格是因市场因素而变的。

合约标的物 期货合约所对应的"货物"称为标的物，它是以合约符号来体现的，如恒指期货的标的物就是我国香港股票市场的恒生指数，代号 HIS。若是商品期货，标的物就是指某种商品，如上海铜期货标的物是铜，代号 CU。

期货交易 通俗地讲，期货交易就是对这种"合约符号"的买卖，以赚取差价。

金融期货 以金融产品作为标的物的期货。通俗地讲就是买卖的"货物"是金融产品，如股指、利率、汇率等。

股票指数 即股票价格指数，是由证券交易所或金融服务机构编制的表明股票大盘走势的参考数字。

股指期货 以股票指数为标的物的期货。股指期货交易中形成的指数，是预期将来某个时候股票现货市场的指数，期货上的股票指数与同一时刻股票现货市场的指数是不一样的。

股指期货的价格 期货交易过程中产生的股票指数，与股票现货市场上公布的指数一样，都是以指数点表示，只是一个是现货指数，一个是期货。期货股票指数的每个点数都代表固定的货币价值，所以它是以点数来表现价格，如恒指期货每个点是 50 港元。

合约的价值 或称合约的大小，是计算交易保证金和交易手续费的基准。如期货恒生指数 1600 点，其合约价值为：价格 1600 点乘以 50，等于 8 万港元。

合约交割月份 期指合约到期的月份，按自然月计。合约的分月是由交易所统一规定的。

合约到期日 合约的最后交易日，也是合约的交割日。日期是由交易所预先规定。

交割的方式 如果投资者的持仓合约在到期那一天收盘后，尚未平仓，则采用现金净额交割。也就是按当天股票现货市场指数的结算价进行自动平仓，然后对客户的账户找补净差额。

最小交易单位　为每次交易的最少合约数量，合约数量的单位为张或手，故每次交易的数量不能低于一张合约或一手，同时，每次交易数量必须是一张或一手的整数倍。

最小价格波动单位　股票期货指数每一次价格变动的最小单位，例如恒指期货是一个点，不得小于此数。

每日价格波动限制　每日价格涨跌的限制范围。由涨停、跌停限制，和熔断机制组成。有的股指期货市场只有熔断机制。

熔断机制　当天之内的限价措施。当股指期货市场发生较大波动时，交易所为控制风险所采取的一种限制手段。当波动幅度达到交易所所规定的熔断点时（即预定的幅度时），交易所会暂停交易一段时间，以冷却市场热度。对于这个"暂停"，有的交易所是采用"熔而不断"的方法，即"暂停"期间仍可以交易，只是在熔断点的价格内；有的交易所是采用"熔而断"的方法，即"暂停"期间不可以交易，行情完全停止在熔断点上。这样"冷却"一定时间后（通常十分钟），然后再开始正常交易，并重新设定下一个熔断点（即更大一些的幅度）。一般只设两个熔断点，有的市场与涨跌停板同时使用。熔断机制事先确定，当天之内有效。

每日结算价格　在每日交易结束后由交易所公布的、当天成交价的加权平均价格，用于投资者账户的交易清算。

合约保证金　买卖期货合约后的履约保证，保证金的收取额＝合约价格乘以 100 乘以保证金比例乘以开仓合约的数量。

交易手续费　买卖期货合约的所花费用，发生的每笔费用从客户账户中自动扣除。

套利　投机者或对冲者都可以使用的一种交易技术，即买进（卖出）现货或期货合约，同时又卖出（买进）不同时期的类似的合约，并借两个交易产生的价差而获利。

投机　为获取差价利润而进行风险性买卖，不是为了避险或投资。

买空　相信价格将会涨并买入开仓期货合约，称"买空"或称"多头"，亦即多头交易。

卖空　相信价格将会跌并卖出开仓期货合约，称"卖空"或"空头"，亦即空头交易。

交割　对到期后的未平持仓合约，按交易所规定的规则和程序，了结期货合约。

　　开仓　开始买入或卖出期货合约的交易行为称为"开仓"或"建立交易部位"。

　　持仓　交易者手中持有合约称为"持仓"。

　　平仓　交易者了结手中的合约进行反向交易的行为称"平仓"或"对冲"。

　　开盘价　当天某合约的第一笔成交价。

　　收盘价　当天某合约最后一笔成交价。

　　最高价　当天某合约最高成交价。

　　最低价　当天某合约最低成交价。

　　最新价　当天某合约当前最新成交价。

　　结算价　当天某合约所有成交合约的加权平均价。计算方法由交易所规定。

　　买价　某合约当前最高申报买入价。

　　卖价　某合约当前最低申报卖出价。

　　涨跌幅　某合约当前价与昨日结算价之间的价差。

　　涨停板额　某合约当日可输入的最高限价（涨停板额＝昨结算价＋最大变幅）。

　　跌停板额　某合约当日可输入的最低限价（跌停板额＝昨结算价－最大变幅）。

　　期权　在未来一定时期可以买卖的权力，是买方向卖方支付一定数量的金额（指权利金）后拥有的在未来一段时间内（指美式期权）或未来某一特定日期（指欧式期权）以事先规定好的价格（指履约价格）向卖方购买（指看涨期权）或出售（指看跌期权）一定数量的特定标的物的权力，但不负有必须买进或卖出的义务。期权交易事实上就是这种权利的交易。买方有执行的权利也有不执行的权利，完全可以灵活选。

　　看涨期权　期权的买方享有在规定的有效期限内按某一具体的敲定价格买进某一特定数量的相关商品期货合约的权利，但不同时负有必须买进的义务。

　　看跌期权　期权的买方享有在规定的有效期限内按某一具体的敲定价格卖出某一特定数量的相关商品期货合约的权利，但不同时负有必须卖出的义务。

　　双向期权　期权的买方既享有在规定的有效期限内按某一具体的敲定价格买进某一特定数量的相关商品期货合约的权利，又享有在商定的有效期限内按同一敲定价格卖出某一特定数量的相关商品期货合约的权利。

　　期权权利金　购买或售出期权合约的价格。对于期权买方来说，为了换取期权赋予买方一定的权利，他必须支付一笔权利金给期权卖方；对于期权的卖方来说，他卖出期权而承担了必须履行期权合约的义务，为此他收取一笔权利金作为报酬。由于权利金是由买方负担的，是买方在出现最不利的变动时所需承担的最高损失金额，因此权利金也称作"保险金"。

期权交易原理　买进一定敲定价格的看涨期权，在支付一笔很少权利金后，便可享有买入相关期货的权利。一旦价格果真上涨，便履行看涨期权，以低价获得期货多头，然后按上涨的价格水平高价卖出相关期货合约，获得差价利润，在弥补支付的权利金后还有盈作。如果价格不但没有上涨，反而下跌，则可放弃或低价转让看涨期权，其最大损失为权利金。看涨期权的买方之所以买入看涨期权，是因为通过对相关期货市场价格变动的分析，认定相关期货市场价格较大幅度上涨的可能性很大，所以，他买入看涨期权，支付一定数额的权利金。一旦市场价格果真大幅度上涨，那么，他将会因低价买进期货而获取较大的利润，大于他买入期权所付的权利金数额，最终获利，他也可以在市场以更高的权利金价格卖出该期权合约，从而对冲获利。如果看涨期权买方对相关期货市场价格变动趋势判断不准确，一方面，如果市场价格只有小幅度上涨，买方可履约或对冲，获取一点利润，弥补权利金支出的损失；另一方面，如果市场价格下跌，买方则不履约，其最大损失是支付的权利金数额。

羊群效应　在资本市场上的一个投资群体中，单个投资者总是根据其他同类投资者的行动而行动，在他人买入时买入，在他人卖出时卖出。导致出现"羊群效应"还有其他一些因素，比如，一些投资者可能会认为同一群体中的其他人更具有信息优势。"羊群效应"也可能由系统机制引发。例如，当资产价格突然下跌造成亏损时，为了满足追加保证金的要求或者遵守交易规则的限制，一些投资者不得不将其持有的资产割仓卖出。

金融期货　以各类金融资产以及相关价格指数为标的物的期货。金融期货可以分为股票类、利率类、外汇类三大类产品。其中股票类期货可以分为基于单个股票的期货（例如某一上市股票的股票期货）和基于股票指数的期货（例如沪深300指数期货）；利率类期货又可分为中长期债券期货（例如10年期美国国债期货）和短期利率期货（例如3月期欧洲美元期货）；外汇类期货可分为基于货币本身的期货（例如欧元期货）和基于货币指数的期货（例如美元指数期货）。

期货结算　一般地说，期货交易是由交易所的结算部门或独立的结算机构来进行结算的，在交易所内达成的交易，只有经结算机构进行处理后才算最终达成，也才能得到财务担保，因此期货结算是期货交易最基本特征之一。在期货市场中，了结一笔期货交易的方式有三种：对冲平仓、实物交割和现金交割。相应地也有三种结算方式。

对冲平仓 对冲平仓是指期货交易最主要的了结方式，期货交易上的绝大多数合约都是通过这一方式进行了结的。结算结果：盈或亏＝（卖出价－买入价）＊合约张数＊合约单位－手续费或＝（买入价－卖出价）＊合约张数＊合约单位－手续费

实物交割 在期货交易中，虽然利用实物交割方式平仓了结的交易很少，只占合约总数的 1%～3%，然而正是由于期货交易的买卖双方可以进行实物交割，这一做法确保了期货价格真实地反映出所交易商品实际现货价格，为套期保值者参与期货交易提供了可能。因此，实物交割是非常重要的。结算结果：卖方将货物提单和销售发票通过交易所结算部门或结算公司交给买方，同时收取全部货款。

现金结算 以支付现金的方式结算。只是很少量的期货合约到期时采取现金清算而不是实物交割。

名词汉译对照表

A

AAA subsidiaries	AAA 级子公司
Accrual notes	利息票据
Acting on a view	按观点行动
Active hedging	积极套期保值
Administration	管理
Adverse selection	逆向选择
Act of God	巨灾债券
Adjustable-rate convertible debt	可调整比率的可转换债
Adjustable-rate convertible notes	可调整比率可转换票据
Adjustable-rate preferred stock	可调股息率优先股
Adjustment speed	调整速度
Adverse selection	逆向选择
Advantage	优点
Agented arrangement	代理安排协议
Agency costs	代理成本
Agence	代理
Aggregate process	集合过程
Air Products-Chemicals Inc	航空产品化工公司
All-or-nothing options	全零期权
Alpha separation	阿尔法分离
Alpha transport	阿尔法转移
Alternative minimum tax（AMT）	最低税收
American calls	美式买方期权
American options	美式期权
American puts	美式卖方期权

American trusts 美式存托凭证

Amortization effect 摊销效应

Amortization/diffusion effect combined 组合摊销/扩散效应

Analytic approximation models 近似分析模型

Analytics variance-covariance method 方差—协方差分析方法

Analytical models 分析模型

Applied Bios stems 应用生物系统

Applied Power Inc 应用电力公司

Applications 应用

Arbitrage pricing model 套利定价

Arbitrage 套利

Arbitrage portfolio 套利投资组合

Asset substitution 资产替代

As a single-period model 单阶段模型

Assets 资产

Asset specifity 资产专用性

Associated Industries 联合实业公司

Asymmetric Expectations Corp（AEC） 不对称期望公司

Assignment/pair-offs 委托

Asset substitution 资产置换

Assumptions leading 基本假设

At-market forward contract 平值远期合约

At-maturity trigger forward 到期日抛售远期合约

At-the-money option 平值期权

Average rate（price）options 均价期权

B

Back-end-Set swap 回溯设定互换

Back testing 返回检验

Back-to back loans 背对背贷款

Back wardation 期货贴水

Balance sheet 资产负债表

Bond with indexed principal	本金指数化债券
Bonds	债券
Bottomry	抵押债券
Boost	"助推"证券
Boundary condition	约束条件
Bounding value of option	期权边界价值
Boundde rationality	有限理性
Brand mames	商标、品牌
Break forwards	可撤销远期合约
Bretton Wood system	布雷顿森林体系
Budget constraints	预算约束
Building blocks	搭积木块
Bullet	"子弹"债券
Bundled coveraes	捆绑式保障
Business culture	企业文化
Business cycle	商业周期
Buyer's market	买方市场

C

C-R-R approach	C-R-R法
Call option	买方期权
Callable bonds	可赎回债券
Callable corporate debt	可赎回公司债
Callable debt	可赎回债
Cancelable swaps	可取消互换
Capital adequacy standards	资本充足率标准
Capped options	上限期权
Caps	上限
CAPS	可转换的可调股息率优先股
Captions	上限期权
Cash flow sensitivity analysis	现金流敏感性分析
Catastrophe bonds	与灾害关联的债券

CHIPS	"芯片"证券（即普通相关更高收入参与证券）
Chooser options	买卖权可选期权
Claims-distribution problem	剩余索取权的分配问题
Clearinghouses	清算公司
Clique options	棘轮期权
Coase R，H.	R，H. 科斯
Closeout netting	出清存货净额交易
Collapsible swaps	可取消互换
Collars	双限
Collateral	抵押
Combinations	组合
Commmand economy	计划经济
Command feasibility	商业可行性
Commodity derivatives	商品衍生产品
Commodity futures trading commission （CFTC）	商品期货交易委员会
Commodity interest-indexed bonds	商品价格指数化债券
Commodity-price risk	商品价格风险
Commodity-price risk management products	商品价格风险管理产品
Company's letter to shareholders	公司致股东书
Comparative advantage	比较优势
Compliance costs	服从成本
Competitive exposures	竞争性风险敞口
Compound options	复合期权
Compounding	复利
Concerns about using derivatives	使用衍生产品时的考虑因素
Consol	固定利率无期限债券
Constructive sale	建设性销售
Contingent financing	或有融资
Continuo	期货溢价

Convertible	可转换
Corporate	企业（债券）
Covariance	协方差
Components of risk	风险与组成
Comparison	对照
Complete market index	完全性市场指数
Coase Ronald	科斯·罗纳德
Commodity hedges	商品套期保值
Compensation	薪酬
Contingment equity	或有资产
Contingent financing	或有融资
Contingent equity	或有权益
Contingent leverage strategies	或有财务杠杆策略
Conversion ratios	转换比率
Convertional debt	传统债券
Convertible bonds	可转换债券
Convertible debt	可转换债务
Convex tax schedules risk reduction	凸纳税表和风险规避
Core risk	核心风险
Corporate capital structure analysis	公司资本结构分析
Corporate and personal taxes	公司税和个人税
Corporate bonds	公司债
Corporate tax	公司税
Corporate veil	公司面纱
Contingent financing	或有融资
Coinsurance policy	共同保险保单
Compensation management	报酬管理
Contingent financing	应急融资
Compulsory insurance	强制保险
Collateral	抵押
Commodity-price risk management products	商品价格风险管理产品
Credit arbitrage	信贷套利

Default-contingent forward	可能违约的远期
Default risk	违约风险
Delta	德尔塔
Delta-hedging	德尔塔套期保值
Derivative product companies（DPCs）	衍生产品公司
Derivatives dealers	衍生产品交易商
Derivatives-related losses	与衍生产品相关联的损失
Definition	定义
Destruction of existing assets	现有资产的损毁
Debt equity and bankruptcy relationships	负债所有者权益和破产的关系
Determination of stock prices	股票价格的决定
Demand for personal insurance protection	对个人保险的需求
Diversification	多元化
Defence costs	抗辩成本
Debt	负债
Debt、equity and bankruptcy relationships	负债、所有者权益和破产保护的关系
Decomposing value created from post-loss investment	损失后投资所增加价值的解
Defult put option	违约卖出期权
Decision rules	决策原则
Depreciation	折旧
Derivatives	衍生工具
Default put option	违约卖出期权
Derivative hedging and effect on share price	运用衍生产品套期保值及对股票价格的影响
Deductibility	利息抵税
Designing compensation	薪酬设计
Design of	设计
Diffusion effect	扩散效应
Difference check	差额支票

E

Earthquake bonds	地震债券
Economic exposures	经济敞口
Economic concepts	经济学概念
Efficient market	有效市场
Efficient frontier	有效边界
Efficient frontier	有效边界
Effects of hedging	避险效果
Effects of hedging	避险效果
Elasticity	弹性
Electricity derivatives	电子衍生产品
Electricity futures	电子期货
Embedded options	隐含期权
Energy swap	能源互换
Enterprise risk management	公司风险管理
Equity or debt financing	权益融资和负债融资
Equity put option	权益卖出期权
Equity index swap	权益指数互换
Equity price risk	股票价格风险
Equity	普通股
Equity put options	巨灾权益卖权
Equity put option	股权卖出期权
European options	欧式期权
Evaluation-control function	估值—控制函数
Event rigger	事件
Evolution of risk management products	风险管理产品的演变
Exchange rate risk management products	汇率风险管理产品
Exchange rate risk	汇率风险
Exchange rate risk management products	汇率风险管理产品
Exchange-lraded Exchangeable bonds	可交易的债券
Exchangeable debt	可交易债

Financing	融资
Fixed rate racility	固定利率机制
Financial building blocks	金融积木块
Financial distress	财务困难
Financial engineering	金融工程
Futures/options on commodity indexes	商品指数期货
Futures/options on financialinstruments of emerging economies	基于新兴经济金融工具的期货
Financial institutions（assures）	（作为衍生产品使用者的）金融机构
Financial price risk	金融价格风险
Finite difference models	有限差分模型
Flat salary	固定薪水
Flexo quanto	灵活双币期权
Floating rate facility	浮动利率机制
Floating rate notes	浮动利率票据
Floating-rate loans	浮动利率贷款
Floored floating-rate bonds	有利率下限的浮动利率债券
Floors	下限
Floors	利率低
Floortions	下限期权
Floating rate facility	浮动利率机制
Focused and global	集中性策略和全局性策略
Forgiveness	豁免
Foreign exchange rate risk	汇风险
Foreine exchang hedges	外汇套期保值
Forecasting	预测
Foreign exchange forwards	外汇远期
Foreign exchange rate risk	外汇风险
Forward agreements	远期协议
Forward contracts	远期合约
Foreign exchange forwards	外汇远期

Hedging	套期保值
Herstt risk	赫斯塔特风险
Hedge ratios	避险率
Hedging	套期
Hedge ratios	避险率
Hedge instruments	避险工具
Hedged loss	被规避的损失
Hedging	套期策略
Hedge ratios	避险率
Hedging asset position with short call	利用期权对资产进行套期保值
High-risk types	高风险类型
High risk vs low risk	高低风险的比较实值期权
High risk vs risk aversion investors	高风险与风险厌恶的投资者
Hicks duration	希克斯久期
Histohcal simulation method of calculating VAR	累计 VAR 的历史模拟
HO-Lee option pricing model	何-李期权定价模型
How capital markets function	资本市场的运作机制
Hull-White model	赫尔-怀特模型
Hurricane bond	飓风债券
Hybrid securities	混杂证券

ICI recommendation	IdI 建议
ICON	"偶像"证券（关联货币期权票据）
Index accreting swap	指数共生期权
Index amortizing notes (IANs)	指数摊销票据
Index amortizing swap	指数分摊互换
Index participations (IPs)	指数参与证券
Indexed currency option note (ICON)	指数化货币期权票据
Indexed principal swap	本金指数化互换

Interest rate floors	利率下限
Interestrateparity	利率平价
Interest rate risk	利率风险
Interest rate management products	利率风险管理产品
Interest rate sensitivity measures	利率敏感性衡量
Interest rate swap	利率互换
International bank insolvencies	国际银行破产
International investment	国际投资
International institution bridging costs	国际接转成本
International trade	国际贸易
Integrated risk management	统一的风险管理
Inverse floating-rate notes	反转浮动利率票据
Investment company Institutor commendations	投资公司的推荐
Investor motivation	投资者投资动机
Investors holding one security	投资者仅拥有一种证券
Insurance protection against reduction in share price	保险保护股价下跌
Incentive compatible contracts	激励机制
Increasing share value	股价的增加
Insurable risks	可保风险
Insurable risk management	可保风险管理
Integrated layered programs	整体化分层计划
Introduction	开始阶段
Insurance and risk management	保险与风险管理
Insurance portfolio	保险组合
Individual and aggregate distributions	个体与集合分布
Interest	利息
Inverse floating rate notes	逆向浮动利率
Insurer's liability	索赔责任
Interdedpendence	相互依赖
In insurance markets	在保险市场
Interest indexed	利率指数化

Limited exercise options	有执行限制的期权
Liquidation	清算
Liquid yield option note	流动收益期权票据
Liquidity	流动性
Liability management	负债管理
Liability for obligation	义务责任
Life expectancy	预期寿命
Liquidity	流动性
Limitations	局限性
Limited liability	有限责任
Line of Credit adding further value	增加价值
Liquidity and debt renegotiation	流动性和债务重组
Loss expectancies	损失期望值
Low-risk types	低风险类型
Losses	损失、亏损
Loss of productive assets	生产性资产损失
Long-put	卖出期权
Long straddle	多头跨式（期权）组合
Long-term equity anticipation securities（LEAPS）	长期股票预测证券
Look back options	回望期权
Losses by industrial corporations	工业公司的亏损

M

Moral hazard	道德风险
M&M proposition	MM 定理
Market risk premium	市场风险报酬
Market portfolio	市场投资组合
Market share risk	市场份额风险
Management and risk aversion	管理者和风险规避
Marginal cost	边际成本
Market portfolio	市场投资组合

Modeled trigger	模型化触发
Modifications	修正
Multi-peril policy	多风险保单
Multiperiod asset pricing model	多时期资产定价模型
Metallization	相互制
Multiperiod contracts	多阶段合同
Multiperiod asset pricing model	多阶段资产定价模型
Multiple	多个
Multiperiod asset pricing model	多种方法资本资产定价模型
Multibranch netting agreements	多分支净额结算协议
Multifactor options	多因素期权
Multilateral netting	多边净额交易
Multifactor options	交易所挂牌的多因素期权

N

Natural hazards and risk management	自然灾害风险的管理
Nature of systematic and unsystematic risk	系统风险和非系统风险的性质
N-Color rainbow option	色彩虹期权
Negative convexity	负凸性
Net interest income （NII）	净利息收入
Netting	净额交易
Netting by notation	替代抵消法
New products	新产品
Negatively informative shocks	负面的信息性事件
New drugs	新物质
Normal backWardation	正常期货贴水
Normal contango	正常期货溢价
Notional principal	名义本金
Nonconvertible debt	不可转换负债
No insurable risks	不可保风险
No equilibrium	非均衡
Non-market risk	（非市场）风险

Not diversifying risk 不可分散风险

Normal distribution 正态分布

Numerical models 数学模型

O

Offsetting moral hazard 道德风险抵消

Offsetting moral hazard 道德风险的后果

Oil swap 石油互换

On liability and foreign exchange risk 责任风险和外汇风险

On bonds 债券期权

Opportunity costs 机会成本

Options on 期权

Options and warrants 期权和认股权证

Operational risk 经营风险

Operational Var 经营在险价值

Option-based sensitivity measures 基于期权的敏感性测算

Option buyer 期权买方

Option maker 期权创立者

Option payoff diagram 期权支付图

Option seller 期权卖方

Option writer 期权卖方

Options 期权

Option contracts 期权合约

Origins 起源

Ordinary differential equation 普通差分方程

Out-of-the-money option 实值期权

Out performance options 超表现期权

Outside barriers 外部挡板期权

Out of the money 虚值期权

Overseas trading corp 跨国贸易公司

P

Parametric trigger 参数化触发

Properly futures contracts	财产期货合约
Pure diffusion process	纯粹扩散过程
Pure expectations hypothesis	完全预期假设
Put-call parity	看涨—看跌期权平价
Put option	看跌期权
Puttable debt	可售回债券
Puttable	可售回
Put option help by investor	投资者持有的卖出期权

Q

Q ratios and related numbers	Q 比率和相关数字
Qualified financial contracts	合格金融合约
Quality spread	质量差价
Quanto options	双币期权
Quanto swaps	双币互换
Quasi-American options	准美式期权
Quick ratio	速动比率

R

R&D expenditures	研发支出
Rainbow options	彩虹期权
Range forward	范围远期合约
Range notes	范围票据
Ratchet options	棘轮期权
Rates of return on stocks	股票回报率
Relaxing assumptions	放松假设
Result	结果
Representative market index	代表性币场指数
Reinsurance	再保险
Reduction	后果
Relationship between Capital market theory and financial management	资本市场理论与财务管理的关系
Return and risk of stocks	股票的收益和风险

Stock market annual reset term	股票市场年度重调期限
(Smart) notes	票据
Stock repurchase program	股票回购计划
Stock upside note securities（SUNS）	股票上升票据证券
Straddles	跨式组合
Strangles	勒形组合
Strategic asset allocation	战略性资产分配
Strategic assets	战略性资产
Strategic risk management	战略风险管理
Stress testing	压力测试
Strip hedge	套期保值
Structured notes	结构性票据
SUNS	"太阳"证券
Super Trust	超级信托
Surety bond	担保债券
Substitution	资产置换
Supply-demand pressure	供给一需求压力
Swap contracts	互换合约
Swaps	互换
Swaps/loans	互换/贷款
Systematic（market）risk and unsystematic	系统（市场）风险

T

Tactical asset allocation	战术性资产分配
Tactical assets	战术资产
Tactical risk management	战术风险管理
Tailing the hedge	追踪套期保值
Tax and regulatory arbitrage	税收和管制套利
Tax arbitrage	税收套利
Tax preference items	税收优惠条款
Taxes	税收
Termination provisions	终止条款

U

W

Y

Z

后 记

做研究工作是极为痛苦的，但痛苦之余，也有着不同于其他工作的几许乐趣和快乐——那就是终于完成一项工作的那一刻。此项研究任务的完成，我多少是有点快乐可以自慰的。这岂不正如人生？我们长期艰苦的辛劳，竟只为了短暂的快乐，我们追求许多未知，却是我们终生终不可达的目标，但毕竟我们离真知近了些，退一步讲，即便我们做的是和目标相悖的尝试，又何尝不是对他人的一种贡献？毕竟他们可以从我们的错误中减少了试错的机会，节约了精力和时间。也许正是这短暂的快乐在驱使我们为之而努力，进入"衣带渐宽终不悔，为伊消得人憔悴"的境地。人类的对世界的认识，岂不亦然？

人生如白驹过隙，我们究竟能做多少事？时不我待啊！研究学问，是一个收获的过程，也是奉献社会的过程，一个人的能力有大小，但如果能为国家、为社会做一点事情，通过自己的工作能够给人们提供一些有益的借鉴，也不失一个学者的本色。

这本书，从选题到具体的撰写，得到了中国矿业大学北京研究生院管理科学与工程学院宁云才教授的大力支持，他悉心指导甚至做到逐字逐句、每一个标点符号都细细校改的程度，这让我想不到，以至羞愧和自责，但同时也激发了我的热情与执着。他平和真诚的为人，严谨务实的治学态度，使我感动钦佩，将成为我人生的一面镜子。

我还要真诚地感谢中国矿业大学管理学院的王立杰教授、丁日佳教授、安景文教授、李元生教授、谭章禄教授等对我的帮助，感谢北京大学谢新洲教授对我的教诲与支持，他们始终如一的严谨、务实和热情的治学风尚使我受益匪浅。当然，我还要感谢大连商品期货交易所的姚佛诚博士、华融资产管理公司的高鹤博士、中国煤炭企业管理杂志社的马茂洋副社长和华北水利水电大学的张新平博士对我的支持。

我要感谢我的师兄李林、师妹谭玲玲和焦贺娟真诚的帮助，特别是我的室友张瑞、苗晋平、高文蛟、王德志、苏晓方、武彦斌、杨武洋等，宝源公寓的学术争论也许将成为永久的回忆，但正是这些争论提高了我们的学术素养。

另外，本书引用了大量的文献资料，在此我要对这些文献的作者表示由衷的感谢。

最后，我必须感谢我的妻子及我的儿子，他们对我的研究工作始终如一地支持，让我在书堆中尽情地享受。

"衣带渐宽终不悔，为伊消得人憔悴。"能够沉下心来做些事情，也是一种快乐，累在其中，乐在其中。这本书的内容乃至应用价值如何，则决定着这个快乐的品质和辛劳的价值，我希望阅读它的朋友们能有所获，但囿于学识的粗浅，我也诚惶诚恐地接受读者们的评审。

郝家龙